D0559553

Pierre G. COSLIN

Psychologie de l'adolescent

Deuxième édition

Préface
de Fayda Winnykamen

ARMAND COLIN

—— COLLECTION CURSUS • PSYCHOLOGIE ——
dirigée par Nicole Bacri, Colette Chiland, Gabriel Moser, Fayda Winnykamen

J.-C. ABRIC	*Psychologie de la communication*, 1999, 2e édition.
J.-D. BAGOT	*Information, sensation et perception*, 1999, 2e édition.
J. BEAUDICHON	*La communication*, 1999.
M.-M. BOURRAT, R. GAROUX	*Les relations parents-enfants. De la naissance à la puberté*, 2003.
J.-F. BRAUNSTEIN, É. PEWZNER	*Histoire de la psychologie*, 2005, 2e édition.
A. CARTRON, F. WINNYKAMEN	*Les relations sociales chez l'enfant*, 1999, 2e édition.
D. CORROYER, M. WOLFF	*L'Analyse Stastistique des Données en Psychologie*, 2003.
P.G. COSLIN	*Les conduites à risque à l'adolescence*, 2003.
G. COUDIN, C. PAICHELER	*Santé et vieillissement*, 2002.
P. DELHOMME, T. MEYER	*La recherche en psychologie sociale*, 2002, 2e édition.
M. DESPINOY	*Psychopathologie de l'enfant et de l'adolescent*, 1999.
C. DOUCET	*La psychosomatique*, 2000.
E. DROZDA-SENKOWSKA	*Psychologie sociale expérimentale*, 2e édition, 2006.
N. FIORI	*Les neurosciences cognitives*, 2006.
M. GUIDETTI, C. TOURRETTE	*Handicaps et développement psychologique de l'enfant*, 1999, 2e édition.
M. GUIDETTI, S. LALLEMAND, M.-F. MOREL	*Enfances d'ailleurs, d'hier et d'aujourd'hui*, 2000, 2e édition.
T. LUBART	*Psychologie de la créativité*, 2003.
S. NICOLAS	*Mémoire et conscience*, 2003.
F. PAHLAVAN	*Les conduites agressives*, 2002.
É. PEWZNER	*Introduction à la psychopathologie de l'adulte*, 2000, 2e édition.
E. SIÉROFF	*La neuropsychologie. Approche cognitive des syndromes cliniques*, 2004.
E. SPINELLI, L. FERRAND	*Psychologie du langage*, 2005.
H. STORK	*Introduction à la psychologie anthropologique*, 1999.
É. THOMMEN	*L'enfant face à autrui*, 2001.
C. TOURRETTE, M. GUIDETTI	*Introduction à la psychologie du développement. Du bébé à l'adolescent*, 1998, 2e édition.
G. VINSONNEAU	*Culture et comportement*, 2000, 2e édition.
H. WALLON	*L'évolution psychologique de l'enfant*, 2002, 11e édition.

ARMAND COLIN ÉDITEUR • 21, RUE DU MONTPARNASSE • 75006 PARIS

— Sommaire —

— Préface —

L'adolescence, qu'est-ce que c'est ? Voici une interrogation maintes fois répétée, que ce soit dans la littérature ou le cinéma, dans les travaux scientifiques ou les annonces d'actualité. La tentation est grande d'aller au plus simple, à la recherche d'un point commun fût-il minimal : l'adolescence serait une étape de la vie qui marque le passage de l'enfance à l'âge adulte. Mais où situer la fin de l'enfance ? Où situer le début de l'âge adulte ? Déjà se révèle la complexité de l'analyse, car ces limites évoluent dans une certaine mesure avec les époques, les cultures, les équipements technologiques nouveaux, les styles éducatifs, etc. Selon le point de vue adopté par le médecin, le physiologiste, le psychologue, le psychiatre, le sociologue, l'éducateur, les parents, le journaliste, l'homme politique, et « l'homme de la rue », différents aspects des adolescents ou de l'adolescence, objets de leurs études ou de leurs préoccupations, s'avèreront constituer le centre et le champ de leurs intérêts.

Le projet de Pierre Coslin, plus ambitieux, ouvre largement le domaine des investigations. Aucune dimension de la problématique de l'adolescence ne saurait rester étrangère aux autres. Le chercheur en psychologie se trouve ainsi astreint à envisager des effets et des causes situés en dehors du champ de sa discipline. Refuser, par crainte d'une trop grande complexité d'analyse, de prendre en considération aussi bien les données familiales, relationnelles, scolaires, que les données plus généralement sociologiques, serait leur laisser prendre une place inévitable, mais sans en maîtriser la portée.

Conçu à l'adresse principale des psychologues, étudiants des divers niveaux universitaires et praticiens, l'ouvrage présente les différents aspects des connaissances en psychologie relative à l'adolescence, principalement mais pas exclusivement du point de vue du développement. L'aspect différentiel ne saurait être négligé, afin de mieux comprendre en quoi filles et garçons affrontés à des phénomènes comparables peuvent se construire un vécu différent. C'est bien légitimement que l'accent est mis en priorité sur la marque physiologique de l'adolescence, la *puberté*. La présentation des phénomènes pubertaires va de pair, chez les filles et les garçons, avec l'analyse des transformations psychologiques liées à la puberté. Notons que l'accent est mis sur ce que ces modifications ont de commun et de différent dans les représentations que s'en construisent les adolescents, mais aussi sur le regard que « les autres » (adolescents du même ou de l'autre sexe, familles, adultes plus ou moins proches, groupes et courants sociaux) portent sur eux. L'approche du développement psycho-sexuel, qui suit logiquement l'exposé des faits pubertaires, nécessite une grande précision notionnelle. Les rappels proposés en forme de définitions par l'auteur sont donc les bienvenus. Rappels d'autant plus nécessaires que la période adolescente met fin à la période de latence. Étayé sur les « classiques » de cette question centrale et sur ses propres travaux, l'auteur expose les étapes de la sexualité adolescente, ses difficultés et ses éventuels problèmes.

Un chapitre consacré au développement cognitif de l'adolescent – principalement, mais pas uniquement dans une perspective piagétienne – s'avérait nécessaire, voire central, pour la compréhension du fonctionnement cognitif de l'adolescent. Le texte, clair et concis dans le fond et la forme, mis à la disposition du lecteur, remplit de façon satisfaisante son rôle informatif. Que pourrait-on dire du développement du jugement moral, qui ne soit appuyé sur les capacités cognitives de l'adolescent ? Les théories proposées par Freud, Piaget et Kohlberg sont les plus complètes. « La perspective freudienne considère que le jugement moral s'acquiert par intériorisation progressive des règles culturelles à travers un processus d'identification. L'accès à la moralité s'effectue donc à travers l'intervention de l'autre. Cette perspective est assez proche de celle des sociologues qui avancent l'idée d'un processus d'apprentissage pour expliquer le passage de l'amoral au moral » (*cf.* p. 60). Voici clairement annoncé le jeu permanent de la psychologie et des autres sciences humaines, séparations réelles dans certains cas, mais en relations pertinentes dans d'autres. Et l'étude de l'adolescence, nous l'avons souligné, est le champ de toutes les complémentarités. Mais revenons à l'ouvrage : les positions de Freud, de Piaget et de Kohlberg sont clairement exposées, ainsi que quelques travaux plus récents. Le développement du jugement moral est une chose, l'application au quotidien de règles morales en est une autre ; l'accroissement des conduites déviantes et délinquantes à l'adolescence souligne l'existence du problème, et ne le résout pas. À souligner les travaux de Pierre Coslin relatifs aux opinions des adolescents interrogés quant à leurs attitudes face aux déviances et aux conduites délinquantes. De l'ensemble d'informations apportées, nous ne retiendrons ici que quelques exemples : en milieu défavorisé, les jugements des adolescents sont moins sévères ; l'attribution d'une part de responsabilité à la victime est plus fréquente ; filles et garçons émettent des jugements à peu près similaires, et tendent à montrer plus d'indulgence envers les filles délinquantes qu'envers les garçons. Au delà de ces résultats, soulignons l'intérêt de la méthode d'approche, qui consiste à s'informer auprès des adolescents de leurs propres points de vue, sans les faire s'exprimer sur eux-mêmes. Certes certains points prêtent à discussion. Mais n'est-ce pas là le fait d'un enseignement lié à la recherche, c'est-à-dire ouvert sur tous les débats scientifiques ?

Dès le chapitre VI, qui traite de l'existence et de la nature d'une « crise adolescente », et examine les processus et manifestations de la recherche identitaire chez le jeune, mais plus précisément encore dans les deux derniers chapitres, nous abordons aux rives de l'insertion sociale, de la place des adolescents (de l'adolescence) dans la société. C'est, bien sûr, toujours de la personne de l'adolescent qu'il s'agit, mais davantage sous l'aspect de *l'adolescent-en-situation*. Questionnons nous avec l'auteur : crise adolescente, crise de la société, ou difficultés inhérentes à l'entrecroisement des deux phénomènes ? Après un rappel bien documenté des principaux courants qui s'expriment à ce sujet, une place particulière est faite à Erikson, sans perdre de vue les diverses perspectives de recherche qui s'en sont inspirées. C'est ainsi que sont évoqués les travaux axés sur un décryptage de « l'identité adolescente ». L'importance de la connaissance de soi et de ses modifications avec l'âge ne saurait échapper. D'abord attaché à des traits physiques, l'enfant, à travers son développement cognitif, socio-cognitif et affectif, en vient au moment de l'adolescence à donner un contenu à la fois complexe et abstrait à la notion de « soi ». Quelles relations établir entre les notions de « soi », « d'estime de soi » et de « connaissance d'autrui » ? Constructions cognitives, mais fortement dépendantes des liens affectifs noués dès l'enfance au sein de la famille, et qui se poursuivent et se multiplient, des liens de camaraderie, de personnes-ressources, d'images identificatoires directes ou médiatisées par l'environnement technologico-communicationnel. La quête identitaire existe chez tous. Ses particularités ne peuvent que nous apprendre à repérer les facteurs à quoi elle est sensible. Pensons à l'importance des notions d'identité culturelle qui se révèlent avec bien d'autres à travers l'étude de la quête identitaire des adolescents issus de l'immigration.

Quant au chapitre VII, qui traite de l'insertion scolaire et professionnelle, il constitue un large panorama des données factuelles, démographiques parmi d'autres, ainsi que les analyses des psychologues et sociologues de l'éducation. Le vécu scolaire de l'adolescent est ainsi présenté dans ses diverses dimensions. L'échec scolaire de certains (de beaucoup ?) s'analyse en termes d'échec individuel, collectif, institutionnel, sociétal, non exclusifs les uns des autres. La plus ou moins bonne réussite scolaire conditionne bien souvent le projet professionnel. On s'interrogera avec profit à propos des facteurs qui alimentent ce projet, qui influencent le passage réussi ou non du projet à la réalisation professionnelle.

Enfin, les deux derniers chapitres présentent un panorama fort complet des différents champs et facteurs de la socialisation des adolescents, dans ses aspects généraux (« Adolescence et vie sociale ») comme dans ses difficultés

(« Les troubles de la socialisation »). C'est ainsi que sont envisagées, parmi d'autres, les relations familiales dans les diverses formes actuelles de familles, les relations amicales, les caractéristiques de l'amitié, les groupes et les bandes. La jeunesse des banlieues fait l'objet d'une attention particulière. L'éventail de la « vie sociale » ne serait pas complet sans un regard porté sur la socialisation politique et les rapports des jeunes à la religion. Pierre Coslin, spécialiste reconnu de l'étude de l'adolescence, en particulier dans ses rapports à la violence, à la délinquance, à l'usage des drogues licites et illicites, consacre le dernier chapitre à l'étude des troubles de la socialisation adolescente. On trouvera là une excellente synthèse des travaux les plus récents dans le domaine.

On l'aura compris, il s'agit d'un ouvrage qui concerne l'ensemble de la problématique adolescente, ouvrage évidemment utile aux étudiants de tous niveaux, et dans lequel les spécialistes de psychologie comme de sociologie de l'adolescence pourront trouver un ensemble d'informations aux limites de leur spécialité, nécessairement pluridimensionnelle.

Fayda Winnykamen

— Introduction —

« La jeunesse d'aujourd'hui aime le luxe ; elle manque de tenue, raille l'autorité et n'a aucun respect pour ses aînés. Les enfants... ne se lèvent plus quand une personne d'âge entre dans la pièce où ils sont, ils contredisent leurs parents, se tiennent à table comme des gloutons et font une vie d'enfer à leurs maîtres. »

Ce tableau pessimiste de la jeunesse pourrait être dû à nombre de censeurs contemporains ; refus de l'autorité, rejet de la famille, troubles du comportement sont en effet souvent associés aux « adolescents » d'aujourd'hui. Or, comme le rappelaient déjà Davidson, Choquet et Depargne en 1973, cette analyse, prêtée à Socrate, date du cinquième siècle avant Jésus-Christ. On le voit, ce portrait reste actuel après vingt-cinq siècles !

Les adolescents au centre de l'actualité

D'une part, l'adolescence s'étend sur un nombre d'année qui tend à s'accroître du fait d'une puberté de plus en plus précoce et d'une scolarité de plus en plus longue qui concerne un nombre accru de jeunes. De plus, les conditions socio-économiques conduisent à prolonger la situation de dépendance familiale associée à une insertion professionnelle retardée et à une vie en couple également plus tardive.

D'autre part, ces jeunes – majoritaires dans le tiers monde – s'avèrent en France très nombreux dans certaines zones urbaines où ils atteignent, voire dépassent, 50 % de la population. Pour bon nombre en situation précaire, parfois issus de populations en grande difficulté d'insertion, certains posent à la société des problèmes particulièrement cruciaux. Certes la jeunesse a souvent été stigmatisée dans le passé. Il n'y en a pas moins, de nos jours, une situation nouvelle, créée par le peu de possibilités de projections positives dans l'avenir pour certains jeunes cependant confrontés à des modèles médiatiques prônant une consommation exacerbée.

Il y a ainsi une forte demande sociale d'information concernant ces jeunes que la société comprend mal et ne parvient pas à réguler. D'où un appel de plus en plus important à la psychologie et aux psychologues : éducation nationale, municipalités, police, etc. – même si les crédits ne suivent que rarement pour créer des emplois. La preuve en est la masse d'émissions radiophoniques et télévisées à leur propos, les sites Internet, les articles de presse.

Il y a donc un besoin certain d'information concernant la psychologie des adolescents.

L'université y répond en partie. La psychologie de l'adolescent, longtemps peu étudiée en son sein, fait aujourd'hui l'objet d'enseignements spécifiques dès le DEUG. Il s'agit alors de présenter les principales perspectives du développement affectif, cognitif, socio-cognitif et social des jeunes de 11/12 ans à l'âge adulte. Cet enseignement se poursuit en second cycle, particulièrement en licence où l'on aborde les théories, les concepts et les méthodes relatifs à cette période de la vie, puis en maîtrise, où l'adolescence est traitée dans l'ensemble des sous-disciplines, et se trouve centrale dans les enseignements de psychologie du développement et de psychologie de l'éducation et de la formation. L'adolescence fait enfin l'objet d'options de plusieurs DESS et DU. Il y a d'ailleurs dans plusieurs universités des DESS de psychologie de l'enfance et de l'adolescence et des DU consacrés à cette période.

Le présent ouvrage vise également à répondre à ce besoin d'informations relatives à l'adolescence. Il s'adresse à ceux qui poursuivent des études en Sciences humaines et sociales, et plus particulièrement aux étudiants en Psychologie, mais aussi aux professionnels travaillant auprès d'adolescents et de jeunes adultes dans différents secteurs d'activité : institutions de soins, établissements à vocation éducative ou culturelle, services de protection judiciaire et administration pénitentiaire.

Plusieurs points doivent être abordés pour l'étude de la psychologie de l'adolescent.

La puberté et ses répercussions

Classiquement l'adolescence débute avec la puberté. Reprise biologique de la maturation sexuelle, celle-ci s'accompagne d'une reviviscence pulsionnelle mettant fin à la période de latence. L'ouvrage rappellera donc dans un premier temps les bases physiologiques des transformations qui se produisent lors de l'adolescence, analysant le développement pubertaire et ses répercussions psychologiques, en distinguant ce qui se passe chez la fille et chez le garçon, et en insistant sur les variations chronologiques, individuelles et collectives.

Le développement psychoaffectif et la sexualité

L'adolescence entraîne le rejet des images parentales de l'enfance en prélude à de nouveaux attachements. L'adolescent ayant de ses parents une image différente de celle de l'enfance, due à l'évolution de leurs relations, assiste en quelque sorte à leur mort sur le plan du fantasme. Ce rejet est nécessaire pour la conquête de l'autonomie. Les diverses formes de défense utilisées par le jeune contre les anciens objets d'amour seront abordées, ainsi que les attitudes à propos de la sexualité, les comportements sexuels (masturbatoires, homosexuels, hétéro-sexuels), l'éducation sexuelle, les pratiques contraceptives et de protection devant le SIDA.

Le développement cognitif et socio-cognitif

L'ouvrage étudiera également les transformations que l'on perçoit au niveau des structures cognitives dont l'amplitude est aussi importante que celle des bouleversements pubertaires. L'adolescence correspond au stade formel (combinatoire, logique des propositions, groupe INRC et pensée hypothético-déductive). Piaget privilégie particulièrement les structures d'opérations de l'adolescent. La perspective cognitiviste insiste plutôt sur les représentations et le fonctionnement, ouvrant ainsi deux perspectives de recherche : la récusa-tion du structuralisme piagétien et la tentative de synthèse. Certains auteurs rejettent ainsi l'hypothèse d'un système logique composé de règles formelles préalable à la conduite d'un raisonnement déductif, supposant plutôt la mise en œuvre de modèles mentaux construits par le sujet.

L'adolescence apparaît enfin comme une période privilégiée pour les apprentissages sociaux et culturels dans la mesure où le jeune n'est pas encore contraint de se conformer à des rôles définis avec rigueur et où les flottements dans ses systèmes d'identification laissent la place à l'essai et à l'erreur. C'est un temps particulièrement important quant au développement moral.

Crises à l'adolescence et/ou processus de l'adolescence

La question se pose avant toute réflexion de savoir qui en réalité est en crise. S'agit-il des adolescents ou de la société ? S'agit-il d'un phénomène de société et/ou d'une crise de développement ? Les auteurs ayant abordé le concept de crise d'adolescence peuvent se regrouper selon plusieurs perspectives : la pre-mière s'inspire d'une psychologie de l'enfant imprégnée d'un système d'éthique ; la deuxième parle de *crise juvénile* à l'adolescence, visant une des-cription clinique cohérente ; la troisième est celle des psychanalystes ; la qua-trième s'intéresse à la quête identitaire. Partant de l'existence des deux grandes perspectives relatives à l'approche de l'adolescence (les approches psychanaly-tiques et sociologiques), et estimant que ces perspectives sont mal appuyées empiriquement, d'autres auteurs s'interrogent sur l'existence même d'une crise identitaire à l'adolescence. D'autres encore y perçoivent une accélération du processus d'adolescence. Doivent ainsi être abordées les relations entre identité, jeunesse, crise et processus à travers le défi lancé au monde des adultes et le deuil de l'enfance.

Adolescence et société

Fait individuel, l'adolescence est aussi un fait social. L'adolescence évolue parallèlement aux changements sociaux. Les jeunes trouvaient hier au sein de leur famille modèle et valeurs ; les adolescents d'aujourd'hui suivent le même chemin que leurs prédécesseurs mais dans une société où les adultes contestent valeurs et principes tout en continuant de les leur proposer. Plusieurs points sont à prendre en compte : l'évolution des relations familiales (les parents, la fratrie, les « nouvelles familles ») ; la connaissance de soi et d'autrui ; les relations amicales ; les groupes et les bandes, les jeunes des cités, la « tchatche » ; l'identité des jeunes en situation migratoire.

Scolarité et insertion professionnelle

Il y a actuellement en France plus de six millions de jeunes qui fréquentent des établissements scolaires du second degré. Deux types de facteurs influencent leur scolarité, les uns liés au système scolaire, les autres au développement personnel. L'histoire scolaire et son vécu, la peur de l'école éprouvée par certains adolescents, leur adaptation quelquefois difficile et les difficultés scolaires qui en résultent, parfois même la déscolarisation, conduisent à s'interroger sur ce qui en est à l'origine.

Et l'insertion professionnelle ? Le projet de l'adolescent, ses perspectives temporelles influencent particulièrement ses capacités d'insertion future dans une profession. Mais les difficultés d'insertion ne doivent-elles pas être avant tout confrontées avec les possibilités d'apprendre et le désir de s'instruire du jeune, mais aussi avec les souhaits et projets de sa famille et leur compatibilité avec ses propres possibilités et désirs ?

Troubles de la socialisation

Ces troubles sont nombreux. Leur intensité oblige à les distinguer des simples transgressions normales à l'adolescence. Déviances et délinquances juvéniles, violences scolaires, jeux dangereux au sein des écoles parfois filmés et diffusés par téléphone portable ou sur internet, conduites toxicomaniaques et alcoolisation abusive seront ainsi brièvement abordés dans cet ouvrage. Mais il ne s'agit que de quelques comportements problématiques parmi d'autres, dont l'exposé n'a pas place au sein de cet ouvrage, et qui ont fait l'objet d'une autre publication consacrée aux *conduites à risque à l'adolescence*[1].

La socialisation de l'adolescent abordée dans les chapitres V, VII et VIII sera prochainement développée dans un nouvel ouvrage[2].

---

1. Coslin P.G. (2003), *Les conduites à risque à l'adolescence*, Paris, Armand Colin.
2. Coslin P.G. (à paraître en 2007), *Socialisation de l'adolescent*, Paris, Armand Colin.

Chapitre I

Adolescence et puberté

L'adolescence se présente depuis un quart de siècle comme une nouveauté du point de vue démographique : on a pu ainsi constater une explosion de la jeunesse dans le monde entier. Alors qu'au début du XIXᵉ siècle il y avait un milliard d'êtres humains sur la terre, deux milliards en 1925 et quatre en 1974, l'on décompte en l'an 2000 six milliards d'individus, dont la moitié sont âgés de moins de 20 ans, dénombrant plus de 50 % de jeunes dans les pays du tiers monde, pour à peu près 33 % dans les pays les plus riches. S'il est vrai que la démographie de la France est plutôt en diminution et que l'on assiste au vieillissement de la population, cela n'est pas le cas dans bon nombre des banlieues de nos grandes villes où la population majoritaire est celle des enfants et des adolescents.

Notion d'adolescence

La notion d'adolescence s'avère fort complexe. Période de passage de l'état d'enfant à celui d'adulte, elle se caractérise par d'importantes transformations somatiques qui, parallèlement à une poussée instinctuelle, rapproche l'enfant de l'homme ou de la femme au plan physique, alors que contraintes et conventions sociales le maintiennent dans son statut antérieur. Il s'ensuit une situation de déséquilibre qui peut se manifester à travers de nombreux symptômes souvent regroupés sous l'expression de *crise de l'adolescence* ; un temps où les équilibrations culturelles atteintes sont remises en question par les maturations organiques. Et c'est dans ce contexte que l'adolescent doit à la fois acquérir le sens de son identité personnelle, imposer aux autres sa propre originalité et s'intégrer au sein de son environnement (Marcelli et Braconnier, 1999).

L'adolescence apparaît donc comme un fait d'un intérêt insigne, d'autant plus qu'elle évolue parallèlement aux changements sociaux. Le jeune de jadis trouvait au sein de sa famille des modèles, des valeurs et des principes de conduite ; l'adolescent d'aujourd'hui suit un chemin identique à ses prédécesseurs mais dans une société dont les adultes contestent les valeurs et les principes tout en continuant de les proposer aux plus jeunes ! Ces jeunes sont alors livrés à eux-mêmes pour la recherche d'une morale et d'une philosophie de vie. C'est peut-être là l'origine d'un fait nouveau caractérisant l'adolescence : celui de l'appartenance à une *classe*, la *jeunesse*, qui va s'individualiser au sein de notre société par-delà les limites régionales, nationales et culturelles.

S'il existe de multiples observations consacrées aux adolescents, il n'en faut pas moins constater que cette période de la vie n'est pas universellement reconnue : dans certaines sociétés on ne connaît que le bébé, l'enfant, l'adulte et le vieillard, certains auteurs ne distinguent pas l'adolescence de la puberté, alors que d'autres différencient la *puberté somatique* de l'*adolescence*. Ce constat s'effectue aisément à travers les travaux des historiens et des anthropologues.

Perspectives historiques

Les anciens se sont intéressés au passage de l'enfance à l'état d'adulte. Ils voyaient dans cet entre-temps le moment où l'on accède à la raison mais aussi l'époque des passions et des turbulences. Ainsi Platon[1] considérait que cette transition consistait en une maturation graduelle transformant la première couche de l'âme, intrinsèque à l'homme, en une deuxième couche caractérisée par la compréhension des choses et l'acquisition des convictions, et conduisant certains, à l'adolescence ou à l'âge adulte, à parvenir à l'intelligence et la raison, éléments de la troisième couche. Aristote[2] envisageait plutôt des stades hiérarchisés où les jeunes enfants dominés par leurs appétits et leurs émotions s'avéraient capables d'actions volontaires mais non de choix réel – ce qui les rendait semblables aux animaux. La capacité de choisir n'intervenait qu'au second stade entre 8 et 14 ans, appétits et émotions étant alors subordonnés à un contrôle et à des règles. La période de 15 à 21 ans était celle des passions, de la sexualité, de l'impulsivité et du manque de contrôle de soi ; mais c'était aussi le temps du courage et de l'idéalisme.

Il n'en est pas moins vrai que jusqu'au XIXᵉ siècle, l'adolescence, au sens où nous l'entendons aujourd'hui, n'est pas observable au sein de la société occidentale. Certes, la constatation de la puberté entraîne-t-elle la capacité

1. Platon (427-347 avant J.-C.) considère qu'il y a dualité d'un corps et d'une âme constituée de trois couches: la première correspond aux désirs et aux appétits ; la deuxième, au courage, à la persévérance et à l'agressivité ; la troisième, indépendante du corps, représente l'essence de l'âme et se compose de l'esprit, de l'immortalité et du surnaturel.
2. Aristote (384-322 avant J.-C.) ne croit pas à la dualité du corps et de l'âme, mais considère ces structures fonctionnellement reliées et distingue trois périodes de sept années dans le développement: la petite enfance de 0 à 7 ans, l'enfance de 8 à 14 ans et la jeunesse de 15 à 21 ans.

civile chez les Romains, bien que le terme d'*adolescent* y qualifiât la personne jusqu'à sa trentième année ; certes, le fait de pouvoir porter ses armes procurait-il le statut d'adulte chez les Francs et les Germains. Mais au Moyen Âge, la croissance physique était considérée comme l'agrandissement graduel d'une créature de Dieu, et enfant et adulte étaient estimés qualitativement semblables, ne différant que quantitativement, le jeune n'étant tout simplement qu'un adulte en miniature. Ne croyait-on pas d'ailleurs que le sperme contenait l'*homunculus* (le petit homme) qui, implanté dans l'utérus, y grandissait sans différenciation des tissus ou des organes (Cloutier, 1996).

C'est seulement à la Renaissance qu'apparaissent de nouvelles façons de concevoir le développement humain avec Comenius[1] qui pose la nécessité d'établir des programmes scolaires en relation avec l'évolution des facultés de l'individu. Quatre stades de six années sont ainsi évoqués : de 1 à 6 ans, les enfants sont à la maison où ils doivent recevoir une éducation de base et exercer leurs facultés sensorielles et motrices ; de 7 à 12 ans, tous doivent recevoir une éducation élémentaire (langue, usage social, religion) dans leur langue maternelle – et non en latin. Ils doivent alors développer leur mémoire et leur imagination. De 12 à 18 ans, l'éducation vise à favoriser l'évolution du raisonnement : mathématiques, rhétorique, éthique, etc. Enfin, de 18 à 24 ans, c'est la maîtrise de soi et de la volonté qui doit être développée, tant à l'université qu'à travers des voyages.

Les jeunes au regard de la loi (travail et sexualité)

L'histoire nous apprend également que l'on pouvait, comme Louis XIV, régner dès sa 23e année en monarque absolu, mais aussi que l'enfant tout venant servait vaillamment dans l'armée royale à 14 ans, qu'il était chef de famille à 16 ans et pouvait avoir travaillé comme ouvrier avant sa dixième année. Elle nous apprend de même que l'âge de la *responsabilité légale* est passé graduellement en Angleterre de 8 à 17 ans et aux États-Unis de 7 à 18 ans, voire même dans certains états de 7 à 21 ans. Elle nous apprend encore qu'en France, légalement, l'enfant était considéré comme un petit adulte jusqu'au XIXe siècle, qu'il s'agisse d'une limitation de son travail ou de sa protection au point de vue sexuel. Ainsi en 1810, la première édition du Code Pénal ne prévoit pas de délit d'attentat aux mœurs sur enfant, atteintes qui ne seront pénalisées qu'en 1832 et seulement alors pour les mineurs de 11 ans, la limite n'étant portée à 13 ans qu'en 1863 et à 15 ans, seulement… en 1945. Les enfants des milieux populaires accédaient très jeunes au monde du travail. Jusqu'au milieu du XIXe siècle, un ouvrier sur cinq était un enfant. Ce n'est qu'en 1841 que l'âge minimum d'embauche est fixé à 8 ans… et que la durée de travail quotidien est limitée à huit heures entre 8 et 12 ans ! C'est seulement

---

1. Comenius (1592-1670), évêque tchèque de Moravie.

en 1874 que le travail industriel est interdit aux moins de 12 ans, sauf dans les filatures où la limite est fixée à 10 ans... Il faut attendre 1892 pour que la loi réduise à six heures la durée de travail des moins de 12 ans et... à 11 heures celle des jeunes âgés de 16 à 18 ans. Et ce n'est qu'en 1886, qu'elle soumet les jeunes à l'obligation scolaire jusqu'à 11 ans (Fize, 1994).

Jusqu'au milieu du XIXᵉ siècle, les jeunes quittent souvent leur famille dès qu'ils sont pubères pour vivre dans une autre unité domestique, avant de s'engager dans un mariage relativement tardif. Ils vivent alors, rappelle Claes (1991), dans une « semi-autonomie », placés comme apprentis ou comme servantes, parfois dans des lieux très éloignés du foyer parental. La prise en charge d'une vie propre est alors facilitée par la réduction du contrôle familial. Comme le remarque Ariès, l'enfant passait alors des jupes des femmes – sa mère, sa grand-mère, sa nourrice – au monde des adultes.

Mais au milieu du XIXᵉ siècle, le jeune reste de plus en plus longtemps auprès de ses parents, bien souvent jusqu'à ce que lui-même fonde une nouvelle famille. Trois facteurs ont influencé cette évolution : l'avènement de l'industrialisation qui entraîne le déclin de l'apprentissage des métiers, l'extension de la scolarité et le repli de la vie familiale au sein d'un foyer manifestant en quelque sorte la naissance de la *famille moderne* constituée du père, de la mère et des enfants et excluant progressivement les ascendants et les collatéraux. Un long moment s'établit alors entre la puberté et le départ du foyer ; c'est l'*adolescence* telle que nous la connaissons aujourd'hui. De nos jours, la société occidentale tend à prolonger cette adolescence, traitant ses jeunes comme des enfants et déplorant paradoxalement en même temps qu'ils ne soient pas capables de se conduire en adultes responsables.

Comme le remarque Fize, les faits ont rapidement évolués depuis la fin des années 1960 qui ont été particulièrement riches en éléments majeurs : réforme du droit de la famille, naissance d'une *culture jeune*, contestation lycéenne et universitaire, etc. Deux grands types de changements peuvent être alors repérés ; *des changements dans le domaine des idées* : progrès de la démocratie politique, affirmation des mouvements féministes et développement de l'idéologie psychanalytique ; *des changements démographiques* : expansion de la classe moyenne et affirmation de la classe jeune.

Une culture adolescente

Les faits sont là en effet : on dénombre 100 000 élèves en 1900, un million en 1950, deux millions en 1960. Il y a en 1963 trois millions et demi de jeunes âgés de 15 à 19 ans et près de six millions à l'aube du XXIᵉ siècle. Les adolescents des années 1960 sont le produit du *baby boom*. De plus en plus scolarisés, ils constituent une classe qui a sa culture propre importée des États-Unis d'Amérique. C'est la génération du *rock and roll*, qui comme le rappelle Fize, se retrouve à travers ses médias : radios à transistors, électrophones et magazines. Issue de la petite bourgeoisie, cette culture adolescente se propage dans tous les milieux, à la ville comme à la campagne, en partie d'ailleurs grâce aux adultes qui en assurent une promotion intéressée : il y a une presse des jeunes avec des journaux comme *Salut les copains* ou *Mademoiselle âge tendre*, une industrie du vêtement pour adolescents, un marché du disque pour jeunes, etc. Les adolescents cherchent alors à présenter une image identique, un même look inspiré de *Sheila*, de *Johnny* ou d'*Elvis*. On assiste ainsi à une autonomisation culturelle de la jeunesse qui se manifestera particulièrement à travers les *événements de mai 1968* où les jeunes extériorisent leur inquiétude mais aussi leur révolte et leur désir d'être reconnus dans une société qui leur refuse l'accès aux responsabilités et ne voit en eux qu'un gigantesque marché.

La démarche adolescente consiste alors à être ensemble ; ensemble pour bavarder, faire du sport, écouter de la musique, ou tout simplement être avec les autres, avoir le plaisir de l'entre-soi. Mais ces activités, qu'elles soient ludiques ou sportives, doivent être informelles, spontanées et vont de pair avec la désaffection à l'égard de toute structure traditionnelle, de tout équipement traditionnel. On retrouve bien là ce phénomène de rejet de structures telles que les MJC (Maisons de la Jeunesse et de la Culture) déjà relevé dans les années 1975 et qui furent qualifiées par certains de bel exemple d'échec généralisé mais coûteux d'une tentative d'intégration de la jeunesse dans la part informelle de son existence, celle du temps vide et du loisir.

Les adolescents font peur

L'intérêt pour l'adolescence est également un fait relativement récent. Celle-ci n'acquiert un statut d'objet scientifique qu'à la fin du XIXe siècle avec le livre de Burnham *The Study of Adolescence* en 1891, mais surtout avec l'œuvre de Stanley Hall en 1904, puis les ouvrages de Pierre Mendousse consacrés à *L'Âme de l'adolescent* en 1910, et à *L'Âme de l'adolescente* en 1927. Ces premières publications insistent sur le caractère problématique de l'adolescence et sur certaines caractéristiques des adolescents, telles l'idéalisme, l'intolérance et la mélancolie.

Ces publications mettent particulièrement en évidence la peur que le corps social éprouve à l'égard de ses jeunes : peur de leur sexualité incontrôlée, de leur force physique et de leurs potentialités révolutionnaires et délinquantes (Fize, 1994). Il est vrai que ce sont les jeunes qui sont à la pointe de l'agitation depuis 1789, qu'ils sont au cœur des révoltes de 1830, de 1848 et de 1871, comme ils le seront en 1956 en Hongrie, en 1968 en France ou plus récemment dans les révolutions qui mirent fin aux régimes totalitaires d'Europe de l'Est. Ce sont ces jeunes des milieux populaires qui, selon Duprat (1909), participent au *mal social*, sont des *criminels en puissance* ou pour le moins l'incarnation d'un danger qui conduit à la mise en place de mécanismes coercitifs spécifiques tels que les patronages, les colonies agricoles ou les prisons réservées aux mineurs. Les jeunes bourgeois sont quant à eux pris en charge par l'enseignement secondaire, forme plus subtile de la surveillance. On parle aujourd'hui beaucoup de la *violence au sein des collèges* mais il faut savoir que si son ampleur ou certaines de ses formes peuvent paraître nouvelles, elle ne constitue pas en réalité un phénomène récent. Les adolescents ont toujours présenté un certain nombre de comportements jugés dérangeants, voire violents par les adultes. Parfois même les troubles étaient d'importance ; ainsi cette révolte lycéenne qui entraîna en 1840 l'arrestation et la condamnation d'élèves du Lycée Louis-le-Grand à plusieurs centaines de jours de prison. L'utilisation du cachot était d'ailleurs affaire courante au sein des établissements jusqu'à leur interdiction en 1854. Il y avait ainsi 13 prisons à Louis-le-Grand contre deux seulement à Henri-IV, mais insuffisantes pour les « besoins du service », un élève faisant alors en moyenne deux jours de prison chaque année (Prairat, 1994).

Il est vrai que l'on a souvent stigmatisé les bandes de jeunes. Les *apaches* hantaient les rues en début de ce siècle, inquiétant particulièrement les habitants de certains quartiers parisiens par leurs provocations, leurs *mauvais coups* et leurs chahuts. Les années 1950 virent naître les *blousons noirs*, bandes d'adolescents se défoulant par de petits larcins en attendant d'entrer dans le monde du travail limité pour eux aux emplois sans qualification de l'usine ou du chantier. Mais de telles bandes étaient souvent un prélude à l'intégration sociale, à l'insertion dans le monde du travail. Il n'en est plus de même aujourd'hui du fait du blocage de l'insertion. Il faut savoir en effet, que chaque année, 120 000 jeunes quittent l'école sans la moindre formation, que plus de 250 000 sont en situation très précaire, 50 000 étant même dénués de toute perspective d'avenir. Les bandes ne représentent plus dès lors le rite de passage de l'adolescence à l'état adulte, mais plutôt un risque de dérapage vers des activités hautement délinquantes. Sans espoir de pouvoir s'intégrer socialement, la tentation peut être forte pour certains de chercher, souvent en vain d'ailleurs, leur légitimité dans l'action antisociale. Il ne faut pas pour autant en déduire, comme le remarque Fize, que la communauté adolescente n'est faite que de bandes avec tous les fantasmes habituellement associés : violence, délinquance, consommation et vente de drogues illicites, etc. Le monde adolescent est en effet bien souvent constitué de petits groupes plutôt pacifiques et ludiques.

Perspectives anthropologiques

L'insertion progressive au sein de la société constitue le fait central de l'adolescence et ne doit pas être confondue avec le développement pubertaire (Claes, 1991). Si la puberté apparaît en effet, à quelques variations près, à la même époque dans toutes les sociétés, si les séquences du développement pubertaire se retrouvent identiques, la transition sociale de l'enfance à l'état d'adulte varie considérablement selon les cultures. L'expérience adolescente et sa durée sont ainsi déterminées par les aménagements culturels, ce qui n'est

pas sans mettre en question l'existence d'un schéma universel du développement. Ainsi, l'adolescence apparaît et se cristallise lorsque les rites initiatifs
dépérissent ou disparaissent, lorsque l'accession à l'état d'homme ou de
femme devient graduelle, lorsqu'il n'y a plus rupture avec l'enfance, et mort
symbolique pour renaître à l'état d'adulte, lorsque s'observe la transition d'un
espace biologique, psychologique et social qui fournit le terrain favorable à la
constitution d'une classe d'âge (Morin, 1984).

Les filles de Samoa et de Nouvelle-Guinée

Margaret Mead relève ainsi dès 1928 que, mis à part leur développement physique, les filles de Samoa ne se différencient pas selon qu'elles sont ou non
pubères, et que, contrairement aux filles américaines, elles ne semblent rencontrer aucune difficulté particulière, jouissant au contraire d'une belle insouciance, loin du stress et de l'anxiété. De telles différences sont alors associées
au contraste entre la rigidité de la morale sexuelle des jeunes américaines et la
tolérance des mœurs samoanes ; au climat d'insouciance observable à Samoa
où les pressions économiques et sociales sont quasi inexistantes et où il n'y a
pas obligation d'opérer des choix personnels sur le plan professionnel, moral
ou social. Le fait que l'organisation sociale samoane réduise les liens affectifs
entre les personnes doit également être pris en compte : l'enfant est précocement séparé de sa famille pour entrer dans un réseau de parenté plus vaste et la
fidélité n'est pas attendue dans les couples.

Margaret Mead (1958) observe des faits très différents en Nouvelle-Gui-
née, où la puberté signifie pour la jeune fille le début de sa vie d'adulte, la fin
des jeux et de l'insouciance. Les premières menstruations sont certes l'occasion de fêtes au sein du village mais elles entraînent aussi un temps de retrait
excluant toute participation à la vie sociale dans l'attente du mariage. En ce
qui concerne les garçons, plusieurs rites peuvent être observés : percement des
oreilles, visite à l'île des ancêtres, etc. Mais le temps de retrait est bref et, l'initiation terminé, le garçon retrouve les jeux de l'enfance et ses compagnons.

Les rites et leur signification

Il existe ainsi dans de nombreux groupes sociaux des rites d'initiation marquant le passage de l'adolescence chez les garçons. Ces rites ont des fonctions
sociales visant à marquer et à faciliter la transition de l'état d'enfant à celui
d'adulte, à assurer le passage du statut formel pubertaire au statut conventionnel
de l'adulte.

Trois étapes peuvent être observées :

- – rituel de séparation du statut d'enfant, de démarcation des rôles, et de
  rupture avec le groupe antérieur ;
- – transition préparant l'initié à l'octroi d'un nouveau statut ;
- – rituel d'agrégation dans la société des adultes.

Ces rites ont également le plus souvent des fonctions psychologiques s'articulant autour de deux dimensions : la maîtrise des émotions œdipiennes et l'attribution de l'identité sexuelle. La première a trait à la résolution des conflits œdipiens à l'adolescence, le rite permettant de prévenir une approche incestueuse de la mère et une rivalité agressive à l'encontre du père ; la seconde au dépassement des sentiments ambivalents de haine et d'envie à l'égard du père et à l'établissement d'une identification secondaire permettant de se voir attribuer l'identité masculine.

En ce qui concerne les filles, la reconnaissance sociale des premières menstruations est certainement l'aspect le plus universel des rituels féminins. De nombreux mythes évoquant la fertilité entourent ainsi la venue des premières règles, s'opérationnalisant par des incantations, des massages corporels, des gestes magiques visant à conjurer la stérilité, etc. Des pouvoirs magiques bénéfiques ou maléfiques peuvent être associés à la jeune pubère : guérison des maladies, bénédiction surnaturelle ou au contraire tarissement des sources, fuite du gibier, etc. (Ruth Benedict, 1950). Les craintes peuvent alors entraîner la ségrégation et l'isolement de la jeune pubère. On relève également un symbolisme de l'obscurité – relation mystique entre les cycles féminins et les cycles lunaires –, et des restrictions alimentaires – suppression des apports carnés, attribution de nourriture blanche, liées au mystère du sang menstruel.

La chirurgie génitale a également sa place au sein des rites féminins, en particulier l'excision du clitoris avec parfois l'ablation partielle ou totale des petites et des grandes lèvres, de tels rites ayant pour but dans le discours des peuples les pratiquant d'assurer la procréation et la fécondité. Mais ils ne sont pas exempts d'une fonction de contrôle, voire de répression de la sexualité féminine.

Définition de l'adolescence

Parler de l'adolescence ne s'avère donc pas si facile. On peut même utilement s'interroger sur l'existence même de l'adolescence et sur sa nature : est-ce un stade du développement, une crise ou une période où il ne se passe rien ? Il ne faut pas pour autant ne pas tenter de délimiter le concept d'adolescence. Les termes d'*adolescence* et d'*adolescent* sont apparus dans la langue française entre les XIIIe et XIVe siècles. Ils proviennent du verbe latin *adolescere* qui signifie « grandir » et plus précisément de son participe présent. L'être auquel s'applique ce terme est donc étymologiquement celui qui est en train de grandir et s'oppose ainsi à celui dont l'opération de grandir a atteint son terme : l'*adulte* (il s'agit là d'un mot provenant du participe passé de ce même verbe *adolescere*). Certes l'opération de grandir ne concerne pas uniquement l'aspect physique de l'individu. C'est toutefois cette croissance physique qui présente l'aspect le plus spectaculaire de l'entrée dans l'adolescence, et qui non seulement ouvre cette période mais aussi provoque l'apparition d'autres aspects ne concernant plus directement le corps, des intérêts par exemple. L'adolescent est donc caractérisé en quelque sorte par le concept d'*inachèvement*. Cela ne signifie pas que l'adulte puisse se voir associer celui d'achèvement. Une telle conclusion serait abusive car tout achèvement n'a de sens que rapporté à lui-même, et s'avère fragile et toujours susceptible d'être remis en question. Il faut plutôt parler de différences relatives entre adolescent et adulte, différences attachées au fait que l'adolescence est une période de changements si marqués qu'il s'avère difficile d'y cerner des constantes.

Un temps de transition, de transgression et de transaction

L'adolescence est un passage entre l'enfance et l'âge adulte. L'adolescent n'est plus un enfant ; il n'est pas encore un adulte. Il vit une période transitoire caractérisée, comme le rappellent Marcelli et Braconnier (1999), par ce double mouvement de reniement de l'enfance et de recherche du statut d'adulte qui constitue l'essence même de la crise que l'adolescent traverse. L'adolescence est une période de *transition*. Il n'en reste pas moins que l'adolescence se déroule à travers des changements qui bouleversent l'équilibre interne du sujet, qui appellent une restructuration du moi et engendrent de nouveaux modes d'être au monde. Ces changements sont plus divers, plus rapides et plus intenses que chez l'adulte. Ils entraînent souvent des *transgressions*. Comme le rappelle Solal (1985), transgresser, c'est passer outre. Il y a dans ce concept quelque chose de dynamique qui l'apparente en quelque sorte à la progression. Transgression et progression sont toutes deux d'ailleurs antonymes d'un même mot, celui de régression. La transgression s'avère ainsi nécessaire à l'adolescence dans la mesure où elle permet au jeune de progresser, de rompre avec les images parentales qui, si elles ont été structurantes pour l'enfant, ne suffisent plus à son actuel développement.

Cette rupture traduit la maturité sexuelle et le choix d'un autre cadre que le cadre œdipien. L'adolescent cherche à se différencier des parents tant au niveau des valeurs sociales que morales, religieuses ou politiques. Il rompt avec l'ordre parental et avec l'ordre social ; il *provoque*. Mais cette rupture, ces provocations sont aussi ouverture, accession à de nouvelles relations avec son environnement. S'il y a transgression, il y a aussi *transaction*. Et c'est ce qui est particulier à l'adolescence, comme le souligne Solal ; l'adolescent formule en agissant, mûrit son action autour d'un dialogue nouveau, d'une contestation qui le conduit à l'action.

Fait individuel, l'adolescence est également un fait social. Son début, les nouveaux modes de vie qu'elle implique, conduisent le sujet à vivre des situations nouvelles. Cette adaptation à la nouveauté peut s'avérer difficile pour certains jeunes et les problèmes « normaux » rencontrés par l'adolescent ne sont pas toujours résolus, en particulier lorsqu'ils sont aggravés par des facteurs biologiques, psychologiques ou sociaux. Beaucoup de jeunes connaissent ainsi des moments de malaise, de déprime qui s'expriment à travers leur ennui, leur morosité et le regard dévalorisant qu'ils portent sur eux-mêmes : ils se sentent incompris de la part des autres et surtout des adultes, ne parviennent pas à se réaliser. Hypersensibles, ils ont à la fois le dégoût d'eux-mêmes et un sentiment confus d'inutilité. L'adolescent négocie ainsi son passage de l'enfance à l'état d'adulte à travers des comportements dérogatoires, cherchant à déterminer quelles sont ses propres limites et quelles sont celles d'autrui, s'exerçant, « s'essayant » et se trompant parfois. La question est alors de savoir quel est le sens que la société va donner à ces interpellations des règles et de la loi. Le risque est grand qu'elle tombe dans le laxisme ou dans la répression, ce qui, dans un cas comme dans l'autre, tend à rompre tout dialogue avec le jeune, alors que cette interpellation vise plus ou moins consciemment à provoquer sa réaction ; alors que cette interpellation a valeur de communication dialectique : le jeune remet en cause la conformité des conduites que lui propose la société, puisqu'il n'a pas participé à l'élaboration et à la définition de ces modes de vie. À un âge où il cherche avidement qui il est, la problématique fondamentale de l'adolescent, son interpellation cruciale s'avèrent en quelque sorte : quelle place m'accordez-vous au vivre ensemble ? Qui suis-je ? Derrière cette quête identitaire, ses comportements interpellent aussi la propriété : Qu'est-ce qui est à moi ? Qu'est-ce qui est à l'autre ? (Coslin, 1999).

Adolescence et jeunesse

Il y a trois ou quatre décennies, les jeunes devenaient adultes entre 18 et 20 ans. Depuis une vingtaine d'années, ils entrent nettement plus tôt dans l'adolescence que les générations qui les ont précédés et n'en sortent que beaucoup plus tard vers 25 ans. Cet allongement de la jeunesse prend place dans le rééquilibrage des phases de la vie, lui-même en relation avec l'augmentation de l'espérance de vie. Chaque phase est ainsi décalée et l'adolescence n'est pas en ce sens un cas particulier. Mais il faut aussi prendre en compte l'augmentation de la durée des études[1], la difficulté pour les jeunes de s'insérer dans la vie professionnelle et le caractère de plus en plus tardif de la vie en couple et parentale[2]. L'entrée dans la vie adulte peut être étudiée à partir de deux dimensions : l'une concerne la vie scolaire et professionnelle ; la seconde a trait à la famille d'origine et à celle que se construit l'individu. Ce processus

---

1. En 1994, le taux de scolarisation des jeunes de 17 ans dépasse 92 % et il atteint encore 71 % à l'âge de 19 ans.
2. En 1996, les femmes ont en moyenne leur premier enfant à 29 ans, c'est-à-dire deux ans plus tard que la génération de leurs mères.

est scandé par le franchissement de quatre seuils essentiels : la fin de la scolarité, le début de la vie professionnelle, le départ de chez les parents et la mise en couple ou le mariage (Galland, 1991).

Traditionnellement, l'entrée dans la vie adulte se caractérisait par le synchronisme du franchissement de ces seuils : l'achèvement des études correspondait à l'entrée dans le monde du travail et s'accompagnait généralement de la fin de la vie chez les parents et de la formation d'un couple. Aujourd'hui, la scolarité s'est prolongée et une phase de précarité précède l'engagement professionnel, tandis que la vie chez les parents se poursuit au moins jusqu'à l'accès au travail. Le jeune connaît alors, pendant un temps plus ou moins long, une vie solitaire parallèle à ses débuts professionnels, avant de s'installer en couple. On passait hier de l'adolescence à l'âge adulte, alors que l'on passe aujourd'hui de l'adolescence et de la jeunesse estudiantine, à un temps de précarité, puis à l'état d'actif solitaire avant de s'établir dans une position relativement stable, tant au plan affectif que professionnel. Si précédemment, remarque Galland, les axes *scolaire professionnel* et *familial matrimonial* étaient parallèles et le franchissement des seuils coordonné, le modèle connaît désormais une déconnexion des seuils, conduisant à la succession de quatre étapes avant que le jeune parvienne à la stabilité d'un couple. Les deux premières sont relatives à la vie lycéenne, puis éventuellement au temps des études supérieures, la seconde tendant à se généraliser à de plus en plus de jeunes suite à la démocratisation de l'enseignement et à l'allongement des études. La troisième phase est propre à la société contemporaine et associe précarité professionnelle et prolongation du séjour dans la famille. Elle se caractérise par un temps de transition important entre la sortie de l'école et l'accès à un logement indépendant. Sont ici particulièrement concernés les jeunes poursuivant des études courtes, élèves des lycées professionnels et apprentis. La quatrième phase, caractérisée par la prolongation d'une vie solitaire malgré l'accès à des conditions économiques permettant de former un couple, touche plutôt les jeunes poursuivant des études universitaires. Elle est assez typique de la jeunesse actuelle et relève moins de contraintes économiques que de transformations socioculturelles. Il faut y voir, selon Galland, la double manifestation du passage d'un modèle de socialisation à un autre et le renversement de la norme d'âge d'entrée dans la vie adulte. Les jeunes passent ainsi d'un modèle d'identification à un modèle d'expérimentation : il y avait jadis transmission du statut et des rôles d'une génération à l'autre ; il y a aujourd'hui construction statutaire et identitaire à partir d'approximations successives au gré d'expériences multiples, du fait de la prolongation scolaire. Le renversement de la norme d'âge se manifeste par le passage du modèle de « précocité » caractérisant la fin des années 1960 (être autonome et vivre libre le plus vite possible) à un principe de « retardement » consistant à rester jeune le plus longtemps possible.

La déconnexion de ces seuils est particulièrement marquée chez les garçons. Si 80 % d'entre eux étaient entrés dans la vie active à l'âge de 18 ans dans les années 1950, il n'y a aujourd'hui qu'un quart des adolescents de cet âge à être réellement engagé dans la vie professionnelle. Le processus d'entrée dans la vie adulte s'effectue ainsi de nos jours sur une dizaine d'années, tandis que les seuils de *décohabitation* familiale et de mariage sont reportés de plus de trois ans depuis un quart de siècle, que la vie en couple s'avère plus tardive et que l'on relève un nouveau comportement de cohabitation juvénile à travers les « mariages » à l'essai.

Adolescentes et adolescents

Nombreuses sont les similitudes entre garçons et filles à l'adolescence, qui permettent d'aborder globalement cette période en traitant des *adolescents* en ce qu'ils ont de commun. Ces jeunes diffèrent cependant selon certains traits, même si les interférences psychologiques s'avèrent plus nombreuses que les différences. Ces différences peuvent être liées tant à leurs caractéristiques propres, qu'à l'influence des représentations attachées aux adolescents, comme d'ailleurs aux enfants et aux adultes, selon leur sexe (Avanzini, 1978). Le début de l'adolescence se caractérise par le développement pubertaire qui diffère selon le sexe, dans sa précocité et sa durée. Les transformations corporelles imposent alors le choix entre le masculin et le féminin, mais à une date différente et par un processus plus ou moins long selon qu'il s'agit d'un garçon ou d'une fille. Comme le rappellent Marcelli et Braconnier (1999), le corps est le premier représentant des pulsions sexuelles et agressives. Habillage, coiffure et maquillage sont liés à des modes, mais ce sont aussi pour les jeunes l'expression symbolique de leur identité sexuelle, de leurs conflits et de leurs modes relationnels. Le poids de l'image du corps est alors considérable, d'autant plus qu'elle peut se confondre avec la représentation qu'a le jeune de lui-même.

Rôles et attitudes

Hommes et femmes ont de plus joué des rôles différents durant des siècles et garçons et filles ont reçu une éducation distincte, adhérant en partie à des valeurs dissemblables. Terman relevait ainsi *que les garçons se montraient plus coléreux et plus agressifs depuis leur plus jeune âge, les filles étant plus douces, plus dociles et plus enclines au conformisme social.* De même, depuis plusieurs années, les rôles masculins et féminins divergent moins, les différences s'estompant entre les hommes et les femmes et le stéréotype de la masculinité évolue. Garçons et filles se ressemblent dans leur *look*, partageant leurs activités, et tendant plus ou moins vers un même modèle, évolution qui se constate tant au niveau des idées qu'à celui des valeurs. Il n'en est pas moins vrai que des différences peuvent encore être constatées, comme le montre Sufin (1991). Les filles et les garçons manifestent les mêmes préoccupations personnelles et les mêmes angoisses mais divergent dans leurs attitudes vis-à-vis de la domination et de la violence qui, approuvées par les garçons, s'avèrent rejetées par les jeunes filles. De même, si les adolescentes s'avèrent attachées aux relations interpersonnelles, les garçons paraissent plutôt intéressés par le plaisir, l'esthétisme, la politique, ou... la consommation de boissons alcoolisées (Coslin, 1993).

Une vie relationnelle

Des différences peuvent également être constatées à propos de la vie relationnelle à travers l'étude réalisée par Choquet et Ledoux (1994). La description des parents est dans l'ensemble positive, mais garçons et filles se distinguent, les premiers ayant de meilleures relations familiales, les secondes étant plus nombreuses à avoir des relations tendues, tant avec leur mère dont elles redoutent l'hostilité et la violence, qu'avec leur père qu'elles jugent indifférent, facilement irrité et peu confiant. De même, si la plupart des jeunes ont une vie sociale extra-familiale active au détriment des sorties familiales, les filles sont plus nombreuses que les garçons à apprécier ces sorties, ceux-ci accordant leur préférence aux rencontres amicales. Il faut cependant relever que ces faits sont influencés par la manifestation d'une autorité parentale différenciée selon le sexe : trois fois plus de filles que de garçons se voient ainsi interdire de sortir avec d'autres jeunes. Il faut encore rappeler la différente implication des adolescents au sein de groupes qui sont moins hiérarchisés et moins organisés chez les filles que chez les garçons, ces derniers manifestant plus d'esprit d'équipe et moins d'intérêt pour les amitiés exclusives.

Problèmes de santé

Choquet et Ledoux constatent également que les problèmes de santé ne sont pas rares à l'adolescence mais diffèrent en partie selon le sexe : les filles sont plus souvent malades (infections diverses, problèmes visuels et dentaires, etc.) alors que les garçons ont plus d'accidents. La consommation médicale est nettement plus élevée chez les adolescentes, manifestant une recherche plus massive d'aide et d'assurance à un âge où le corps prend une importance considérable. Ces faits récemment observés ne sont pas sans rappeler cette *grande émotivité des adolescentes* signalée par Gesell. L'intérêt accordé aux relations sexuelles permet enfin de distinguer garçons et filles : plus fréquentes et plus précoces chez les premiers (bien que l'écart tende à s'atténuer), ces relations diffèrent aussi par le nombre de partenaires, les raisons de leur choix, l'implication affective et les fantaisies sexuelles conscientes. La tendance à idéaliser l'amour est beaucoup moins marquée chez le garçon que chez la fille, pour qui les extases peuvent être ressenties dans l'imaginaire sans qu'il soit nécessaire que la personne aimée ait une réalité objective (Deutsch, 1949). De tels fantasmes ne sont d'ailleurs pas étrangers aux tendances narcissiques typiques de cet âge chez l'adolescente, la tendance à spiritualiser l'amour lui permettant de sublimer l'instinct. Selon Deutsch, cette importance et cette persistance de la vie imaginaire seraient en partie à l'origine de la capacité d'intuition qui caractériserait le sexe féminin ; la propension à s'identifier, à se mettre à la place d'autrui, également plus développée chez la jeune fille, y participerait également. Il est vrai que ces traits sont en grande partie culturels et tendent à s'estomper depuis deux décennies avec l'évolution de la condition et de l'image de la femme.

La puberté

Le développement physiologique est marqué par la convergence de trois faits fondamentaux lors du passage de l'enfance à l'âge adulte : l'accélération de la vitesse de croissance, l'importance et la rapidité de changements qui concernent la personne dans son ensemble, la grande variabilité inter et intra-individuelle. Un certain nombre d'indicateurs caractérisent ce développement. Rodriguez-Tomé (1989) relève ainsi la poussée staturale, le développement des organes génitaux et des caractères sexuels secondaires, et l'âge d'apparition des premières règles chez la jeune fille et de la première éjaculation consciente chez le garçon.

Le début de la poussée de croissance se situe approximativement à la onzième année de la fille, à la treizième année du garçon ; sa vitesse est maximale un an plus tard en moyenne ; on parle alors de « pic de la vitesse de croissance ». Début de poussée, pic de vitesse et durée de cette poussée s'avèrent, à sexe identique, très variables d'un individu à un autre. Il existe par ailleurs une relation différente selon le sexe entre poussée de croissance et processus pubertaire ; tous deux commencent en même temps chez la préadolescente tandis que la croissance s'accélère chez le garçon alors que le développement des organes génitaux externes est déjà bien entamé. La maturation de l'appareil reproducteur, le développement des caractères sexuels secondaires se manifestent par le développement des organes génitaux externes (testicules et verge) chez le garçon, des seins chez la fille, de la pilosité pubienne chez les garçons et les filles.

Du point de vue biologique, « *ménarche* » et « *spermarche* » peuvent être mis en parallèle. Tous deux signalent un état d'avancement dans la maturation de l'appareil reproducteur. Le terme « ménarche » désigne l'apparition des premières règles. Cette apparition signale le démarrage de l'activité cyclique ovarienne. Les règles sont alors souvent irrégulières, voire même anovulatoires et ce pour un temps pouvant atteindre deux années. Le terme « spermarche » désigne les premières éjaculations du garçon. Le sperme présente alors un très grand nombre de spermatozoïdes mal formés, d'où un piètre pouvoir de fécondation.

Les variations chronologiques sont relativement importantes ; certaines sont individuelles. Ainsi les données statistiques permettent de définir des limites extrêmes : 8/14 ans chez la fille et 10/16 ans chez le garçon. On peut dans ces cas parler d'avance ou de retard sans considérer pour autant qu'il y a pathologie. De nombreux facteurs interviennent en effet : données génétiques mais aussi environnementales, telles que la santé, l'alimentation, les exercices physiques, le niveau socio-économique, etc.

D'autres variations sont collectives et liées au développement des civilisations. On constate ainsi une avance séculaire de la date de puberté, qui varie en sens inverse du prolongement de l'adolescence sociale. Il y a un décalage de plus en plus important entre l'âge où l'on tend à être sexuellement adulte et celui où l'on est économiquement indépendant. Si les premières règles apparaissent aujourd'hui vers 13 ans, elles apparaissaient en moyenne vers 17 ans dans la France de 1850 ! Si cela semble étonnant, il faut savoir qu'aujourd'hui, on relève d'assez importantes différences entre des pays de même niveau socio-économique, l'âge d'apparition des premières règles variant en moyenne d'un an entre les pays de la Communauté Européenne.

Puberté et croissance physique

La croissance physique manifeste à l'adolescence un caractère dysharmonique susceptible de provoquer des réactions, voire même des perturbations psychologiques. Elle conduit l'adolescent à un état réel de fatigue, dû tant aux changements physiques qu'à leurs retentissements psychologiques lors de la période pubertaire. Ces changements, ces bouleversements, rendent sans portée tout classement morphologique. La maturation physique se manifeste particulièrement par la croissance en taille. On assiste ainsi à l'adolescence à un redressement des courbes de croissance après 12/13 ans pour les garçons et 10/11 ans pour les filles, suivi d'un infléchissement sur trois années. C'est la *poussée pubertaire* qui manifeste l'activité biochimique de la puberté. La taille s'accroît de quatre à cinq centimètres par an avant 11/12 ans chez le garçon, puis de six à sept par an vers 12/13 ans. Le même phénomène se constate chez la fille avec environ une année d'avance. Cet accroissement de taille est à relier à la croissance osseuse. La proportion du tronc qui était de deux tiers à la naissance est légèrement supérieure à un demi à l'âge de 10 ans. La tête qui représentait un quart de la taille du nouveau né en représente à peu près le septième dès 5 ans, atteignant sa proportion définitive. Le cou s'accroît de 4 mm par an à 14/15 ans, de 8 mm à 15/16 ans et de 5 mm à 16/17 ans. À 17 ans, il représente le tiers du tronc et le dixième de la taille.

L'adolescent est sensible à l'accroissement de sa taille. Le rôle des parents est également important à ce propos : manifestation éventuelle d'anxiété devant une petite taille si eux-mêmes sont grands, déception devant des espoirs non réalisés, etc. Il y a aussi le danger d'être la risée des pairs, voire de certains enseignants et une sensibilisation plus forte en milieu urbain qu'en milieu rural, et chez le garçon que chez la jeune fille.

Les facteurs endocriniens gèrent cette croissance. Plusieurs hormones sont en cause. Relevons en particulier :

- l'*hormone de croissance* encore appelée hormone somatotrope produite par l'hypophyse antérieure, très active lors de la croissance pubertaire bien que freinée par les hormones sexualisantes qui évitent ainsi le gigantisme hyperpituitaire ; cette hormone a deux effets principaux : elle favorise l'assimilation des protides et provoque l'allongement du tissu cartilagineux ;
- les *stimulines* sécrétées également par l'hypophyse antérieure dont le rôle est de stimuler d'autres sécrétions endocriniennes : thyréostimuline pour la thyroïde, folliculo-stimuline et lutéino-stimuline pour les ovaires ;
- la *thyroxine* sécrétée par la thyroïde, dont l'insuffisance précoce provoque un goitre éventuellement accompagné de nanisme et de crétinisme, une insuffisance bénigne pouvant entraîner un épaississement des tissus caractérisant un enfant « mou », peu porté aux activités ludiques et sportives, avec pour conséquences possibles les railleries de ses camarades et des sentiments d'infériorité. Cette insuffisance à l'adolescence est un frein au développement statural et génital ;
- la *parathormone* sécrétée par la parathyroïde qui a un rôle important dans la calcification par sa régulation des métabolismes du phosphore et du calcium.

Les glandes sexuelles se développent particulièrement à la puberté ; ce développement freine la croissance, une action trop précoce pouvant conduire à un nanisme disproportionné. On voit ici la relation entre croissance et maturation sexuelle. La précocité sexuelle de la jeune fille relativement au garçon va ainsi de pair avec une taille moindre en moyenne d'une douzaine de centimètres.

Les facteurs alimentaires sont très importants. Ainsi les moyennes de tailles sont inférieures dans les périodes de troubles et de guerres, mais aussi dans les pays en voie de développement. Le rôle de certaines vitamines s'avère primordial, en particulier celui des vitamines de croissance A et B et de la vitamine D. Des facteurs psychologiques se surajoutent : les carences familiales, mais plus simplement un mauvais climat familial, et le stress peuvent entraîner diverses réactions telles que phobies alimentaires, voracité compensatrice, etc. qui se répercutent sur la croissance.

La croissance en poids est d'abord plus accentuée chez la fille que chez le garçon, d'où parfois quelque sentiment d'infériorité chez la fille qui « grossit » comparativement à ses camarades masculins. Le poids plafonne chez la fille vers 16/17 ans mais continue à se développer chez l'adolescent qui gagne environ 10 kilogrammes entre 16 et 20 ans pour un accroissement en taille de 5 centimètres. On relève parallèlement une différenciation de la force musculaire selon le sexe et des variations des périmètres des membres, du périmètre thoracique et de la capacité respiratoire.

Puberté et sexualité

Les transformations biologiques d'ordre sexuel sont multiples. En ce qui concerne les organes sexuels masculins, la testostérone (hormone masculinisante) est sécrétée par les cellules de Leydig, tissu interstitiel qui entoure les canaux séminifères des testicules. En ce qui concerne le sexe féminin, deux hormones se succèdent coordonnant leur action : pendant quatorze jours, l'œstradiol qui provoque la maturation d'un ovule destiné à une éventuelle fécondation ; pendant quatorze jours la progestérone qui favorise la gestation éventuelle de l'œuf quand l'ovule qui se détache de l'ovaire et descend progressivement dans l'utérus est fécondé, permettant la nidification par son action sur l'épithélium utérin.

Les glandes surrénales sécrètent dans leur partie médullaire l'adrénaline qui joue entre autres un rôle dans la transformation du sucre dans l'organisme ; elles sécrètent dans leur cortex des hormones sexualisantes de type masculin : la corticostérone qui est liée à la vigueur musculaire, l'androstérone qui favorise la pilosité. Ces sécrétions sont contrôlées par l'hypophyse. Relevons le rôle de trois hormones : l'adréno-corticotrope masculinisante qui favorise l'activité du cortex surrénal ; la folliculo-stimuline féminisante qui favorise la production de folliculine chez la femme pendant la première partie du cycle menstruel et donc la maturation de l'ovule, et chez l'homme la production de sperme ; la lutéino-stimuline de type masculin qui favorise chez le garçon la production de testostérone et chez la femme l'implantation de l'œuf dans l'utérus.

Hormones de types masculin et féminin se trouvent donc dans l'un et l'autre sexe mais à des degrés divers, leur poids inattendu pouvant entraîner des troubles plus ou moins marqués avec répercussions sur les comportements.

Sous l'effet des hormones androgènes apparaît la pilosité qui succède au duvet de l'enfance : dans la région pubienne vers douze ans chez le garçon, vers onze ans chez la fille, soit environ un an avant la poussée staturale ; au niveau des aisselles, un an plus tard, en relation avec la puberté génitale ; trois ans après, moustache et barbe chez le garçon puis plus tardivement sur la poitrine et les membres.

L'inflammation des glandes sébacées sous influence des androgènes provoque l'acné, préoccupant les jeunes des deux sexes. Les androgènes provoquent également la mue vocale chez les adolescents des deux sexes, bien que plus marquée chez le garçon. Il y a alors élargissement du larynx et la voix masculine descend d'une octave, la voix féminine de deux ou trois intervalles musicaux. La mue vocale est contemporaine de la pilosité avec un retard possible de quelques mois. Elle s'étend normalement sur quatre années et s'achève vers 15 ans chez la jeune fille, vers 17 ou 18 ans chez le garçon. Retardée, elle peut entraîner une gêne assez vive chez l'adolescent, gêne en relation avec le jugement social des pairs attaché à la virilité.

Corollaires psychologiques de la puberté

La puberté morphologique concerne les transformations de la poitrine, du bassin et des organes génitaux. Les deux premières transformations touchent plus particulièrement les jeunes filles.

La *prise de poitrine* est un signe annonçant la venue de la puberté ; elle entraîne à la fois, non sans ambivalence, fierté et gêne ; son retard est vécu avec un sentiment d'infériorité. D'autant plus qu'en général des différences de sensibilité réceptive des glandes locales aux stimuli hormonaux font que le sein gauche démarre le premier... et n'est suivi par le sein droit que quelques semaines ou au mieux quelques jours plus tard. Ce décalage est source d'inquiétude. Mais la poussée de la poitrine qui peut s'étager sur trois ou quatre années est également vectrice d'angoisse. Si elle entraîne de la fierté chez certaines adolescentes, une coquetterie qui fait bomber le torse et chercher des vêtements moulants, elle en conduit d'autres à la nostalgie de quitter l'enfance et de se sentir envahie par une nouvelle sexualité. L'ambivalence entre gêne et fierté est encore renforcée par des aspects de forme et de couleur qui peuvent ou non satisfaire la jeune fille selon l'image qu'elle a de son corps et de l'idéal féminin lui-même influencé par la mode et les médias. Le développement des seins est également important par sa charge d'émotivité. Une nouvelle partie s'ajoute en quelque sorte au corps, alors que le reste du corps ne fait que croître. Au début de la puberté, les seins vont être vécus comme la partie la plus sexualisée du corps. Leur refus peut entraîner le refus de son corps, de la féminité et de la croissance. Les seins vont également évoquer la possibilité d'allaitement, acquérant le double symbole de la sexualité féminine, mère et amante, don de vie et génitalité, amour maternel et relation intime.

L'*accroissement du bassin* est aussi l'une des préoccupations majeures de l'adolescente et peut entraîner le désir de se « faire maigrir » avec les dangers que cela comporte dans une période de croissance. Poitrine et bassin peuvent ainsi être en partie liés à certaines boulimies et à certaines conduites anorexiques de l'adolescence, d'autant plus que leur développement différencié d'une adolescente à une autre implique des interactions sociales parfois déviées.

Les *organes génitaux externes* croissent sensiblement ; ils peuvent créer des difficultés du fait de leur excitabilité (gymnastique, bicyclette, équitation, etc.). C'est une période de masturbation fréquente avec craintes, voire sentiments de culpabilité associés. Intervient alors la puberté génitale : au développement des organes génitaux correspond une activité sécrétoire accrue qui se traduit par une élévation rapide du taux des hormones sexuelles entre 13 et 18 ans chez le garçon, plus tôt chez l'adolescente. On constate aussi la production de cellules reproductrices, ovules chez la fille, spermatozoïdes chez le garçon avec une densité accrue.

On appelle « puberté acquise » le moment où la jeune fille a ses premières règles et le garçon sa première émission spermatique possible. Le temps d'activité qui prépare cette étape est la pubescence et dure à peu près deux années. La « puberté fertile » est acquise vers 16 ans chez le garçon, vers 13 ans chez la fille. Mais ces statistiques se démodent très vite et la précocité s'accroît depuis une cinquantaine d'années, avec des maternités observées dès l'âge de 12 ou 13 ans. L'âge d'apparition des premières règles a déjà été évoqué. S'il s'observe en France un peu avant 13 ans, si des variations se constatent d'un lieu à un autre, les différences individuelles sont également relativement importantes. Les écarts extrêmes de la normalité sont de l'ordre d'une quinzaine de mois en ce qui concerne la précocité, de plusieurs années en ce qui concerne d'éventuels retards. La puberté des garçons est plus difficile à déterminer : la première émission spermatique peut en effet avoir lieu longtemps après qu'elle soit possible, ou au contraire être avancée par auto-excitation. Elle manifeste un an et demi de retard sur l'apparition de la puberté chez la jeune fille. Relevons enfin que si des avances et retards conséquents restent du domaine de la normalité, certains écarts exceptionnels et anormaux sont également connus : conceptions prématurées entre 5 et 12 ans avec enfants viables, « fillettes » réglées entre 2 et 6 ans, garçons pubères dès l'âge de 6 ans, etc.

L'accélération de la puberté a été nettement observée depuis le début du XXe siècle, en particulier chez la jeune fille (précocité de deux ans, voire de quatre ans depuis 1850) ; elle est également notable chez le garçon (un an et demi). Elle peut être mise en relation tant avec l'augmentation du bien être qu'avec l'apport de nouvelles sollicitations extérieures. Si les facteurs climatiques sont des plus discutés, l'alimentation paraît primordiale, une nutrition abondante et riche accélérant considérablement l'apparition de la puberté. Le niveau socioculturel lorsqu'il s'élève tend également à entraîner une maturation sexuelle précoce, de même qu'une certaine libéralisation des mœurs par le biais de sollicitations érotiques variées.

Retentissement psychologique interne

La puberté retentit sur la croissance en accélérant et en intensifiant ses manifestations. Ces transformations sont également liées au développement sexuel. Outre la fatigabilité et une relative fragilité générale, elles se manifestent à travers l'image du corps, l'image de soi et l'expérience subjective des transformations pubertaires.

• L'image du corps

L'adolescent a de son corps une image, représentation à la fois syncrétique et analytique. Il doit s'y identifier ; s'approprier son corps tant au plan proprioceptif que représentatif. C'est l'accession à la génitalité qui lui permet d'avoir une vision totale de son corps. L'image de soi est une image du corps chargée d'affects. Elle est en relation avec l'estime de soi, c'est-à-dire avec le caractère positif ou négatif que le sujet perçoit de lui-même. Elle est construite à travers son propre vécu mais aussi à partir de l'image renvoyée par autrui.

Cette image peut être approchée à travers le sentiment d'attrait que le sujet a de lui-même, sa condition physique, son efficience et son identité sexuelle.

Les adolescents ont une image plutôt favorable de leur corps mais si garçons et filles évaluent pareillement leur condition physique, ils se distinguent au contraire en ce qui concerne leur sentiment d'efficience corporelle, les filles se jugeant moins performantes, mais aussi en ce qui concerne le sentiment de leur attrait, les filles se déclarant moins satisfaites de leur apparence (Rodriguez-Tomé, 1997). On remarque ainsi une corrélation positive chez les garçons entre le niveau de maturation pubertaire et l'évaluation de l'attrait : plus ils sont précoces, plus ils ont atteint un niveau de développement pubertaire avancé, plus les garçons sont conscients de présenter de l'attrait. Ce n'est pas le cas chez les filles, chez qui la croissance staturo-pondérale entraîne des modifications de la silhouette avec accumulation de graisses sur certaines parties du corps, conduisant à s'éloigner des standards actuels de beauté associés à la minceur. L'influence des médias est ici importante et conduit à des standards différents selon les cultures. D'autant plus que ces transformations s'accompagnent souvent d'une baisse des performances physiques. Les adolescentes précoces peuvent ainsi au début se sentir fières de ce qu'elles deviennent pour soudain s'estimer moins séduisantes que leurs camarades du fait de leur féminité. Ainsi la sexualisation change son propre regard et le regard d'autrui et est susceptible de susciter des inquiétudes et des conflits au sein de la famille.

Deux points, qui ne sont qu'en apparence contradictoires, sont ainsi à retenir quant à la psychologie de l'adolescent lors de la puberté : la gêne d'offrir un tableau disgracieux et la coquetterie. En ce qui concerne le premier, l'adolescent est sensible à l'égard de sa croissance et des différents phénomènes l'accompagnant (acné par exemple). Le jeune réagit cependant moins au signe lui-même qu'aux effets qu'il peut susciter chez les autres (ou qu'il suscite réellement parfois). Quant au second, la coquetterie, plus fréquente chez la jeune fille que chez le garçon, elle est en partie liée au statut de la femme. L'importance du vêtement est remarquable ; le goût pour la mode est marqué et certains magazines vont en profiter largement. Il ne s'agit pas cependant d'un phénomène simplement attaché au physique. Il est en grande partie d'origine culturelle et lié aux entreprises de conquête. Attachée à la prise de conscience de la sexualité, la coquetterie adolescente l'est aussi à d'autres facteurs : désir de liberté, d'émancipation, de maîtriser un espace, oubli de sa condition et surtout recherche d'un partenaire. Elle représente aussi une mise en relief de la personne, elle est une façon d'attirer le regard, de se rendre intéressant. Appel au partenaire, la coquetterie est à la fois manifestation et reconnaissance de cet appel. C'est un mouvement vers l'autre même si cet autre n'est pas encore vraiment précisé. Elle participe à la quête de nouveaux objets d'investissements. Elle n'est pas sans relation à ce propos avec le narcissisme dans la mesure où l'adolescent se donne avant tout une image pour lui-même. Mais il faut se méfier des conclusions hâtives dans la mesure où l'intérêt qu'il se porte à lui-même est aussi ce qui déclenche le mouvement vers l'autre. Il existe à ce sujet une différence très marquée entre l'enfant et l'adolescent. L'adolescent s'avère en opposition très nette avec l'enfant pour qui la préoccupation de l'image donnée est rare. Pour l'enfant, l'autre c'est l'autorité, celui qui détient le pouvoir de le satisfaire ou non quant au désir qui l'occupe présentement. S'il le faut il donnera à cet autre l'image nécessaire, attendue pour obtenir de lui ce qu'il veut. Chez l'adolescent cette préoccupation de l'image qu'il donne à autrui naît plutôt de la question identitaire : que suis-je ? C'est la manifestation de sa propre recherche d'identité.

La construction de l'identité s'effectue en relation avec autrui. Ainsi les pairs peuvent être considérés comme des points de référence pour l'évaluation de soi. Le corps est alors vécu comme un intermédiaire dans la relation à autrui, d'où cette centration omniprésente sur lui. Le jeune attend les changements, les surveille et les évalue en se comparant à ses pairs. Toute dysharmonie, même passagère, s'accompagne d'inquiétude ; de même en ce qui concerne l'estime qu'il a de lui-même. L'estime de soi peut être attachée à la perception que l'adolescent a de sa compétence ou de sa réussite dans différents domaines en relation avec l'importance qu'il accorde justement à ce domaine ou de l'importance que lui accordent des êtres qui lui sont chers. L'estime de soi est élevée si les compétences sont vécues à un niveau égal ou supérieur à celui escompté. Faible si elles s'avèrent pour lui nettement inférieures.

La sexualité ne débute bien entendu pas à l'adolescence mais c'est alors que l'on observe une véritable prise de conscience de la sexualité comportant deux aspects : la sexualité est vécue comme un phénomène physiologique, des transformations physiques signalant le sexe et rendant possibles de nouvelles activités ; c'est un phénomène d'ordre psychologique, social et moral, l'appartenance à un sexe conférant un statut au sein de la société mais aussi des droits, des devoirs et des interdits, elle peut être perçue comme une chance ou une malchance.

• Le vécu de la sexualité

Chez les filles, l'apparition des menstruations est certainement l'événement le plus marquant de l'ensemble du processus pubertaire. Comme le disent Rodriguez-Tomé et Bariaud, elle instaure une discontinuité dans l'évolution de l'adolescente et la touche dans son intimité corporelle. Elle indique biologiquement la survenue de sa capacité de reproduction et signifie un statut social nouveau : celui de femme. Le vécu de cette sexualité peut alors être négatif ou positif chez la jeune fille qui découvre ses règles selon les informations qu'elle a préalablement reçues. Elle peut ainsi y voir l'avènement de ce pouvoir fabuleux qu'a la femme de donner la vie et retirer une certaine fierté de ce nouvel état de femme adulte ; elle peut, mal avertie, vivre dans l'angoisse et le bouleversement ce sang qui quitte son corps.

Mais la sensibilité de l'adolescent à sa sexualité naissante est aussi à replacer dans le cadre de la société, de ce qu'elle permet, dit et interdit. Il faut ainsi relever la culpabilisation culturelle qui si elle tend à s'estomper n'en est pas moins parfois virulente. Il faut voir que tout un langage a tendu à culpabiliser les faits de sexualité. On a ainsi parlé de « parties honteuses », de « taches suspectes » sur draps et pyjamas, voire « de celles dont on ne parle pas » pour reprendre la publicité d'une lessive aux enzymes à la fin des années soixante. Tout un courant d'éducation a consisté à provoquer des découvertes horrifiées et des préoccupations angoissantes chez les garçons comme chez les filles. On commence à parvenir aujourd'hui à se détacher de ce passé mais si la pollution nocturne inquiète moins le jeune, les rêves qui l'accompagnent à 13 ans ne sont-ils pas encore vecteurs d'angoisse ?

L'adolescent éprouve à la fois accablement et fierté : ainsi la jeune fille qui vit sa fragilité, peut se sentir inférieure aux autres ou à ce qu'elle était au préalable, ressentant parfois, bien que plus rarement, terreur, dégoût ou culpabilité. Mais elle se sait en même temps devenir « femme », devenir « grande », ce qui peut aussi la conduire au refus de sa féminité par crainte de l'avenir de la femme. De même le garçon, qui guettant sa moustache naissante, s'exagère son adolescence nouvelle, pour masquer son regret de quitter l'enfance. Il n'en existe pas moins des différences notables entre garçons et filles quant à la nature de leur prise de conscience pubertaire. Bien que l'opposition tende de plus en plus à s'amenuiser, les filles s'orientent encore plutôt vers la sentimentalité et les garçons vers l'érotisme. Cette prise de conscience est également vecteur d'une opposition qui elle-même entraîne une mauvaise conscience. Le sujet ne se sent pas bien dans sa peau, est sans disposition d'accueil à l'égard des autres. Tenté de croire que les adultes qui l'ont précédé ont facilement franchi cette période, il manifeste une agressivité jalouse. De la valeur qu'il accorde au statut d'adulte, il n'arrive parfois qu'à tirer du ressentiment.

Chapitre II

Le développement psycho-sexuel

Ainsi que le rappellent Marcelli et Braconnier (1999), le développement psycho-sexuel débute bien avant l'adolescence. Les préoccupations sexuelles infantiles se manifestent en effet tant au niveau des conduites – la masturbation, par exemple –, qu'au niveau des questions posées par l'enfant – sur les différences entre petit garçon et petite fille. La puberté marque toutefois une ère nouvelle dans le développement psycho-sexuel : le développement de l'appareil génital, l'activité sexuelle associée et les modifications psychiques en résultant marquent profondément le jeune de leur empreinte. Il y a alors mise en place de l'organisation sexuelle définitive tant du point de vue somatique, que sociologique ou psychologique. Il faut cependant relever l'asymétrie entre d'une part l'acquisition précoce de la compétence sexuelle et de la capacité procréatrice, et d'autre part la maturité sociale et l'indépendance affective et économique à l'égard des adultes.

La sexualité déborde la génitalité. C'est ainsi que dès 1917, Freud parle de sexualité infantile pour « tout ce qui concerne les activités de la première enfance en quête de jouissance locale que tel ou tel organe est susceptible de procurer ». Cette notion est à replacer dans le cadre de la théorie des pulsions.

Définitions

Quelques définitions s'avèrent nécessaires pour aborder la sexualité adolescente : celles de pulsion et de libido mais aussi celles relatives aux stades libidinaux. On se reportera pour une information plus complète à Smirnoff (1978) dont elles sont inspirées.

La *pulsion* est étroitement attachée aux sources somatiques qui sont à son origine. Elle émane de l'intérieur de l'organisme et diffère, en ce sens, d'une excitation psychique provoquée par un stimulus externe. C'est une force permanente à laquelle un individu ne peut se soustraire. Elle se caractérise par un besoin devant être gratifié grâce à un objet que l'individu cherche dans le milieu extérieur. La pulsion, notion énergétique est définie par sa source (processus somatique qui se joue dans un organe), son but (gratification qui supprime l'état de tension interne qui résultait de ce processus) et son objet (en lequel et par lequel la pulsion trouve sa gratification).

La *libido* est l'énergie psychique qui se rattache à tout ce que nous résumons sous les noms d'amour, d'envie, de désir ; cette force est quantitativement variable et qualitativement distincte des autres énergies. Cette énergie est postulée comme substitut des transformations des pulsions sexuelles ; c'est la manifestation dynamique dans la vie psychique des pulsions sexuelles, le réservoir d'où partent les investissements. La libido représente ainsi l'énergie psychique de la pulsion sexuelle.

Plusieurs stades libidinaux peuvent être considérés.

• Le stade oral (première année)

La naissance met fin à la situation de parasitisme maternel dans lequel vit le fœtus. Cette séparation entraîne une nouvelle relation. La fonction nutritionnelle répond au besoin physiologique énergétique. Le soulagement de tension qui s'ensuit est ressenti avec satisfaction. C'est la période de la succion et de la morsure. Le plaisir est alors associé à l'excitation de la cavité buccale. Notons qu'Abraham distingue l'oral précoce (six premiers mois) marqué par la prévalence de la succion, du stade sadique-oral où la présence de dents permet de mordre, de détruire l'objet (d'où le développement de l'ambivalence à l'égard de l'objet – désir de sucer mais aussi de mordre). Relevons également l'importance de la notion d'étayage : à la fin de ce stade, l'investissement affectif s'étaie sur les expériences de satisfaction, elles-mêmes étayées sur le besoin physiologique.

• Le stade anal (deuxième et troisième années)

Ce stade s'installe quand s'acquiert le contrôle sphinctérien, c'est-à-dire quand l'enfant peut commander l'acte de défécation (et les plaisirs d'expulser ou de retenir qu'il implique) ; le stade anal a une dimension auto-érotique narcissique. Mais on peut également insister sur son aspect sadique, d'où ce qualificatif de sadique-anal. Il y a bien aspect sadique, car l'acte d'expulsion est en cause, les matières fécales étant considérées comme détruites ; il y a intervention de facteurs sociaux : la faculté d'expulser est utilisée comme un défi vis-à-vis des parents qui tentent d'apprendre la propreté.

• Le stade phallique (troisième et quatrième années)

Cette phase vient après l'abandon de la zone érotique anale ; la source de la pulsion se déplace vers les organes génitaux. C'est la période de la masturbation infantile et de l'érotisme urétral. Il y a alors unification des pulsions avec primât génital. C'est la période où l'on observe des manifestations marquées de curiosité sexuelle conduisant à la découverte des deux sexes ; c'est également celle du fantasme de la scène primitive (scène de rapport sexuel entre les parents observée ou supposée d'après certains indices et fantasmée par l'enfant, et généralement interprétée comme un acte de violence de la part du père).

• Le stade œdipien (cinquième et sixième années)

L'objet de pulsion n'est plus le seul pénis mais le partenaire privilégié du couple parental.

Schématiquement, le conflit œdipien se présente chez le garçon,

- soit sous sa forme positive (aspect positif ou libidineux : l'amour de la mère ; aspect négatif ou agressif : la haine du père) ;
- soit sous sa forme inversée ou négative (attitude féminine tendre à l'égard du père ; hostilité jalouse à l'égard de la mère) ;
- soit le plus souvent, un cas mixte simultanéité ou succession des cas précédents.

Chez la fille, il nécessite un changement d'objet, vu l'attachement précœdipien de l'enfant à la mère. La déception détourne la fille de sa mère (sevrage, éducation à la propreté, éventuelle naissance de fratrie, mais surtout impression qu'elle possédait autrefois un pénis et que sa mère le lui a pris). On relève aussi l'existence d'un nouveau but : obtenir du père ce que sa mère lui a refusé. Le renoncement au pénis ne se réalise qu'après une tentative de dédommagement : obtenir comme cadeau, un enfant du père ; s'y ajoute la haine jalouse vis-à-vis de la mère (vécue avec culpabilité). La phase œdipienne est marquée par l'angoisse de castration (réaction affective qui fait suite au constat d'absence de pénis chez la fille ; constat qui entraîne chez le garçon la peur fantasmatique de le perdre et chez la fille le désir de l'acquérir. C'est une angoisse d'incomplétude qui détermine l'angoisse de la mort contre laquelle le fantasme de désir d'avoir un enfant – c'est à dire une réduplication de soi – constitue une défense courante. Le garçon renonce ainsi au désir de la mère et à l'hostilité vis-à-vis du père sous le choc de la menace de castration. La fille renonce au désir du père par peur de perdre l'amour de la mère ; c'est évidemment moins brutal que ce que ressent le garçon, d'où le renoncement au père plus graduel mais aussi moins complet.

Ce stade est suivi d'une *période de latence* considérée comme le déclin du conflit œdipien : avec sa résolution, les choix objectaux sont régressivement remplacés par les identifications. Ainsi par exemple, le garçon va désirer ressembler à son père, il va imiter ses caractéristiques. Cette régression est un progrès car elle libère de l'énergie qui va se manifester ailleurs, en particulier au plan intellectuel. Elle sera également prête à être plus tard investie dans de nouveaux objets.

Les étapes

Reprise biologique de la maturation sexuelle, la puberté s'accompagne, d'une reviviscence pulsionnelle mettant fin à la phase de latence. Les pulsions libidinales étant réactivées, les conflits du stade œdipien sont susceptibles de resurgir, leurs manifestations dépendant en grande partie de la solution qu'ils avaient précédemment reçue. À la relativement calme période de latence succèdent donc un temps de crise puis des tentatives d'adaptation tendant à une nouvelle organisation de la personnalité.

C'est approximativement entre ses onzième et quatorzième années que l'adolescent connaît un temps de déséquilibre dominé par l'ébranlement des anciennes formations réactionnelles et la défense contre les anciens objets (Rocheblave-Spenlé, 1969 ; Coslin, 1999). Il doit abandonner les objets parentaux d'amour ce qui entraîne des conflits se manifestant tant contre l'autorité parentale que contre les symboles qu'elle investit. La lutte engagée contre les anciens investissements aboutira soit à une rupture avec les parents, soit au rétablissement d'un nouvel équilibre dans l'affection partagée. L'issue dépend des positions œdipiennes au début de la période de latence et de la solution donnée au conflit œdipien, mais aussi de l'attitude familiale présente. Entre les quatorzième et seizième années se situe l'apogée de la crise, caractérisée par le conflit entre une homosexualité latente et l'hétérosexualité, et par le renforcement des défenses. Enfin, avec la seizième année, survient une nouvelle phase de réorganisation structurale et de consolidation du moi, d'assouplissement des défenses et d'adaptation.

Il y a, à la fin de la période de latence, réactivation de la phase phallique sous la poussée pulsionnelle : augmentation de la tension génitale et investissement des organes sexuels Cette réactivation entraîne de nouvelles manifestations de l'angoisse de castration dont adolescent et adolescente se défendront différemment : le garçon régressera, le plus souvent, au stade sadique-anal (agitation agressive, boulimie, refus de la propreté, langage ordurier, etc.) ; la fille présentera, soit une attitude de protestation virile tendant à nier le fait d'être dépourvue de pénis (jeux turbulents, sports violents, etc.), soit une attitude d'acceptation de son sexe manifestée tant dans une orientation hétérosexuelle précoce que dans la prédominance de tendances passives. La personnalité de l'adolescent est cependant très différente de celle de l'enfant à la période œdipienne car le moi a pris une certaine indépendance lors de la période de latence et est devenu plus fort en acquérant des connaissances tournées vers la réalité. Le surmoi s'est solidement établi, codes et règles s'étant bien intériorisés ; physiquement, l'enfant a acquis de la force et de l'habileté, et intellectuellement, sa pensée a perdu de son égocentrisme et gagné en objectivité.

Ce n'est donc pas une réédition pure et simple des périodes phallique et œdipienne qui intervient lors de la puberté, mais plutôt une réaction de l'adolescent devant la rupture d'un équilibre relatif, rupture provoquée à la fois par la reviviscence des pulsions libidinales et par l'accroissement des pulsions agressives.

Une telle évolution, interprétée par Blos (1962) en termes de second processus d'individuation, peut s'analyser selon cinq phases : la *préadolescence*, temps de résurgence de la prégénitalité et d'une importante émergence pulsionnelle ; la *première adolescence*, caractérisée par le primat génital et le rejet des « objets internes parentaux » ; l'*adolescence*, marquée par la résurgence des conflits œdipiens et le désinvestissement des anciens objets ; l'*adolescence tardive*, période de consolidation et de réorganisation structurales de la personnalité et la *post-adolescence* où l'état d'adulte est atteint (Coslin, 1999). Pour Blos (1979), ce qui caractérise l'adolescence est en fait un processus de *désidéalisation* des objets libidinaux de l'enfance, consistant à se défaire des images parentales idéales (du fait des défauts que le jeune y découvre et également du fait de la découverte de ses propres limites), désidéalisation qui permettra à l'adolescent de construire de nouveaux objets. L'adolescence constitue ainsi un processus dialectique de tension entre régression et progression qui sont l'une et l'autre nécessaire à l'individuation.

Le rejet des objets parentaux

L'adolescence entraîne le rejet des images parentales de l'enfance. Ce renoncement est le prélude de nouveaux attachements. Il conduit l'adolescent au risque d'un conflit ouvert avec ses parents. La perte d'une certaine image des parents peut alors provoquer une réaction de deuil : la libido était uniquement investie sur les objets parentaux ; l'adolescent ayant de ses parents une image différente de celle forgée pendant l'enfance, suite à l'évolution de leurs relations, assiste en quelque sorte, en les rejetant, à leur mort fantasmatique. Une telle rupture s'avère nécessaire pour la conquête de son autonomie. Elle est une défense à l'égard du danger des père et mère œdipiens, mais aussi à celui de ses propres pulsions à leur encontre. Ce caractère défensif se révèle à travers les fluctuations du conflit dépendance/ indépendance et dans les tentatives d'identification aux images parentales qui en découlent. Il s'agit bien du processus de deuil décrit par Freud où l'objet perdu est intégré au moi, et l'agressivité originellement dirigée contre l'objet d'amour désormais tournée contre le sujet lui-même. Ce qui n'est pas sans entraîner une certaine mélancolie dont l'effet secondaire permettra une décharge agressive sur les anciens objets d'amour. Cette perte de l'objet explique également la dévalorisation ressentie par l'adolescent dans la mesure, où la relation objectale qui l'unissait à ses parents étant réciproque, sa propre opinion de lui-même dépendait de celle qu'en avaient ses parents. La disparition de cette relation conduit le jeune à ne plus se sentir valorisé par ses parents et donc à perdre les fondements de son estime de soi, fondements que son moi devra rechercher ailleurs.

Le renversement des affects

Les diverses formes de défense utilisées par l'adolescent contre les anciens objets d'amour ont été particulièrement étudiées par Anna Freud. L'un de ces mécanismes est voisin des formations réactionnelles : il consiste à renverser les affects dirigés vers les parents, transformant l'amour en haine et le respect admiratif en mépris. Une transformation des affects en leur contraire ne conduit évidemment pas à l'indépendance à l'égard de l'objet, mais emprisonne adolescent et parents dans une relation sado-masochique réciproque. Celle-ci est accompagnée d'angoisse et de sentiments de culpabilité constituant eux-mêmes de nouveaux motifs de défense (déni et formations réactionnelles) et entraînant des mécanismes de projection permettant à l'adolescent d'attribuer à ses parents ses propres sentiments d'hostilité, attribution venant se surajouter à l'éventuel ressentiment familial suscité par ses comportements. Ce retournement des affects peut conduire l'adolescent non plus à agresser l'ancien objet d'amour mais à tourner cette agression contre lui-même. Se surajoutant à l'introjection de l'objet perdu, cette nouvelle défense peut induire chez l'adolescent des tendances dépressives, voire suicidaires, s'il se sent particulièrement abandonné et empreint de culpabilité comme ce peut être le cas lorsque les parents ne répondent pas à son agressivité.

L'investissement de nouveaux objets

Un autre mécanisme de défense consiste à investir de nouveaux objets, évitant ainsi l'angoisse due au détachement brutal de ses attachements infantiles. Diverses solutions peuvent alors se présenter : la libido peut s'attacher à des substituts parentaux sensiblement différents des objets originaux quant à leurs caractères et attitudes (professeur, éducateur, etc.) ; elle peut se fixer à des personnes incarnant l'idéal du moi, représentant un compromis entre les parents et soi-même ; elle est le plus souvent dirigée vers des pairs. Cette défense est manifeste dans l'éclosion des amitiés juvéniles. Une telle fixation de la libido marque un progrès sur le plan de la socialisation car elle permet au narcissisme adolescent de se diluer en s'étendant à un autre et elle implique, sur le plan interpersonnel, le passage des relations hiérarchiques aux relations démocratiques.

L'amitié protège alors contre le risque de se mésestimer et de se sentir dévalorisé. Elle est narcissiquement rassurante, sécurisante car les amis vont donner un sens nouveau à la vie du jeune et l'aider à construire un nouvel univers de valeurs. C'est à travers ce nouveau type de relations que l'adolescent pourra pénétrer ce monde des adultes auquel il aspire, mais qu'en même temps il redoute. Croyant avoir perdu le soutien du groupe familial, il rencontre le réconfort auprès de ses amis et le fait de se sentir semblable à eux lui procure un sentiment de sécurité, et le rassure sur sa propre valeur, participant à l'évitement de l'angoisse.

L'ensemble de ces nouveaux investissements constitue une étape normale dans l'évolution de l'adolescent ; ces attachements ayant un caractère défensif sont cependant assez souvent transitoires. Étant la résultante de fuites d'autres investissements, ils correspondent à des choix précipités d'objets et risquent en conséquence de s'avérer peu stables.

L'adhésion à un groupe peut également être considérée comme une défense permettant d'investir la libido sur plusieurs personnes à la fois. Elle procure à l'adolescent un sentiment de sécurité du fait que le groupe est refermé sur lui-même comme l'était la famille. La tendance à l'uniformité au sein du groupe s'avère un facteur sécurisant pour l'adolescent qui peut alors se reconnaître semblable aux autres sans avoir à s'inquiéter de sa propre valeur. Elle ne s'oppose pas à une recherche d'originalité vis-à-vis de ce qui est extérieur. Ayant une signification normative, le groupe permet de plus la manifestation du conformisme de l'adolescent qui s'interroge alors sur sa similarité aux autres plutôt que sur sa propre identité. Tous les membres du groupe s'identifient en effet les uns aux autres, entraînant l'existence d'un idéal du moi collectif.

La libido détournée des objets parentaux peut cependant ne pas trouver d'objets extérieurs et le moi être choisi comme objet d'amour. Un tel investissement narcissique peut être à l'origine de nouveaux sentiments d'estime de soi. Il se manifeste à travers l'exaltation et la contemplation du moi. Le jeune cherche alors à se démarquer des adultes et à présenter un caractère original dans l'ensemble de ses conduites (Coslin, 1999).

Des mécanismes primitifs

Si l'angoisse est très forte, l'adolescent peut enfin présenter des mécanismes de défense primitifs, régressant alors à des stades antérieurs. Ce ne sont plus ces phases régressives anale ou orale, rapidement dépassées, que tout jeune connaît plus ou moins lors de la puberté. La régression est bien plus importante et risque d'aboutir à une identification primaire avec la mère. Les limites du moi peuvent devenir floues avec des alternances d'identifications et de projections, et une détérioration du contrôle de la réalité peut présenter un danger de désorganisation entraînant chez l'adolescent la peur de perdre son identité. Le retour à un stade de non différenciation procure un soulagement apparent mais fugace. Il ne peut durer longtemps et de nouvelles défenses se constituent contre cette peur : le négativisme et la révolte. Il y a là alors également « opposition » de l'adolescent, mais cette manifestation diffère complètement du démarquage habituellement relevé dans le narcissisme adolescent.

Pulsions et conflits

Au cours de l'adolescence, les pulsions sexuelles et agressives connaissent un accroissement considérable. En ce qui concerne les premières, cette période aboutit au primat des satisfactions génitales. Elle conduira les secondes à s'assimiler et à s'intégrer dans la personnalité. L'adolescent n'est pas cependant sans craindre cette émergence pulsionnelle : il a peur d'être submergé, de perdre son identité, peur qui se manifeste par l'impossibilité d'établir des relations avec autrui dans leur totalité. La société intervient alors. Elle tente d'imposer au jeune d'importantes restrictions pulsionnelles, renforçant des mécanismes de sublimation qui lui permettront d'affermir son moi dans l'orientation approuvée. L'énergie pulsionnelle est bien à l'origine des conflits que l'adolescent est appelé à résoudre, mais elle n'en est pas seule responsable, car il faut également prendre en compte la plus grande tolérance du moi induite par l'affaiblissement du surmoi. Ainsi naissent des conflits avec l'entourage du fait de la recherche par l'adolescent de la satisfaction de ses désirs sexuels et agressifs.

Se situant sur un plan plus profond que les défenses à l'égard des objets, divers mécanismes de défense sont caractéristiques de cette époque : l'ascétisme, l'intellectualisation, l'*acting out* et même certaines formes de l'activité créatrice.

L'ascétisme constitue une généralisation de la défense à l'ensemble de la vie pulsionnelle, voire même de la vie organique. S'opposant à toute pulsion, l'adolescent finit par s'interdire les besoins les plus élémentaires. Il y a refus global de toute satisfaction. Cette défense n'a pas ce caractère de compromis que présentent généralement les autres mécanismes. Elle procure cependant des satisfactions narcissiques, l'adolescent se sentant approuvé par son surmoi, s'estimant supérieur aux autres. L'ascétisme peut, à la limite, entraîner un plaisir masochiste. Le plus souvent de telles défenses sont transitoires. Les pulsions émergent soudain brutalement et il n'est pas rare de constater alors un revirement complet du comportement.

L'intellectualisation est directement liée aux fonctions du moi qui assurent l'adaptation à la réalité. Cette défense est assez proche de l'ascétisme et souvent lui succède. Sa fonction n'est pas d'écarter les pulsions comme c'est le cas pour la précédente. Elle les réoriente sous un aspect théorique. L'adolescent ne fuit pas devant les pulsions mais tourne plutôt vers elles un intérêt purement abstrait, intellectuel. Son activité mentale manifeste la préoccupation de ses processus intellectuels ; elle transforme en pensées abstraites tout ce qu'il ressent. Le jeune sépare alors les idées des expériences réelles, discutant interminablement de grands problèmes dont l'origine pulsionnelle est tantôt évidente (l'amour, la contraception, etc.), tantôt masquée (la politique, la philosophie, etc.). De telles discussions ne sont pas suivies d'actions, s'avérant tout juste bonnes à alimenter les rêveries diurnes sans s'intégrer dans la vie réelle.

L'acting out est en quelque sorte à l'opposé de l'ascétisme. Cette défense consiste à traduire en action de manière impulsive les pulsions habituellement contrôlées. Ainsi, la fuite ne se fait plus devant les pulsions elles-mêmes, mais devant les conflits qu'elles induisent. Ce sont par exemple ces engagements prématurés dans les activités hétérosexuelles qui ne sont qu'une défense contre des investissements homosexuels (alors que ce sont justement ces derniers qui constituant eux-mêmes une défense contre l'hétérosexualité sont les plus socialisants à cette époque – dans l'amitié, par exemple).

Enfin, l'*activité créatrice* non tournée vers autrui peut également être considérée comme une défense contre les pulsions. Ainsi les journaux intimes mais aussi diverses activités artistiques peuvent permettre un déplacement des pulsions sur des idées, ce qui constitue une abréaction socialement permise.

Mise en place de l'organisation sexuelle

Il n'est pas sans intérêt de s'interroger sur les facteurs pouvant influencer le développement psycho-sexuel de l'adolescent. Ces facteurs peuvent se regrouper en quatre catégories (Marcelli et Braconnier, 1999) : des facteurs organiques, cognitifs, émotionnels et socioculturels. Il faut en effet garder en mémoire l'asymétrie relevée par Rodriguez-Tomé et Bariaud entre les compétences sexuelle et procréatrice tôt acquises, et l'immaturité sociale et la dépendance économique et familiale résultant de la prolongation de la scolarité et de la situation économique générale qui retardent l'entrée du jeune dans le monde des adultes.

Les facteurs

Sur le plan organique, plusieurs facteurs sont incontestés : influence des hormones sur la libido, influence du stress sur l'activité gonadique et sur l'apparition des caractères sexuels, nécessité d'une maturation physiologique tant pour les relations sexuelles que pour la capacité de procréation, etc. L'acquisition de la puberté et ce qui en résulte (apparition des caractères sexuels secondaires, aptitude physiologique à avoir des relations sexuelles, possibilité de procréation, etc.) représentent un bouleversement tant physiologique que psychologique pour le jeune. La puberté, dit E. Kestemberg (1980), constitue toujours une surprise, bien que l'adolescent successivement en guette les signes, les constate, refuse d'y croire puis y croit et paraît les intégrer tout en se sentant de plus en plus étranger et étrange à ce qu'il était jusqu'alors.

Sur le plan cognitif, l'accès au stade des opérations formelles interfère avec la symbolisation de l'érotisme et avec la rationalisation des transformations pubertaires. La capacité cognitive de l'adolescent s'avère alors nécessaire pour parvenir à une modulation vis-à-vis des exigences pulsionnelles et pour être capable d'envisager ses rapports avec le ou la partenaire dans la réciprocité.

Sur le plan émotionnel, la plupart des auteurs d'obédience psychanalytique s'accordent sur l'importance du passé de l'adolescent, mais aussi sur l'importance de ses expériences nouvelles et actuelles. Leur abord porte alors sur trois points essentiels : l'un relatif à l'image du corps, un autre relatif au choix des objets sexuels, un autre enfin relatif à l'identité sexuelle. Ainsi, l'homme achèverait la découverte de l'image de son corps à la fois à travers son accession à la génitalité et grâce aux tendances libidinales des autres dirigées vers lui. Le choix d'objet sexuel serait donc à la fois soumis à la pulsion génitale et à l'harmonisation entre tendances narcissiques et objectales, ce qui se manifesterait dans le désengagement des investissements parentaux, dans le passage de l'auto-érotisme à l'hétérosexualité et dans la résolution de la bisexualité. Ainsi l'identité du moi ne serait acquise que lorsque l'individu parvient aussi à s'identifier dans sa sexualité tant sur le plan collectif et social, que sur le plan individuel et moral.

Sur le plan socio-cognitif, il est inutile d'insister sur les *relations entre sexualité adolescente et organisation sociale*. Que l'on s'intéresse aux diverses formes de socialisation ou tout simplement à l'évolution des adolescents, on constate les fluctuations des comportements sexuels corrélatives aux modes de vie. L'expression de la sexualité dépend des pressions socioculturelles et, comme le dit Kernberg (1980), la moralité conventionnelle protège le couple de jeunes contre l'agression du groupe élargi dont il fait partie au prix d'une sexualité autorisée.

Répercussions de la mise en place de l'organisation sexuelle

La mise en place de l'organisation sexuelle définitive n'est pas sans provoquer curiosité, inquiétude et interrogations diverses pour le jeune mais aussi pour son entourage. Le jeune doit à travers la réalisation sexuelle faire coïncider l'impératif de ses besoins physiologiques et le déploiement de ses fantasmes. Il doit, comme le disent Marcelli et Braconnier (1999), gérer des besoins pulsionnels aussi nouveaux qu'envahissants dans une organisation psychologique, somatique et socioculturelle nouvelle pour lui. Il s'ensuit une relative difficulté d'approche du développement psychosexuel à l'adolescence. Il en résulte également des troubles dont nous ne dirons que quelques mots. Cette approche est difficile ; elle s'effectue le plus souvent de deux manières : des enquêtes relatives à de larges échantillons représentatifs et des études cliniques plus approfondies mais limitées à de petits échantillons. Ces travaux portent le plus souvent sur l'âge des premières relations sexuelles et sur l'attitude des jeunes devant ces relations. Ils visent également la fréquence de l'activité sexuelle et son évolution avec l'âge.

Ces études traitent également des difficultés rencontrées par les adolescents, voire des troubles de la sexualité. Ces troubles sont de trois ordres : difficultés de réalisation sexuelle, de choix sexuel et d'établissement de l'identité sexuelle.

Il existe plusieurs types de *difficultés de réalisation sexuelle* :

- absence totale de relations sexuelles en relation éventuelle avec une inhibition de nature névrotique,
- rapports multiples et fréquents avec des partenaires nombreux, éventuel équivalent dépressif avec inhibition intellectuelle (E. Kestemberg, 1978),
- traumatisme psychique lié à un premier orgasme, une première éjaculation ou une première masturbation,
- troubles du désir, éjaculation précoce, impuissance, liés à des conflits œdipiens et ou des angoisses envahissantes,
- aménorrhées (arrêt ou absence de menstruation), dysménorrhées (menstruations difficiles et douloureuses) et métrorragies (hémorragies d'origine utérine) traduisant une non-acceptation de la féminité ou de la puberté.

Les *difficultés du choix sexuel* sont également de plusieurs types (masturbation, homosexualité, etc.). Les représentations relatives à la masturbation ont évolué du vice à la maladie puis à une activité considérée comme naturelle, comme une expérience nécessaire à l'apprentissage de la sexualité. Elle peut permettre à l'adolescent de découvrir son potentiel érotique et de diminuer son angoisse devant la sexualité. Elle peut devenir pathologique lorsqu'elle consolide régressivement des fixations infantiles ou lorsqu'elle acquiert un caractère compulsif. Les travaux relatifs aux difficultés du choix sexuel traitent également de l'homosexualité à l'adolescence, bien que les jeunes n'en parlent pas spontanément et que sa fréquence reconnue soit relativement faible – entre 1 et 7 % des garçons et moins de 3 % des filles, selon Lhomond (1997) –, contrairement à une attirance passagère avouée par près d'un jeune sur quatre. Rarement observée avant la puberté, l'homosexualité apparaît au cours de la phase d'indétermination sexuelle.

Les *difficultés relatives à l'identité sexuelle* concernent enfin le transsexualisme (trouble spécifique de l'identité sexuelle) et l'intersexualité ambiguë (caractérisée par des anomalies des organes génitaux externes).

Les premières expériences

La sexualité est primordiale tant dans les préoccupations que dans les transformations psychologiques lors de l'adolescence (Lehalle, 1995). Cependant les informations relatives à la sexualité des adolescents sont plus ou moins fiables dans la mesure où, comme le souligne Coleman (1980), l'activité sexuelle étant considérée comme un critère de valorisation personnelle par les garçons, ceux-ci ont tendance à « dire plus qu'ils ne font », alors que ce n'est pas le cas chez les filles qui, il y a peu encore, tendaient au contraire à rester en deçà de la réalité. Cette piètre qualité de l'information est regrettable car le développement des relations sexuelles témoigne, comme le rappelle Erikson (1968), de la réussite de la construction d'une identité personnelle. La sexualité implique en effet à la fois dépendance et indépendance par rapport à l'autre.

Les caresses

Les relations amoureuses à l'adolescence peuvent être situées sur un continuum allant du *dating* aux rapports génitaux avec ou sans pénétration. Le *dating*, c'est « sortir avec quelqu'un », c'est-à-dire l'aimer, échanger des baisers et des caresses, ébaucher les premiers gestes d'amour (Claes, 1991). Nombre d'adolescents s'expérimentent ainsi à travers un flirt plus ou moins développé avant d'entrer dans de véritables relations sexuelles. La langue anglaise permet ainsi de distinguer différents niveaux de flirt allant du *necking* – caresses de la tête et du cou –, au *petting* – caresses plus précises concernant en particulier la poitrine – et au *deep petting* – interdisant seulement la pénétration – (Bayen, 1981). De telles expériences permettent d'explorer le corps du partenaire et de découvrir les premières réponses sexuelles. C'est un compromis entre le désir d'échanges érotiques et les interdits moraux ou culturels qui permettent d'accéder aux premières relations intimes. De nombreux jeunes s'expérimentent ainsi avant d'entrer dans de véritables relations sexuelles. Comme le rappellent Lagrange (1997), garçons et filles sont aussi nombreux à avoir embrassé leur partenaire, et si les filles le font plus souvent que les garçons, ceux-ci paraissent en tirer plus de plaisir. Les garçons caressent plus souvent leur partenaire qu'elles ne le font, et les lycéennes plus souvent que ne le font les apprenties.

La masturbation

Les travaux relatifs à l'expérience de la masturbation adolescente conduisent à mettre en avant l'existence de différences très marquées entre les filles et les garçons et à constater une étonnante stabilité de ce comportement depuis cinquante ans. Les premières masturbations interviennent à différents moments du développement chez le garçon et chez la fille. C'est en effet le point d'entrée le plus fréquent dans la sexualité masculine puisque 93 % des adolescents de 15 à 18 ans déclarent s'être déjà masturbés. Dès l'âge de 15 ans, cette pratique est reconnue et les jeunes plus âgés disent s'être masturbés avant même leur quinzième année. Les filles sont nettement moins nombreuses à reconnaître cette pratique puisqu'à l'âge de 18 ans elles ne sont que 45 % qui déclarent s'être déjà masturbées. Il s'agit donc d'un domaine où les pratiques sexuelles des garçons et des filles sont nettement différenciées. Dès la prime adolescence la masturbation s'avère deux ou trois fois plus fréquente chez l'adolescent que chez la jeune fille. Un tel écart correspond tout à fait à ce qu'avaient déjà observé Kinsey *et al.* (1948, 1953). Contrairement à d'autres comportements, tels que les premiers baisers ou les premières caresses érotiques, qui ont considérablement progressé tant en fréquence qu'en précocité, le comportement masturbatoire paraît très stable dans le temps. Ce comportement s'installe chez les garçons avant la fin de l'enseignement élémentaire et se trouve à son maximum d'incidence à la fin des années du collège. Il fait partie de l'organisation psychophysique qui se met en place à l'adolescence.

L'âge des premières masturbations correspond ainsi chez l'adolescent à celui de la mue vocale, c'est-à-dire à peu près au milieu du processus pubertaire. Le comportement masturbatoire s'avère plus tardif et moins fréquent chez l'adolescente. On observe toutefois chez les filles des relations analogues à celles décrites chez les garçons entre l'âge de la première masturbation et l'âge des premières règles, les filles ayant eu des règles précoces se masturbant plus tôt que celles ayant eu des règles tardives.

La masturbation est donc la première activité sexuelle des garçons. Ceci semble lié à ce que la tension sexuelle est plus forte chez eux que chez les filles, du fait de sa dépendance partielle aux androgènes. De plus, ce comportement est associé aux pairs chez les garçons, mais pas chez les adolescentes. Il s'accompagne en outre de fantasmes différents selon le sexe, les garçons rêvant plutôt de « belles inconnues » et les filles de la compagnie d'hommes qu'elles ont déjà rencontrés. Castarède (1978) met en évidence cette pratique chez 90 % des garçons et 40 % des filles, et Kinsey l'associait en 1948 à la première éjaculation des garçons dans 68 % des cas et au premier orgasme des filles dans 84 % des cas ! La masturbation existe, il est vrai, bien avant la puberté mais sa fréquence est alors bien moindre. Longtemps considérée comme pratique dommageable pour la santé, elle remplit en réalité une fonction de décharge instinctuelle et ne présente qu'un seul risque, celui d'éviter l'intégration d'une sexualité tournée vers l'autre, marquant ainsi quelque arrêt du développement affectif.

Les relations génitales

Concernant l'expérience génitale, les adolescents nés il y a vingt ans, garçons et filles, ont des calendriers assez proches même si les jeunes filles passent plus de temps dans la phase du flirt (Lagrange, 1997). Plus de la moitié des jeunes de 15 à 18 ans ont eu des rapports génitaux, avec ou sans pénétration, dont 30 % dès leur quinzième année. La fraction des jeunes restant à l'écart de toute relation sexuelle à leur majorité est de l'ordre de 6 % pour les filles et de 7 % pour les garçons. À 15 ans, plus de la moitié des jeunes ont embrassé ou caressé le corps d'un partenaire ; ils ne sont qu'un tiers à avoir eu des rapports génitaux. À 18 ans, près des trois quarts ont eu de tels rapports. Les débuts de la sexualité masculine et féminine se produisent donc en général avant la dix-huitième année. L'âge auquel 50 % des jeunes ont échangé leur premier baiser est identique pour les deux sexes : 14 ans. Les garçons s'avèrent légèrement plus précoces que les filles en ce qui concerne les premières caresses non génitales (15 ans et 7 mois contre 15 ans et 11 mois). Ceux qui embrassent tard tendent à écourter l'écart séparant les baisers des premières caresses. Le temps séparant les caresses du coït n'en est pas moins stable. Le type de scolarité engagée a peu d'influence sur la précocité des premières caresses, bien que les apprenties soient plus tardives que les lycéennes, ces dernières manifestant par contre un retard de sept mois sur leurs camarades en ce qui concerne le premier coït. Trois ans et demi séparent l'âge médian du premier baiser de l'âge médian du premier coït.

La précocité des premiers rapports sexuels ne semble pas accrue depuis une vingtaine d'années. Il faut en revanche constater un rapprochement entre les âges médians des filles et des garçons. L'entrée dans la sexualité génitale n'en est pas moins beaucoup plus rapide qu'au début du vingtième siècle. Si 20 % des générations actuelles ont fait l'expérience du coït à 15 ans, et 80 % à 18 ans, il faut constater qu'une telle expérience ne concernait de telles proportions qu'à l'âge de 25 ans, au début du siècle. Une différence est encore à relever entre le début et la fin du vingtième siècle. Vers 1900, les baisers, les caresses et la découverte mutuelle du corps de l'autre n'étaient le plus souvent accessibles que par le mariage. La femme devait être déflorée lors du mariage et la trace de ce changement physique était affichée aux lendemains des noces, permettant d'inaugurer son nouveau statut. Le mariage pouvait correspondre à un réel attachement des deux époux, à un désir mutuel qui ne s'assouvissait que dans les épousailles. Il pouvait aussi correspondre à des échanges physiques génitaux non désirés, s'apparentant à la limite à un viol légal, prostitution et mariage ne se différenciant alors que par le fait que ce dernier, même dépourvu d'amour, pouvait se charger d'affection (Tabet, 1987). Une liberté de mœurs apparaît au cours de la première moitié du siècle à l'occasion des fiançailles. Puis ce flirt né d'abord entre les fiancés va s'étendre à des jeunes que ne lie pas une promesse de mariage, touchant d'abord les populations les moins éduquées, puis se généralisant aux autres couches de la société. La généralisation du flirt marque la fin du vingtième siècle ; l'allongement de cette période plus que l'âge du premier coït y est également associé.

Facteurs influençant la sexualité adolescente

L'expérience sexuelle évolue considérablement entre 15 et 18 ans. Si le poids de l'âge est important quant à cette évolution, il faut prendre en compte qu'il interagit avec des déterminations sociales et culturelles : le foyer d'origine, le milieu social, l'origine ethnoculturelle, la pratique religieuse, la scolarité et l'insertion professionnelle, etc. (Lagrange, 1997).

La famille

Les parents perçoivent souvent la sexualité de leurs enfants comme un défi, qu'ils doivent en conséquence contrôler, voire retarder, notamment chez les filles. Le type de foyer influe d'ailleurs beaucoup plus sur le comportement sexuel des filles que sur celui des garçons. La séparation des parents est ainsi corrélée à la précocité des premières relations sexuelles des adolescentes.

Cette séparation, associée le plus souvent à l'absence du père, joue également sur les comportements des filles après leur majorité. Ces faits sont certainement en relation avec les différences existant à propos du contrôle parental sur les sorties et les fréquentations selon qu'il s'agit de garçons ou de filles.

Le milieu

Dans les milieux populaires, le contrôle des filles est tranché et explicite, mais dès que les premières relations sexuelles sont acceptées, la liberté est quasi totale. Les garçons peuvent agir à leur guise. Dans les milieux aisés, le contrôle est indirect. Il apparaît dans les conflits relatifs aux fréquentations des filles et tient à la crainte du danger que l'activité sexuelle et donc la réponse aux sollicitations des garçons peuvent représenter pour leurs études. Il n'en ressort pas pour autant de différences de comportements des filles et des garçons selon le milieu d'origine dans l'enquête conduite par Lagrange et Lhomond (1997), résultats qui se différencient nettement des travaux réalisés par Kinsey *et al.* (1948, 1953). Cette différence peut être interprétée en termes de définition du milieu social. En effet, alors que Lagrange et Lhomond prennent en compte le milieu de la famille d'appartenance des adolescents, donc leur milieu de vie actuel, Kinsey *et al.* prennent en compte le milieu d'appartenance d'adultes appelés à se rappeler leur adolescence. Ce n'est pas le milieu auquel ils appartenaient à l'âge de leurs premiers rapports sexuels, mais un mélange d'héritage social, d'aspirations et de réussites sociale et scolaire.

La culture

L'origine culturelle semble influencer les premières relations sexuelles des adolescents. À 15 ans, la fréquence des rapports génitaux est plus grande chez les jeunes originaires d'Afrique ou des Caraïbes que chez les métropolitains ou les Maghrébins. À 18 ans, l'expérience génitale est plus fréquente chez les Maghrébins que chez les métropolitains. Par contre, en ce qui concerne les filles, les métropolitaines ont plus souvent pratiqué le coït que les Maghrébines ou les adolescentes originaires d'Afrique ou des Caraïbes, alors qu'elles étaient pareillement concernées par les premiers baisers. La transition vers les rapports génitaux s'opère ainsi différemment selon les cultures, garçons et filles originaires du Maghreb se différenciant nettement à 18 ans, âge auquel huit Maghrébins sur dix ont pratiqué le coït contre quatre Maghrébines sur dix. Pour comparaison, ces fréquences sont respectivement de 66 et 70 % chez les garçons et filles métropolitains et de 81 et 65 % chez les jeunes de la zone Afrique/Caraïbes.

La religion

L'origine ethnoculturelle est par ailleurs en liaison avec la confession et la pratique religieuse des adolescents. Cette relation est particulièrement marquée pour les jeunes musulmans. Ainsi, si la proportion de jeunes musulmans qui à 18 ans ont pratiqué le coït diffère peu de celle des jeunes Maghrébins (75 contre 79 %), les proportions relatives aux jeunes filles sont nettement différenciées : 20 % pour les musulmanes contre 45 % pour les Maghrébines dans leur ensemble. Ce qui est frappant chez les jeunes élevés dans l'Islam, c'est l'écart séparant les garçons des filles. À 18 ans une fille sur trois n'a jamais embrassé un garçon sur la bouche. (contre 7 % chez les autres adolescentes) et seulement une sur trois a eu des rapports génitaux (contre 75 %). Les garçons musulmans ne se différencient pas des autres adolescents sinon par leur relative précocité. Il faut cependant tenir compte du fait que la désirabilité sociale peut influencer les réponses des adolescentes interrogées qui savent parfaitement que les relations sexuelles sont prohibées au sein de l'Islam, et par là, peut-être, difficiles à reconnaître.

La pratique de la religion catholique est également en relation avec une fréquence affaiblie des relations sexuelles adolescentes : ainsi 29 % des garçons assistant à la messe au moins une fois par mois reconnaissent avoir été jusqu'au coït contre 74 % des jeunes qui ne pratiquent jamais ; 28 % des filles pratiquantes contre 64 % des adolescentes non pratiquantes. L'écart est très marqué. Par contre, contrairement à ce que l'on observe chez les jeunes musulmans, garçons et filles ont des comportements sexuels assez semblables en fréquence.

La scolarité

Scolarité et formation professionnelle n'influencent pas les comportements sexuels des adolescents. Ni à 15 ans, ni à 18 ans, l'expérience du premier baiser sur la bouche n'est en relation avec la nature de la scolarité suivie. Par contre, à 15 ans, les garçons de l'enseignement professionnel ont plus d'expérience en matière de sexualité que ceux de l'enseignement général (43 contre 31 %). L'écart, bien que moindre, s'observe également chez les jeunes filles : 24 % des filles scolarisées en lycée d'enseignement général, contre 33 % en lycée professionnel. Il semble ainsi qu'il y ait un effet sur les rapports génitaux de la filière suivie, qui, elle-même, manifeste à la fois l'héritage socioculturel du jeune et l'ambition socioprofessionnelle qui lui est associée. La sexualité semble donc à la fois déterminante, mais aussi déterminée par les projets scolaires et professionnels des jeunes. Le temps dévolu à la sexualité est en effet inversement proportionnel à celui consacré à d'autres activités, en particulier à la scolarité. Les investissements des adolescents « reflètent tout un faisceau de pressions, où interviennent à la fois la balance des contributions et des rétributions scolaires, affectives et sexuelles, l'intensité de la libido et la manière même dont chacun investit cette énergie sur les objets sexuels ou des activités substitutives de la sexualité » (Lagrange, 1997, p. 67). Ainsi, la masturbation est moins précoce chez les adolescentes des lycées professionnels que chez les filles inscrites dans une filière d'enseignement général qui se destinent à entreprendre des études supérieures. Cette relation est à rapprocher de l'âge des premières masturbations plus tardif chez les filles que chez les garçons. La précocité du comportement serait favorisée par les dispositions requises chez les filles pour suivre l'enseignement général. Intervenant chez le garçon bien avant le passage du collège au lycée – puisque s'inscrivant dès la fin de l'enseignement primaire – la masturbation n'est pas en relation avec le niveau d'aspiration scolaire.

Ce que pensent les adolescents de la sexualité

Depuis une vingtaine d'années, un certain nombre d'enquêtes et de sondages ont permis, non seulement de faire le point sur les conduites reconnues par les jeunes, mais aussi sur ce qu'ils pensent de la sexualité. Ainsi le sondage réalisé par *L'Étudiant* entre les 9 et 19 avril 1985 auprès d'un échantillon de 1 047 personnes âgées de 15 à 25 ans, représentatives de l'ensemble de la population des lycéens et étudiants régulièrement inscrits en 1984-85 en France métropolitaine.

Plusieurs points ressortent des résultats de ce sondage :

– *un certain romantisme…* : 70 % des adolescents (72 % des jeunes filles et 69 % des garçons) croient « au coup de foudre », toutefois seulement 62 % des adolescents (63 % des jeunes filles et 60 % des garçons) déclarent en avoir eu un eux-mêmes (un… ou plusieurs pour la plupart). Pourtant la « fidélité » est mise en avant par 46 % des adolescents (58 % des filles et 37 % des garçons). On constate également que 71 % des adolescents (74 % des jeunes filles et 68 % des garçons) déclarent être capables d'aimer quelqu'un sans avoir de relations sexuelles avec lui. À l'inverse, 61 % des adolescents (48 % des jeunes filles et 73 % des garçons) ont eu des relations sexuelles sans être amoureux de leur partenaire.

– *une attitude ambivalente devant la contraception* : 80 % des adolescents s'estiment bien informés en ce qui concerne les méthodes contraceptives ; cependant, 62 % de ceux qui ont des relations sexuelles n'utilisent pas régulièrement de moyens contraceptifs (45 % des jeunes filles et 79 % des garçons).

– *une attitude globalement favorable* : la sexualité est vécue comme naturelle par 60 % des adolescents (64 % des filles et 57 % des garçons), géniale par 19 % d'entre eux (14 % des filles et 23 % des garçons), drôle par 9 % (10 % des filles et 9 % des garçons) et obsédante, ennuyeuse ou dégoûtante par 12 % des jeunes. Si l'on tient compte que 99 % des sujets interrogés ont répondu à cette question, force est de constater qu'un jeune sur cinq trouve la sexualité « géniale » et que seulement un sur dix la connote négativement.

De tels résultats ne sont pas sans rappeler ceux obtenus quelques années plus tôt par Castarède (1978) à partir d'entretiens conduits auprès de 30 jeunes de 16 à 21 ans. Pour ces jeunes, la sexualité paraissait beaucoup plus naturelle qu'elle ne semblait l'être pour les adolescents précédemment enquêtés ; ils accordaient une place importante à la nécessité d'aimer son partenaire pour que les relations soient bonnes. On relève également un attachement aux valeurs sociales assez marqué dans un sondage réalisé par l'IFOP pour la revue *Parents* du 1er au 12 octobre 1985 sur 199 adolescents constituant un échantillon représentatif de la population française des 15/16 ans :

- 74 % des garçons et 78 % des filles envisagent de se marier, mariage qu'ils prévoient en moyenne pour leur vingt-cinquième année, faisant suite à une union libre pour 49 % des garçons et 57 % des filles ;
- 83 % des garçons et 91 % des filles envisagent d'avoir des enfants, deux le plus souvent (70 % des garçons et 58 % des filles) ;
- mariage envisagé ou non, près d'un adolescent sur deux met en avant le caractère essentiel et important de la fidélité à celui ou à celle que l'on aime ;
- pour plus de la moitié des adolescents, les qualités primordiales de l'être aimé sont la tendresse et la fidélité.

Il faut toutefois remarquer que c'est surtout la vie en couple qui est souhaitée puisque le mariage « institution » est repoussé à l'âge de 25 ans en moyenne, c'est-à-dire à dix années plus tard. Or dix ans, c'est important quand on a 15 ou 16 ans. Vingt-cinq ans, c'est l'âge où l'on déclare que l'on se mariera, mais c'est également l'âge où l'on sera un « vieux » ou une « vieille »...

Il existe dans ces enquêtes des différences liées au sexe en ce qui concerne le changement de partenaire et le profil de ce partenaire. En ce qui concerne le changement de partenaire, huit adolescents sur dix déclarent changer de partenaire, quel que soit le sexe, mais la plupart des filles disent changer quelque-fois alors que les garçons avancent changer plutôt fréquemment. En ce qui concerne le profil, sont mis en avant l'attirance physique par 43 % des filles et 57 % des garçons, la communauté de goûts par 44 % des filles et 43 % des garçons, et si le hasard des rencontres n'est prisé que par 10 % des filles, il est apprécié par un garçon sur trois.

Le parcours d'entrée dans la sexualité semble enfin en rapport avec le sentiment éprouvé pour la première personne embrassée, ceux qui n'étaient pas amoureux tendant à changer de partenaire. Le sentiment amoureux est ainsi associé au maintien de la relation avec la même personne entre les premiers baisers et les premières caresses, l'absence de sentiment étant associé à la labilité des relations et à un ralentissement de la transition vers la sexualité génitale. L'accord entre parcours sexuel et sentiment est plus marqué chez la jeune fille que chez l'adolescent (Lagrange, 1997).

L'éducation sexuelle

Jusqu'à la fin des années 1980, le niveau d'information relatif à la fécondation, la grossesse et la contraception est très faible. C'est ainsi que 30 % des garçons et 20 % des filles pensent qu'une grossesse ne peut intervenir à la suite du premier rapport sexuel, que 3 adolescents sur 10 sont convaincus que les risques de grossesse sont réduits si la femme est passive pendant la relation ou que 18 % des garçons et 16 % des filles croient que des rapports occasionnels offrent un moindre risque (Zani, 1991). C'est ainsi que 17 % des garçons et 37 % des filles pensent que l'on ne peut tomber enceinte si on a un rapport sexuel juste avant ou pendant la menstruation, que 67 % des garçons et 83 % des filles sont persuadés que si dans les rapports précédents la fille n'est pas tombée enceinte, elle court peu de risques dans les rapports suivants, ou encore que 20 % des garçons et 15 % des filles considèrent qu'à 15 ans une fille ne peut avoir d'enfant car son utérus est trop petit... On le voit, la nécessité d'une information, d'une « éducation sexuelle » est particulièrement nécessaire, vu les risques encourus.

L'éducation à la santé

L'éducation sexuelle est à replacer dans le cadre plus général de l'éducation à la santé prévue dans les programmes scolaires des établissements du second degré. Il semble donc inopportun de séparer les données relatives à la sexualité ou à la prévention des risques sexuels (SIDA, grossesse). L'abord épidémiologique de l'éducation à la santé permettra de préciser dans un premier temps quel est son poids dans les établissements scolaires, quelle est la demande des élèves et ce qu'ils en retiennent. Cet abord a particulièrement été étudié par Choquet et Ledoux (1994), lors de leur enquête nationale sur les adolescents.

La majorité des élèves reconnaît avoir reçu des informations relatives à la santé dans le cadre scolaire. Les thèmes évoqués sont alors : le corps et son fonctionnement (50 %), le SIDA (44 %), la sexualité (31 %), la grossesse et la naissance (31 %), le tabac (28 %), les drogues illicites (28 %) et l'alcool (21 %). L'éducation à la santé est meilleure en lycée professionnel (LP) que dans les lycées d'enseignement général, et ce en matière de SIDA (68 contre 60 %), de drogue (44 contre 36 %), d'alcool (40 contre 26 %), et de tabac (43 contre 34 %). Les filles se rappellent davantage que les garçons d'avoir reçu des informations sur le SIDA. Cette meilleure information au sein des LP pourrait être attachée à l'action conjuguée de l'enseignement de l'économie familiale et d'actions préventives prioritaires. Au collège, l'éducation à la santé est assez faible malgré les programmes scolaires. Certes 44 % des collégiens disent avoir reçu des informations sur le corps et son fonctionnement, mais les autres domaines semblent rarement abordés : le tabac n'est évoqué que par 22 % des élèves, la drogue par 20 %, et l'alcool par seulement 15 % d'entre eux. Il apparaît que les enseignants ne traitent que peu les thèmes les plus proches de l'expérience des collégiens : ainsi en ce qui concerne les dangers du tabac et de l'alcool qui sont moins souvent évoqués que le SIDA, la sexualité et le risque de grossesse.

Les attentes des adolescents

Les attentes des adolescents en matière d'information par l'école sont généralement faibles : 31 % souhaitent des informations sur le SIDA, 24 % sur le corps et son fonctionnement, 23 % sur les drogues, 21 % sur la sexualité, 19 % sur la grossesse, 16 % sur le tabac et 15 % sur l'alcool. On constate cependant que l'information influence la demande, en particulier chez les adolescentes : ce sont dans les établissements où l'information est la mieux effectuée que la demande est la plus importante. On constate également que l'âge et l'expérience vécue par les jeunes suscitent des interrogations nouvelles. Ainsi, les collégiens formulent moins de demandes que les lycéens. Dans l'enseignement général, les filles sont plus demandeuses que les garçons. Cette différence disparaît dans les LP où existe un enseignement d'économie familiale et sociale. L'écart entre les cycles d'études est faible en matière de demande d'information.

Si pour l'ensemble des problèmes de santé la demande d'information est plus grande chez ceux qui sont déjà partiellement informés, de nombreux jeunes n'ont pas reçu ces informations et n'en sont pas demandeurs, et ce en particulier au niveau des collèges. Ils sont ainsi, sur l'ensemble, 68 % à n'avoir pas reçu d'informations sur l'alcool et à ne pas être intéressés d'en avoir (72 % dans les collèges, 64 % dans les lycées généraux et 51 % dans les LP) ; de même 61 % en ce qui concerne le tabac (respectivement 66, 57 et 48 %), 57 % les drogues (respectivement 62, 50 et 43 %), 49 % le SIDA (respectivement 50, 27 et 24 %). Ces thématiques sont-elles trop éloignées de leurs préoccupations actuelles ? Les jugent-ils inappropriées, voire trop mal traitées dans le cadre scolaire ?

Il faut bien évidemment prendre en compte que l'école n'est pas la seule source d'informations relatives à la santé en général et à la sexualité en particulier. Ainsi, 50 % des jeunes ont reçu des informations à l'école sur le corps et son fonctionnement contre 72 % d'informés, toutes sources confondues, et de même 44 % contre 75 % en ce qui concerne le SIDA, 31 % contre 72 % en ce qui concerne la sexualité, et 31 % contre 62 % à propos de la grossesse et de la naissance. Il en est de même en ce qui concerne les demandes émanant des adolescents qui souhaitent d'autres sources d'information que l'école : 47 % sur le corps et son fonctionnement (dont 24 % dans le cadre scolaire), 63 % sur le SIDA (dont 31 %), 51 % sur la sexualité (dont 21 %) et 44 % sur la grossesse et la naissance (contre 19 %).

Attitudes face à la contraception

Une éducation sexuelle est nécessaire, mais aussi la mise en pratique des informations reçues à travers, entre autres, la contraception. Dans l'enquête réalisée par Zani (1991), les principales sources d'information sur la contraception sont les parents (49 %), les ouvrages de référence (48 %) et les amis (47 %). Ce sont les adolescents les plus jeunes qui cherchent l'information auprès des parents, les plus âgés auprès de leurs pairs ou dans les livres. Les partenaires ont également une importance cruciale en ce qui concerne la communication en matière de sexualité, surtout chez les filles où l'attente à leur encontre est de 72 %, contre seulement 56 % chez les garçons.

Qu'en est-il aujourd'hui dans les faits ?

L'étude épidémiologique réalisée par Choquet et Ledoux (1994) met au jour certains faits concernant la pratique contraceptive. La régularité des rapports sexuels semble entraîner une contraception plus régulière que les rapports occasionnels. Ceci conduit à une évolution de la contraception selon l'âge dans la mesure où les jeunes enquêtés par Choquet et Ledoux ont des relations hétérosexuelles le plus souvent uniques avant l'âge de 14 ans. Il semblerait que l'utilisation du préservatif soit plus fréquente parmi les pratiques contraceptives lorsqu'il s'agit de relations exceptionnelles alors qu'une sexualité régulière entraîne l'usage d'autres contraceptifs. Quoi qu'il en soit, les garçons disent plus que les filles utiliser des préservatifs. Celles-ci citent plutôt le recours à une contraception dans le couple. Cette différence est certainement associée au fait que bon nombre de filles utilisent la pilule sans en avertir leurs partenaires. Dans le cas de rapports irréguliers, 71 % des adolescents utilisent des préservatifs contre seulement 48 % une contraception orale. Dans le cas de rapports réguliers, ces proportions s'inversent avec 41 % d'usage du préservatif contre 74 % de contraception régulière.

Les travaux rapportés par Lagrange (1997) vont dans le même sens. L'usage des préservatifs s'avère dominant puisqu'ils protègent 79 % des garçons et 74 % des filles lors de leur premier rapport. Cet usage reste conséquent chez les garçons mais beaucoup moins chez les filles lors des relations ultérieures. Il concerne ainsi 85 % des garçons mais seulement 66 % des filles lors de leur premier rapport avec leur dernier partenaire, et 72 % des garçons et 51 % des filles lors de leur dernier rapport sexuel. L'usage de la pilule varie en sens inverse : rare la première fois puisqu'il ne concerne qu'un jeune sur cinq, le contraceptif oral est utilisé par la moitié des adolescentes lors de leur dernier rapport. L'usage des spermicides, du retrait ou la prise en compte des dates des dernières règles ne concerne qu'une petite minorité de jeunes. Ce qui est beaucoup plus grave, c'est que 8 % des garçons et 12 % des filles n'ont aucune protection lors de leur premier rapport, 7 % des garçons et 14 % des filles lors du premier rapport avec le dernier partenaire et 7 % des garçons et 8 % des filles lors de leur dernière relation.

Il faut relever avec Lagrange la forte progression dans le temps de l'usage du préservatif lors du premier rapport sexuel. Ainsi, parmi les jeunes qui ont eu leur premier coït vaginal ou anal en 1989, 56 à 58 % ont utilisé cette contraception, proportions qui atteignent 82 à 87 % en 1993. La progression est plus marquée chez les garçons que chez les filles. Il faut également relever que cette progression ne s'est pas faite au détriment de la contraception orale qui a fluctué sans évolution tendancielle marquée. La proportion d'utilisateurs de préservatifs ne varie ni en fonction de la taille de l'agglomération, ni en fonction de la zone de prévalence du SIDA. L'âge intervient par contre ainsi que la nature des filières d'études. Plus les sujets sont âgés, moins ils utilisent de préservatifs lors de leurs dernières relations sexuelles, et dans les formations les moins valorisées, la sexualité s'avère moins protégée.

Chapitre III

Le développement cognitif

L a croissance physique, le développement psycho-affectif et la maturation sexuelle ne sont pas les seuls phénomènes à marquer l'adolescence. L'activité mentale se restructure complètement, et les transformations relatives aux capacités intellectuelles s'avèrent tout aussi importantes que les bouleversements physiques. Ces transformations ont été particulièrement étudiées par Inhelder et Piaget dans un ouvrage publié en 1955, *De la logique de l'enfant à la logique de l'adolescent*. Trois recherches plus anciennes marquent cependant l'ébauche de la théorie piagétienne. En 1924, dans *Le Jugement et le raisonnement chez l'enfant,* Piaget expose pour la première fois certaines modalités de raisonnement hypothético-déductif qui seraient propres à l'adolescence. En 1946, dans *Les Notions de mouvement et de vitesse chez l'enfant*, il évoque la célèbre observation de l'escargot et de la planchette – que nous exposerons par la suite. Le double système de références est alors précisé. En 1951, il traite avec Inhelder de l'accès à l'analyse combinatoire dans *L'Idée de hasard chez l'enfant* (Lehalle, 1995).

La théorie piagétienne

La théorie du développement cognitif élaborée par Piaget constitue une explication particulièrement structurée des changements relatifs à l'appareil conceptuel des adolescents. Piaget considère l'intelligence comme une forme d'adaptation particulière de l'organisme. La recherche d'un équilibre entre les données environnementales et les formes adoptées par l'intelligence pour les appréhender aménage les interactions entre le sujet et le milieu. Au cours du développement, la pensée s'organise en structures de plus en plus complexes. L'intelligence a pour fonction d'ordonnancer la réalité selon des structures dont l'origine se situe dans des actions concrètes – schèmes réflexes du nouveau

né et schèmes sensori-moteurs du bébé. Le point d'achèvement de ces structures se situe dans le raisonnement formel de l'adolescent (Claes, 1991 ; Cloutier, 1996).

La théorie piagétienne s'articule autour d'invariants fonctionnels, qui constituent en quelque sorte les fonctions de base du développement à partir desquels
les comportements (moteurs, intellectuels, etc.) évoluent en s'ajustant progressivement. Il y a équilibration graduelle des conduites lors du développement à
travers les fonctions d'adaptation et d'organisation. L'adaptation correspond à
l'équilibre établi entre l'organisme et son environnement. L'organisation structure les mécanismes internes nécessaires à l'adaptation. Il y a donc complémentarité entre ces deux fonctions : l'enfant s'organise en s'adaptant à son
environnement, articulant son fonctionnement autour de schèmes et augmentant sa capacité d'adaptation au milieu. Deux mécanismes sous-tendent
l'adaptation : l'assimilation et l'accommodation. L'*assimilation* consiste à
incorporer à la structure de l'organisme des éléments issus de l'environnement.
Ces éléments sont transformés, « assimilés ». L'*accommodation* a trait à la
modification des structures en fonction des pressions exercées par le milieu. Il
y a adaptation lorsqu'un certain équilibre s'établit entre assimilation et accommodation. Assimilation et adaptation sont liées au développement intellectuel.
L'interaction sujet-environnement est très marquée par le degré d'organisation
atteint par l'intelligence. L'activité du sujet aide à l'évolution de ce degré
d'organisation. Quatre facteurs sont au centre du développement cognitif : la
maturation physique, l'interaction avec le milieu physique, l'influence de
l'environnement social et l'*équilibration*. Ce dernier facteur est le plus important pour Piaget. Il correspond à une tendance innée de l'organisme à intégrer
les données environnementales à ses structures et à ajuster ces dernières aux
impératifs du milieu. Le fonctionnement cognitif consiste donc en une adaptation résultant d'un équilibre entre assimilation et accommodation. Dans la perspective piagétienne, l'intelligence est la forme d'équilibre vers laquelle tendent
les fonctions cognitives. Le développement intellectuel s'effectue alors selon
quatre stades : *période sensori-motrice*, correspondant aux deux premières
années de la vie ; *période préopératoire*, caractérisée, entre 2 et 5 ans, par la
pensée symbolique, puis, entre 5 et 7 ans, par la pensée intuitive ; *période opératoire concrète*, entre 7 et 12 ans, où l'enfant abandonne le mode de raisonnement intuitif ; et *période opératoire formelle* après 12 ans.

La perspective piagétienne voit dans l'adolescence la dernière étape de la
construction des opérations intellectuelles, le stade formel, qui débutant avec
la puberté ne connaîtra un palier d'équilibre que vers la quinzième année.
Deux sous-stades sont à distinguer :

   – le formel A, caractérisé par le fait que l'appréhension formelle des pro-
     blèmes est limitée à certaines situations ou à certains éléments d'une
     situation ; la découverte de la solution est lente et partielle ; le sujet
     tâtonne, pose des hypothèses et formule des solutions plus ou moins pro-
     ches de la solution correcte,

– le formel B, où le jeune devient réellement capable de raisonnement hypothético-déductif, c'est-à-dire de raisonner à partir d'hypothèses énoncées verbalement, et non plus en manipulant des objets concrets ; il y a maîtrise de la logique des propositions, formation de schèmes opératoires nouveaux et découverte rapide et complète de la solution.

La pensée hypothético-déductive

La pensée hypothético-déductive va particulièrement se manifester sur deux plans : le langage et le raisonnement inductif. Au plan du langage, le jeune devient capable de raisonner sur un ensemble de propositions, de juger de la vérité formelle d'une inférence, indépendamment du contenu matériel des énoncés. Par exemple, pour le sophisme dit « des oignons » : *Je n'aime pas les oignons et c'est heureux, car si je les aimais j'en mangerais et je ne peux pas les souffrir,* l'enfant de 7/10 ans trouve que ce qui est « bête », c'est de ne pas aimer les oignons, ou d'en manger si on ne les aime pas, sans parvenir à dégager la contradiction propositionnelle et l'absurdité de l'énoncé, ce qui n'est plus le cas à l'adolescence. Au plan du raisonnement inductif, l'enfant « concret » manipule, tâtonne, empoigne le réel pour y produire des effets et y lire des lois, alors que l'adolescent « formel » se donne un temps de réflexion, fait l'inventaire des hypothèses possibles, puis dissocie et fait méthodiquement varier les facteurs en jeu. Au niveau formel, l'adolescent devient capable de raisonner sur des hypothèses, des énoncés verbaux exprimant une possibilité, et non plus des constats de faits immédiatement représentables. Il n'est plus limité à la maîtrise d'un réel directement et concrètement accessible, mais considère le réel par le biais de son inclusion dans l'univers des possibles. Il y a renversement du rapport existant au stade opératoire concret entre le réel et le possible : le possible n'est plus un prolongement du réel connu ; c'est le réel qui est désormais perçu comme un cas particulier du possible. Le réel devient un élément d'un vaste ensemble de possibles, calculable *in abstracto* par le raisonnement sous-tendu par une maîtrise de l'analyse combinatoire et par l'accession à une nouvelle forme de réversibilité du raisonnement que l'on peut caractériser par le groupe des deux réversibilités (groupe INRC – « I » *Identique,* « N » *Négation [inversion],* « R » *Réciprocité* et « C » *Corrélative [inverse de la réciprocité]*). Le sujet raisonne sur des hypothèses et effectue mentalement des opérations sur des opérations, c'est-à-dire des « combinaisons » – classifications de classifications – et des « permutations » – sériations de sériations (Gombert, 1999).

La période formelle repose ainsi sur deux structures d'ensemble, véritables cadres d'organisation de la pensée : le système combinatoire, ou le réseau de la logique des propositions, conduisant à la capacité de combiner l'ensemble des possibles, et le groupe INRC. Le sujet n'est plus astreint à raisonner sur des objets concrets ou leurs manipulations, et il parvient à déduire opératoirement en

partant d'hypothèses énoncées verbalement. La logique portant sur ces hypothèses n'est plus une logique des classes, des relations ou des nombres ; c'est une
logique des propositions. Les opérations propositionnelles sont du second degré :
ce sont des opérations sur des opérations. Une proposition portant sur des classes,
des relations ou des nombres constitue une opération du premier degré. Ainsi, la
proposition p : « cet animal est un mammifère », ou la proposition q : « cet animal est un vertébré », relève Piaget, sont des opérations de classes, des opérations
du premier degré, alors que l'implication $p \rightarrow q$ est une opération au second degré
$(x \, \varepsilon A) \rightarrow (x \, \varepsilon B)$: « cet animal est un mammifère, donc il s'agit d'un vertébré ».

Alors que la pensée concrète était la représentation d'une action possible, la
pensée formelle est la représentation d'une représentation d'actions possibles.
Au niveau concret, il s'agissait d'une logique intrapropositionnelle ; au niveau
formel, il s'agit d'une logique interpropositionnelle. À l'adolescence, la logique devient formelle en ce que la forme des inférences est dissociée de leur
contenu. Un raisonnement est alors jugé vrai ou faux à sa forme, quelle que
soit la valeur de vérité du contenu des prémices (Piaget et Inhelder, 1963). Il
faut toutefois prendre en compte que l'atteinte du stade formel n'implique pas
que l'adolescent ait conscience des caractéristiques de sa pensée. L'accès à
une certaine façon de raisonner ne présuppose pas que le sujet soit conscient
de la structure de sa pensée. Ce sont ses comportements qui manifestent
l'organisation cognitive sous-jacente. À l'adolescence, apparaissent ainsi de
nouveaux schèmes opératoires, différenciés en apparence, mais manifestant
tous l'atteinte du niveau formel : schèmes de proportionnalité, de l'équilibre
mécanique, de la relativité des vitesses, des corrélations, du double système de
référence pour les déplacements, etc.

Pensée formelle et système combinatoire

Comme le remarquent Bideaud, Houdé et Pedinielli (1993), les opérations
combinatoires vont libérer les classifications et les relations d'ordre de leurs
attaches intuitives et concrètes ; elles les décontextualisent en détachant la
forme du contenu spatio-temporel. Accéder au système combinatoire, c'est
accéder à un système logique permettant de prendre en compte toutes les possibilités d'une situation donnée. Entre 11/12 et 15 ans, l'adolescent acquiert le
contrôle des 16 opérations logiques binaires qui correspondent à l'ensemble
des relations possibles entre deux événements. La combinatoire des objets et
la combinatoire des propositions sont à distinguer.

La combinatoire des objets

La combinatoire des objets peut être illustrée à partir d'une situation simple
où l'on propose à un enfant des jetons de cinq couleurs différentes (a, b, c, d,
e) qu'il doit combiner successivement deux par deux, puis trois par trois et

ainsi de suite. La combinaison systématique associe d'abord la première couleur (*a*) à chacune des quatre autres *a-b*, *a-c*, *a-d*, *a-e*, puis la seconde à chacune des trois autres *b-c*, *b-d*, *b-e*, etc. Avant sa douzième année, au niveau des opérations concrètes, l'enfant ne réussit qu'un petit nombre de combinaisons en procédant par tâtonnement, mais il devient capable vers 11/12 ans d'une réalisation méthodique de toutes les associations possibles. Certes, est-il incapable de trouver la formule et de réfléchir sur les combinaisons, mais il est capable de les réaliser à partir d'une méthode exhaustive.

D'autres illustrations sont proposées par Inhelder et Piaget à partir d'une expérience relative à la combinaison des corps chimiques. Quatre flacons identiques contenant des liquides en apparence identiques (numérotés de *1* à *4*) sont présentés au sujet qui dispose en outre d'une bouteille compte-gouttes « *g* » contenant de l'iodure de potassium. Ces flacons contiennent en réalité différents corps chimiques : le « *1* » de l'acide sulfurique dilué, le « *2* » de l'eau, le « *3* » de l'eau oxygénée et le « *4* » du thiosulfate. Le mélange « *1* » + « *3* » + « *g* » donne un liquide de couleur jaune par oxydation de l'iodure de potassium en milieu acide. L'eau (flacon « *2* ») n'a aucun effet. Le thiosulfate du « *4* » décolore le mélange jaune (« *1* » + « *3* » + « *g* »). L'expérimentateur prépare deux gobelets, l'un contenant le mélange « *1* » + « *3* », l'autre contenant de l'eau « *2* ». Le fait de verser quelques gouttes d'iodure de potassium colore le contenu du premier gobelet mais ne provoque apparemment pas de changement dans le second, dont le contenu reste limpide. Le sujet est alors invité à reconstituer le mélange conduisant à la couleur jaune. Trois stades sont relevés par Inhelder et Piaget chez des enfants âgés de 5 à 13 ans. Le stade préopératoire (I) concerne les enfants les plus jeunes qui associent au hasard les éléments pris deux à deux. Le stade opératoire se divise en deux sous-stades hiérarchisés : au niveau II A, les enfants de 7/8 ans associent « *g* » successivement à chacun des quatre flacons mais sans combinaison ; au niveau II B quelques combinaisons n à n peuvent être observées. Mais il s'agit alors de tâtonnements sans systématique. Au troisième stade, deux niveaux sont également à distinguer : le III A, où le sujet est capable de former des combinaisons systématiques n à n, et le sous-stade III B, où s'obtient l'équilibration du système.

Les opérations propositionnelles

La combinatoire se généralise vers l'âge de 14/15 ans. Les *opérations propositionnelles* apparaissent à ce même niveau, comme l'implication (*p* implique *q*), la disjonction (ou *p*, ou *q*, ou les deux), l'incompatibilité (ou *p*, ou *q*, ou ni l'une ni l'autre), etc. En se plaçant d'un point de vue fonctionnaliste, il est possible de vérifier que ces opérations résultent bien d'une combinatoire en analysant comment l'adolescent raisonne à leur sujet à la différence d'un enfant du niveau opératoire concret. C'est dans le contexte fonctionnel de réponses aux stimuli donnés que Piaget et Inhelder (1955) montrent comment le préadolescent et l'adolescent combinent leurs idées, leurs hypothèses et leurs jugements comme ils combinent les objets ou les facteurs en jeu, utilisant ainsi à leur insu cette combinatoire qui caractérise leurs opérations propositionnelles. La recherche conçue à cet effet propose aux sujets de déterminer, au moyen d'un matériel expérimental adéquat, 1) ce qui fait varier la fréquence d'oscillation d'un pendule (le sujet peut manipuler les poids suspendus, la longueur du fil, la hauteur de chute et l'élan initial) et 2) ce qui fait varier la flexibilité de tiges fixables horizontalement (il peut faire varier la longueur et la matière des tiges, leur épaisseur et leur forme de section). Piaget et Inhelder constatent alors de grandes différences entre les réactions de l'enfant et celles de l'adolescent. L'enfant entre immédiatement en action, tâtonne sans système jusqu'à trouver une hypothèse qu'il vérifie par le moyen d'opérations concrètes (classifications, sériations et correspondances), alors que l'adolescent, après quelques essais, réfléchit et cherche à lister les hypothèses possibles avant de passer à la vérification. De plus, la vérification effectuée par l'enfant consiste en correspondances globales, sans dissociation des facteurs ; elle conduit l'adolescent à dissocier les facteurs pour les faire varier un à un et en neutralisant les autres. Dissocier les facteurs et interpréter les faits selon leurs multiples relations suppose bien une combinatoire, puisque les opérations concrètes ne le permettent pas. L'expérience du pendule comme celle de la flexibilité peuvent se formaliser de la même manière : « Soit p l'affirmation d'une action et $\sim p$ sa négation, q l'affirmation d'une autre action et $\sim q$ sa négation, etc. Il ne suffit pas alors d'utiliser une matrice multiplicative $p. q, p.\sim q, \sim p. q, \sim p.\sim q$. Il s'agit d'utiliser les 16 combinaisons possibles résultant de ces quatre associations de base : par exemple si p et q sont toujours vrais ensemble ou q sans p ou, ni p ni q mais qu'on n'ait jamais p vrai sans q, alors p implique q ; etc. » (Piaget et Inhelder, 1955, p. 158). Il est remarquable que spontanément et sans référence à la logique, l'adolescent utilise l'ensemble de ces combinaisons, leur conférant un rôle primordial dans ses raisonnements. Il y a bien en ce sens une combinatoire appliquée aux idées et aux jugements aussi bien qu'aux objets et aux facteurs.

L'importance de la combinatoire dans la pensée adolescente dépasse donc largement les tâches où elle est explicitement exigée. La logique des propositions dans son ensemble constitue une combinatoire par opposition aux groupements de la pensée concrète. En atteignant le niveau formel, la pensée adolescente connaît une extension considérable. Toutes les combinaisons entre énoncés deviennent possibles. Pour Piaget, le passage du concret au formel se comprend en se reportant au groupement des vicariances. La vicariance marque la possibilité de substitution d'une classification à une autre. C'est la généralisation des vicariances qui conduit à la combinatoire, c'est-à-dire à la classification de toutes les classifications possibles.

Le groupe INRC

Le groupe INRC est une structure cognitive intégrant la double réversibilité par négation (inversion) et par réciprocité. La réversibilité peut déjà être observée au niveau opératoire concret. Mais il s'agit d'une réversibilité simple, l'enfant ne prenant en compte que la négation (caractéristique des groupements de classes) ou la réciprocité (caractéristique des groupements de relations d'ordre). Il en est tout autrement à l'adolescence où le sujet devient capable de maîtriser les quatre opérations logiques reliées entre elles : l'identité, la négation, la réciprocité et la corrélative. Le sujet doit alors se détacher des données perçues pour construire un monde clos sur lui-même et déterminé, situé dans un système d'ensemble (Grize, 1999). Les opérations propositionnelles issues de la combinatoire comportent alors chacune (I), une inverse (N) et une réciproque (R). Il est également possible d'associer à (I) l'inverse de sa réciproque (NR), ou la réciproque de son inverse (RN), c'est-à-dire l'opération corrélative (C = NR = RN).

Le groupe INRC dans les domaines de la logique, des mathématiques et de la grammaire

	Logique	Mathématiques	Grammaire
	Proposition : « (p et q) ou r »	« x »	« Beau »
I	Ne rien changer à : (p et q) ou r	Ne rien changer à x	Ne rien changer à « beau »
N	(~p ou ~q) et ~r	Changer le nombre x en son opposé ➤ – x	Changer le genre de « beau » ➤ « belle »
R	(~p et ~q) ou ~r	Changer le nombre x en son inverse ➤ 1/x	Changer le nombre de « beau » ➤ « beaux »
C	(~p et ~q) ou ~r	Changer le nombre x en l'inverse de son opposé ➤ – 1/x	Changer le genre et le nombre de « beau » ➤ « belles »

Au sens mathématique du terme, le groupe INRC est un groupe de transformations qui portent sur l'ensemble des 16 opérations binaires possibles dans une logique bivalente. Les opérations (N), (R) et (C) forment avec l'opération identique (I) un groupe à quatre transformations. Il s'agit du groupe de Klein qui satisfait bien aux conditions fondamentales de ce type de structure (fermeture, réversibilité, identité et associativité), auxquelles s'ajoute la commutativité des groupes abéliens. Au sens algébrique du terme, une *structure* est un ensemble fini dont les éléments sont quelconques, mais entre lesquels sont définies une ou plusieurs opérations – le mathématicien parlerait de *lois de composition*.

La façon dont les éléments se composent peut être illustrée par une ou plusieurs tables indiquant le résultat de la composition de tout couple d'élément, s'il s'agit d'opérations binaires.

Le groupe INRC n'est jamais formulé par l'adolescent. Il n'en joue pas moins un rôle important dans ses raisonnements, comme c'est le cas dans les situations où il faut coordonner des inverses avec des réciproques. Ainsi dans les problèmes de doubles systèmes de référence, tels que celui de l'escargot qui circule sur une planchette posée sur une table : son mouvement dans un sens sera I et dans l'autre sens, il sera N. Si la planchette est elle-même en mouvement en sens contraire de I, le mouvement I sera annulé par rapport à un point de référence sur la table (hors de la planchette), non pas par N mais par R, mouvement réciproque inhérent à la planchette, dont l'inverse sera C, corrélative de I, et se cumulant avec lui. Au niveau concret, l'enfant raisonne correctement ou sur I et N, ou sur R et C, mais il est incapable de coordonner les quatre mouvements. À l'adolescence, la composition anticipatrice est aisée, et la logique des opérations formelles représente un système de double réversibilité permettant d'accéder aux systèmes conceptuels complexes.

C'est à l'adolescence que le sujet accède pleinement à la notion de proportion, d'abord sous une forme qualitative et logique, puis sous des formes métriques simples. Les proportions supposent en effet l'utilisation d'un système coordonnant négation et réciprocité. Ainsi, par exemple, dans l'épreuve d'équilibre de la balance, l'adolescent comprend que diminuer le poids en augmentant la longueur équivaut à augmenter le poids en diminuant la longueur. À l'adolescence, se forme l'esprit « expérimental » à travers la mise en œuvre de la combinatoire et de la double réversibilité.

Accès à la pensée formelle

Il faut cependant constater que la maîtrise du raisonnement hypothético-déductif, qui correspond à l'achèvement du développement de la pensée formelle, n'est pas atteinte par l'ensemble des adolescents, ni d'ailleurs des adultes. De nombreux jeunes sont nettement en retrait d'un tel achèvement. De plus, des jeunes ayant atteint un niveau assez élevé abordent encore des situations nouvelles de façon intuitive, ne progressant que lentement vers une organisation systématique de la pensée (Cloutier, 1996). L'universalité des structures cognitives piagétiennes est particulièrement discutée et la généralisation du stade formel controversée. S'il existe une relative universalité des premiers stades décrits par Piaget (Dasen, 1972), il n'en est pas de même en ce qui concerne la structure combinatoire et la double réversibilité. Partant du constat que le pourcentage de réussite aux épreuves formelles est très variable, en fonction du matériel utilisé ou du mode de présentation des tâches, certains auteurs se sont demandés si les opérations formelles rendaient vraiment compte du développement cognitif de l'adolescent. C'est ainsi que Henriques-Christofides et Moreau (1974) analysent la situation expérimentale de la « combinaison des corps chimiques » qu'ils jugent trop difficile. La complexité de la tâche d'une part, la consigne particulièrement compliquée d'autre

part leur semblent des facteurs permettant de comprendre la fréquence importante de mauvais résultats obtenus par des adolescents.

Lovell (1961) et Martorano (1977) tendent à montrer que si la pensée formelle émerge à l'adolescence, elle n'en est pas pour autant une réalité typique
représentative. Piaget (1972) reconnaît d'ailleurs que les études qu'il a
menées portaient sur des populations genevoises que l'on pourrait qualifier de
privilégiées. Il semble alors nécessaire d'introduire le rôle de l'environnement
social et de l'expérience acquise et de mettre en avant l'importance de la sti-
mulation intellectuelle sur la construction des structures formelles (Claes,
1991). Contrairement à ce que pouvait penser Piaget, il semble qu'un certain
nombre d'études, en particulier dans le domaine interculturel, mettent tout à
fait en avant le rôle de l'expérience scolaire. Origine sociale, acquis antérieurs
et qualité de la scolarisation ont un impact sur le développement des structures
cognitives formelles. On voit le problème susceptible d'en résulter pour certains
jeunes soumis à des enseignements de disciplines scientifiques dès la classe de
sixième dans un système qui ne tient pas compte des différences individuelles et
place les enfants dans un cadre identique alors que les potentialités sont différentes. Comme le remarque Claes, mieux vaudrait « adopter une approche concrète de l'enseignement et favoriser une démarche de questionnement progressif
permettant l'exploration, la manipulation et la découverte » (p. 112).

Un certain nombre de travaux ont cherché à réaliser des apprentissages
d'opérations formelles. Comme le remarque Lehalle (1995), ce domaine de
recherche s'avère bien peu homogène. Les processus impliqués dans les changements observés diffèrent selon les modalités d'entraînement ou d'évaluation. Le temps d'apprentissage est un critère important, et l'efficacité d'un
apprentissage court est simplement associée à une clarification de la demande
qui permet au sujet de mobiliser ses compétences, un apprentissage plus lon-
guement élaboré conduisant à simuler ou à influencer le développement.
L'intérêt des apprentissages brièvement réalisés réside surtout dans le fait
qu'ils témoignent de compétences sous-jacentes qui ne s'étaient pas encore
manifestées. Il faut enfin noter que les apprentissages réalisés dans un type de
situation ne sont pas transférables à l'ensemble des compétences formelles, ce
qui conduit à distinguer apprentissages empiriques et apprentissages opératoires (Gréco, 1963) et à poser « le problème de la signification psychologique
de la parenté structurale entre les épreuves formelles » (Lehalle, 1995, p. 113).

Le sexe est également un facteur influant sur le développement cognitif au
stade formel. Contrairement aux stades antérieurs où le sexe ne permet pas de différencier les filles des garçons, il semble avoir une certaine influence en faveur
des garçons lors de l'adolescence. Les adolescents montreraient bien avant les
jeunes filles des signes de formalisation dans leur approche cognitive, ce qui
n'empêche d'ailleurs pas ces dernières de mieux réussir que les garçons dans le
travail scolaire. Les différences observées dans les épreuves piagétiennes pourraient être dues à une certaine timidité qui ferait qu'elles manipulent moins le
matériel expérimental que les garçons qui sont plus confiants dans leurs capacités.

Piaget... et après ?

Le stade formel n'étant pas acquis d'emblée, plusieurs auteurs ont voulu éprouver la généralité des descriptions d'Inhelder et Piaget en substituant à l'approche clinique piagétienne d'un petit nombre de sujets une approche à partir d'épreuves standardisées portant sur des populations beaucoup plus importantes (Longeot, 1966, 1978). Ce type de travaux n'est pas sans se heurter aux questions pratiques et théoriques posées par l'évaluation des opérations intellectuelles (Lehalle et Mellier, 1984). Le problème principal relevé par Lehalle (1995) est de coordonner une analyse en termes d'« épreuves » avec une analyse en termes de « différences inter-individuelles », et ce dans une perspective développementale : quels critères pour juger de leur équivalence, de leur homogénéité ? Quelle prise en compte des décalages horizontaux pouvant obérer l'évaluation ? La plupart des résultats obtenus à travers ces standardisations montrent, de plus, une faible réussite des adolescents aux épreuves de raisonnement formel. Longeot (1968) ne trouve que 27 % de sujets de 15 ans au niveau du stade formel A et 10 % seulement au niveau B. Ces fréquences continuent toutefois de progresser quelque peu au-delà de 15 ans.

Les remises en cause

L'interprétation théorique piagétienne a été remise en question au vu des résultats des épreuves standardisées d'une part, des apprentissages susceptibles d'être réalisés d'autre part. Ces remises en question concernent le structuralisme piagétien ; elles invitent également à préciser le statut épistémologique de l'analyse structurale. De nouvelles approches ont ainsi vu le jour depuis une vingtaine d'années (Lehalle, 1995).

Trois types d'analyses critiques sont réfutés par Lehalle. Les premières peuvent être associées à des confusions sur le statut de la logique propositionnelle qui ne peut être assimilée aux raisonnements verbaux et à la logique verbale. La présence ou l'absence dans le discours du sujet de certaines formes linguistiques associées à la combinatoire ne suffit pas à manifester la logique du sujet qui doit également être inférée à partir des régulations de l'action et des vérifications expérimentales. De même, le fait que des enfants puissent, sous certaines conditions, produire des raisonnements logiques ne prouve en rien qu'il s'agisse d'une logique formelle. Les secondes analyses critiques partent d'une interprétation erronée consistant à penser que si un sujet présente une compétence assignable à une analyse structurale, il possède cette structure et qu'elle doit se manifester en d'autres occasions. Cette manifestation ne s'observant pas toujours, du fait de différences intra-individuelles, certains auteurs concluent à la non-pertinence de l'analyse structurale. Cette interprétation empiriste repose sur une conception fausse du structuralisme, car, d'une part, il est impossible de dissocier structures et fonctionnement et, d'autre part, difficilement concevable psychologiquement qu'il puisse y avoir des structures sans contenu. Partant des mêmes constatations que l'interprétation précédente, d'autres auteurs évoquent des facteurs de performance qui limiteraient l'expression de la compétence sous-jacente. La distinction compétence/performance aboutit à un paradoxe méthodologique : on ne peut pas conclure à la non-compétence du sujet puisque des facteurs de performance peuvent être invoqués, et il suffit qu'il n'y ait qu'une seule manifestation de la compétence pour qu'elle existe et, dès lors, puisse se généraliser à d'autres situations.

Le statut épistémologique de l'analyse structurale a été particulièrement abordé par Inhelder et Piaget (1979) et Lehalle (1990). Ce dernier insiste particulièrement sur quatre points. 1) L'analyse structurale est une *méthode*, c'est un moyen d'analyser le fonctionnement psychologique destiné à repérer des activités structurées, non des structures. 2) Elle permet de rendre compte de la nécessité du contrôle expérimental, du caractère équivalent de certaines procédures et des contraintes de la déduction qui s'imposent au sujet. 3) Elle ne rend compte que des états successifs du sujet au cours de la résolution d'un problème et se révèle insuffisante pour saisir le cheminement de sa pensée. 4) Les structures ne peuvent enfin être considérées comme des propriétés stables du sujet, exprimant simplement son niveau de fonctionnement. Pour résumer, l'analyse structurale présente deux fonctions : l'une, actuelle, permettant de justifier les procédures du sujet et de préciser la manière dont il aborde le problème ; l'autre, virtuelle, permettant de constituer un modèle cohérent des opérations possibles à partir d'opérations particulières. Il ne s'agit pas d'un modèle prescriptif conduisant à prédire les opérations qui seront utilisées dans une situation donnée, mais d'un modèle permettant simplement de déterminer la liste de toutes les opérations possibles.

Depuis 20 ans, les approches ont été diversifiées. Celles-ci peuvent être abordées à travers Lehalle (1995) et Bideaud *et al.* (1993). Pour de Ribeaupierre et Pascual-Leone (1979), les structures se réfèrent à des règles d'inférence susceptibles d'être activées. Il y aurait trois sortes de schèmes : ceux qui précisent les buts, ceux qui assurent les règles de transformation et ceux qui codent les états. Il y aurait également des « opérateurs méta-constructifs » s'appliquant à ces schèmes et déterminant leur activation ou leur agencement. Case (1985) utilise le terme de *structure* pour désigner les niveaux de résolution de problèmes. Demetriou, Efklides, Papadaki, Papatoniou et Economou (1993) décrivent une architecture à trois composantes : les *Systèmes Structuraux Spécialisés* qui correspondent à des ensembles de compétences fonctionnellement reliées, les structures de contrôle « hypercognitif » auxquels ils sont soumis et une composante du traitement actuel, telle la mémoire de travail.

La perspective cognitiviste

À la différence de la théorie piagétienne qui privilégie les structures d'opérations du sujet, la perspective cognitiviste s'intéresse aux représentations et au fonctionnement, ouvrant deux voies de recherche : la récusation du structuralisme piagétien et la tentative de synthèse entre structuralisme piagétien et approche cognitiviste (Bideaud *et al*, 1993). Johnson-Laird (1988) rejette ainsi l'hypothèse que la conduite d'un raisonnement déductif nécessiterait un système logique constitué de règles formelles. Celui-ci résulterait plutôt de l'utilisation de *modèles mentaux* dont la nature et le fonctionnement sont explicités à propos de syllogismes. Au moyen d'une heuristique basée sur la signification des prémisses, le sujet construirait un modèle mental lui permettant une première conclusion. Celle-ci serait confrontée à des modèles alternatifs jusqu'à épuisement. Il n'y a pas appel à des règles formelles d'inférence, ce qui évite... d'aborder le problème de leur acquisition. Et s'il y en avait, elles seraient la conséquence de la manipulation des modèles mentaux. C'est donc cette capacité de rechercher des modèles alternatifs qui se développe avec l'âge et non la connaissance de règles d'inférence.

Les travaux de Siegler (1981) tentent d'établir la synthèse entre le structuralisme piagétien et l'approche cognitiviste du traitement de l'information. Partant du fait qu'une structure d'ensemble caractérisant un stade requiert la hiérarchisation des conduites relevant d'une structure différente et le synchronisme de celles qui relèvent d'une même structure, et que ces exigences ne sont pas satisfaites dans les faits expérimentaux, Siegler vise à pallier les insuffisances de la théorie piagétienne en utilisant de nouvelles stratégies expérimentales pour rendre compte des anomalies observées. Se fondant sur les situations utilisées par Inhelder et Piaget, il cherche à créer expérimentalement des problèmes permettant d'établir des modèles distincts de réponses correctes et d'erreurs, dépendants de la règle utilisée par le sujet.

Développement cognitif et problématique adolescente

Grâce à l'hypothèse, l'adolescent découvre le domaine des possibles. N'étant plus enchaînée au réel, sa pensée redécouvre ce réel mais comme n'étant que l'un des éléments des possibles. Ayant ces possibles à sa disposition, l'adolescent peut se détacher du réel pour théoriser, établir des projets, voire même des théories qu'il croit susceptibles de changer le monde. Mais cette prise de conscience des possibles nécessite que le jeune soit capable de se détacher de son propre point de vue. À 11 ou 12 ans, le problème est de trouver le moyen de passer d'un point de vue personnel momentané à un autre sans se contredire, c'est-à-dire d'accepter la notion de relativité. La pensée hypothético-déductive suppose deux facteurs : l'un social, consistant à pouvoir sortir du point de vue propre pour se placer à tous les points de vue ; l'autre conduisant à imaginer derrière la réalité concrète ce « monde possible », objet du raisonnement. Ainsi, ce n'est plus la réalité de telle ou telle affirmation qui compte pour le jeune, mais les relations qu'elles entretiennent : l'adolescent « s'aperçoit que, s'il affirme telle chose, il s'engage par là même à affirmer telle autre » (Piaget, 1963, p. 157). La pensée réfléchit alors sur son propre fonctionnement. L'adolescent devient sensible à la contradiction logique, choisit le type de raisonnement qui ouvre au plus grand nombre de déductions possibles et cherche à créer ses propres critères, ses propres normes. Il refuse d'être normé ; il est normatif, veut définir ses propres normes, refusant celles qu'il n'a pas élaborées et que la société veut lui imposer. La pensée adolescente cherche son indépendance. La réalité extérieure se doublant d'une réalité subjective, l'adolescent prend conscience du caractère personnel de ses opinions. Pouvant adopter d'autres points de vue que le sien, conscient de la multiplicité des aspects du réel, il songe à les explorer, à faire des expériences intellectuelles. Par opposition à l'enfant, l'adolescent réfléchit en dehors du présent (Piaget, 1967).

L'accès au formel est contemporain de la puberté. Il interfère avec le développement psychoaffectif et sexuel. C'est cette ouverture nouvelle qui permet d'appréhender et de rationaliser les transformations pubertaires et les relations sexuelles interpersonnelles, mais aussi de symboliser l'érotisme. La capacité cognitive de l'adolescent s'avère alors nécessaire pour parvenir à une modulation vis-à-vis des exigences pulsionnelles et pour être capable d'envisager ses rapports avec le ou la partenaire dans la réciprocité. Elle peut aussi conduire certains adolescents à un surinvestissement intellectuel que l'on peut assimiler à une tentative de protéger la toute-puissance infantile appliquée au champ des idées : c'est l'intellectualisation, mécanisme de défense particulièrement décrit par Anna Freud. Des faits assez voisins peuvent d'ailleurs s'observer à travers l'utilisation par l'adolescent de multiples mécanismes de défense, comme s'il recherchait lesquels sont les plus efficaces pour lutter contre l'angoisse et tenter de la colmater.

L'évolution de la relation amicale est également en rapport avec le développement cognitif (Selman, 1981 ; Winnykamen, 1999). Cette évolution du lien amical peut être associée aux nouvelles capacités d'abstraction et de décentration de l'adolescent. C'est en effet seulement après 12 ans que se développe la capacité d'envisager différents niveaux d'interactions, compte tenu des différenciations.

L'accès au formel correspond enfin au temps où l'enfant quitte l'enseignement élémentaire pour entrer au collège, ce temps où le jeune adolescent s'ouvre à de nouvelles disciplines qui progressivement vont exiger de lui des capacités hypothético-déductives.

Métacognition et cognition sociale

Les adolescents ne sont pas conscients de l'ensemble des caractéristiques de leur pensée. Mais le stade formel les conduit à avoir la capacité de penser à leurs pensées, c'est-à-dire à la métacognition, connaissance ou activité cognitive concernant ou contrôlant l'activité cognitive (Flavell, 1985), comme elle les amène à analyser ce que pensent les autres.

Le développement métacognitif

La pensée formelle est capable de dépasser le réel, de se libérer du concret et de formuler des hypothèses (Cloutier, 1996). Ce dégagement du concret et du présent permet à la pensée de porter sur elle-même, conduisant l'adolescent à avoir conscience et connaissance de son activité mentale. Cette conscience, cette connaissance ont des répercussions sur « la communication orale d'informations, la persuasion orale, la compréhension orale, la compréhension lors de la lecture, l'écriture, l'acquisition du langage, la perception, l'attention, la mémoire, la résolution de problèmes, la cognition sociale, et les diverses formes d'auto-instruction et de contrôle de soi » (Flavell, 1985, p. 30). Ainsi, par exemple, à l'adolescence, les stratégies visant à maîtriser la mémoire se structurent : répétition, association et hiérarchisation de contenus nouveaux et anciens vont aider à mémoriser certains contenus d'apprentissage. De même, en ce qui concerne le domaine de la communication, l'adolescent développe une conscience et une connaissance de sa façon de présenter l'information, en relève les effets sur l'interlocuteur et module sa communication pour en améliorer l'efficacité.

La *métacognition*, rappelle Flavell, concerne à la fois les *personnes*, les *tâches* et les *stratégies*. Peuvent être rattachées aux *personnes*, les connaissances et les croyances acquises qui concernent les êtres humains en tant qu'appareils traitant des données cognitives. Il s'agit, par exemple, des connaissances et des croyances relatives aux différences cognitives inter– et intra-individuelles et aux ressemblances cognitives entre individus. La catégorie *tâches* concerne à la fois la nature des informations reçues et traitées par le sujet, lorsqu'il s'adonne à une tâche cognitive, et la nature des exigences de cette tâche. Enfin, les *stratégies* considérées sont soit cognitives (celles qui permettent de réaliser des objectifs de l'ordre du cognitif), soit métacognitives (celles qui informent sur les progrès dans l'activité engagée).

L'enfant et l'adolescent acquièrent graduellement une certaine maîtrise métacognitive. Ces capacités sont favorisées par la tendance adolescente à l'introspection : réflexion sur les émotions, élaboration de grandes théories et analyse des relations sociales. Tenter de se comprendre constitue, rappelle Cloutier, l'une des activités les plus importantes à l'adolescence.

La cognition sociale

La *cognition sociale* désigne l'étude des processus cognitifs à l'œuvre dans la perception d'autrui et le rôle du contexte social dans cette perception (Askevis-Leherpeux, Baruch et Cartron, 1998). La métacognition consistait à penser sa pensée. La cognition sociale porte sur la compréhension de la pensée des autres, de leur point de vue, de leurs sentiments et de leurs attitudes (Flavell, 1985 ; Cloutier et Renaud, 1990).

Comme le remarque Oléron (1985), la référence à la cognition sociale se justifie dans le fait que les connaissances et les habiletés qui contribuent à déterminer les comportements à l'égard des personnes relèvent de l'intelligence. Les contacts sociaux représentent en effet « des situations problèmes » que l'adolescent ne peut résoudre qu'en mobilisant des moyens intellectuels appropriés. La socialisation peut être ainsi abordée à travers un ensemble de problèmes de développement au sein de la société. L'intelligence sociale porte sur la connaissance de l'autre, des modes de relations interpersonnelles et des règles qui règnent au sein des groupes. Si elle ne porte pas explicitement sur la connaissance de soi, elle permet cependant à l'adolescent d'appréhender ce que les autres pensent de lui. La compréhension de soi et d'autrui progresse alors considérablement dans la mesure où le jeune devient capable, avec l'accès au formel, de porter sa pensée sur ce que les autres pensent, sur ce qu'ils veulent ou sur ce qu'ils ont l'intention de faire. Certes l'enfant est déjà capable de pressentir les émotions de ses proches, mais il ne parvient pas à prévoir les sentiments d'autrui dans des contextes variés. L'aspect extérieur de l'autre et son comportement sont bien perçus. Mais l'enfant intègre plus difficilement les intentions d'autrui dans sa compréhension sociale. C'est avec l'âge qu'il y aura intégration progressive des intentions et des attributs personnels dans les inférences sociales (Cloutier, 1996). À l'adolescence, la compréhension sociale intègre la perspective propre mais aussi celle des autres, et elle est capable d'en effectuer la comparaison. De même, l'adolescent prend conscience qu'il peut être lui-même l'objet de la pensée d'autrui. Cela lui permet de construire une image nuancée de son monde social, un monde dont il s'avère désormais capable de saisir la complexité des relations interpersonnelles.

Chapitre IV

Le développement moral

L'insertion sociale et la socialisation peuvent être considérées, dans le cadre d'une approche cognitiviste et structurale du développement, comme une construction progressive intégrant à chaque étape diverses composantes de l'adaptation du jeune à son environnement. L'une de ces composantes consiste en l'organisation progressive des représentations et des conduites (Maryniak, 1988). Il faut donc accorder une place particulière au développement du jugement moral. Les règles morales, bien que ne représentant qu'un aspect partiel du développement, sont en effet associées aux notions de normes et de lois, qui permettent de repérer des phénomènes généraux de l'activité psychologique et des processus tels que le contrôle des conduites et les procédures et stratégies mises en œuvre dans les situations problématiques.

Jugement moral et comportement

La morale peut être approchée soit en tant que système de règles, et donc d'organisation cognitive conduisant à déterminer ce qu'il est bon de faire (en distinguant toutefois d'une part le devoir, d'autre part le bien et le mal), soit en tant que règles que suivent les hommes et qui déterminent leurs modes de vie, leurs comportements et leurs mœurs. La conduite morale peut alors être considérée comme un engagement dans la conformité rendant compte d'une capacité de décision et d'un libre arbitre qui postulent l'intériorisation et la négociation des règles au début de l'adolescence (Maryniak, 1990 ; Hausman, 1984 ; Hirschi, 1969). On fait ici l'hypothèse d'une relation entre le moi, les représentations de la personne et le respect des normes. On suppose également que la conduite morale repose sur une éducation, elle-même en relation avec la conscience de soi à travers :

– *la maîtrise de la temporalité,* qui est essentielle pour la construction de l'identité (continuité et organisation des souvenirs, stabilité et cohérence de l'image de soi),

– *les interrelations avec autrui,* qui entraînent la genèse et la prise de conscience des relations sociales

– et *l'apprentissage de la liberté,* qui permet l'intériorisation des normes et la capacité d'en proposer de nouvelles (Furter, 1972).

Le déroulement du progrès moral de l'adolescent ne consiste pas, cependant, en une succession simplificatrice d'une morale imposée par l'autorité, à une autre consentie et fondée sur la coopération. Cette évolution s'effectue par le jeu de hiérarchisations et de réajustements successifs entre les conduites et les normes qui les dirigent. C'est à l'approche des jugements moraux et des systèmes auxquels ils appartiennent que s'adonne la psychologie morale (Moessinger, 1989), le courant cognitivo-développementaliste portant moins sur les actions que sur les conceptions et la pensée morale, et celui relatif aux apprentissages, s'intéressant plutôt aux conduites (Coslin, 1999).

Comme le rappelle Bideaud (1980), les théories les plus complètes du jugement moral sont celles de Freud, de Piaget (1932) et de Kohlberg (1958). La perspective freudienne considère que le jugement moral s'acquiert par une intériorisation progressive des règles culturelles à travers un processus d'identification, où la culpabilité de l'enfant d'une part, le système récompense-punition de l'adulte d'autre part jouent un rôle primordial. L'accès à la moralité s'effectue donc à travers l'intervention de l'autre. Cette perspective est assez proche de celle des sociologues qui avancent l'idée d'un processus d'apprentissage pour expliquer *le passage de l'a-moral au moral,* apprentissage ici intégré dans le développement global psychoaffectif. Comme le constate Tournois (1990), un individu se comporte de façon morale quand il a appris à introjecter ses concepts moraux. La seconde perspective s'inspire de la théorie piagétienne. Ce seraient des mécanismes proches de ceux qui sont à l'œuvre dans le développement cognitif qui permettraient d'appréhender le développement moral à partir d'une série de transformations d'attitudes primitives. Le modèle interne résulterait de la construction active du sujet au sein de l'interaction sociale à travers des processus de décentration. La correspondance entre développement cognitif et développement moral apparaîtrait, tant au niveau des stades du développement, qu'à celui des relations, entre la réussite aux épreuves de raisonnement logique et les niveaux de « moralisation ».

La perspective freudienne

Dès 1914, Freud définit l'*idéal du moi,* instance autonome qui propose au sujet un modèle auquel il peut se conformer, modèle où s'agrègent l'appréciation narcissique et l'identification aux parents. L'idéal du moi confronte

l'enfant à une image de soi qui peut être aimée et désirée par l'autre, en particulier le parent. L'enfant doit se conformer à cette image narcissiquement
valorisée et à celle renvoyée par l'amour parental. Une telle instance n'est pas
censurante. Ce n'est qu'avec l'introjection des exigences des parents que le
surmoi apparaît en tant qu'instance censurante, faite d'interdits et de jugements moraux (Smirnoff, 1978). Le concept de surmoi, différenciation d'une
partie du *moi*, correspond aux forces répressives rencontrées par le sujet au
cours de son développement, s'opposant à la gratification inconditionnelle des
pulsions. Externes au sujet, à l'origine, ces forces sont intériorisées, et donc
vécues comme internes, et non comme imposées de l'extérieur. Le moi est
obligé de tenir compte de ces forces, comme d'ailleurs des dangers extérieurs,
ce qui le conduit à renoncer à satisfaire certaines pulsions (Freud, 1939). Ce
renoncement provoque du déplaisir, mais aussi une sorte de satisfaction compensatrice dans la mesure où il est vécu comme un acte méritoire. Du fait de
son intériorisation, le surmoi est indépendant du milieu extérieur et peut provoquer des conflits intra-psychiques, soit qu'il s'oppose aux gratifications
pulsionnelles issues du *ça*, soit qu'il se mette en contradiction avec les défenses opposées à ces pulsions par le moi.

L'éducation parentale inculque à l'enfant certaines façons de pensée et
d'agir. Ces principes éducatifs sont fonction de leur propre surmoi. Succes-
seur et représentant des parents, image du surmoi parental, le surmoi de
l'enfant continue à exercer ce contrôle, pratiquant une pression constante.
C'est autour du conflit œdipien que se manifestent les premières forces
répressives du *tiers personnage* qui s'interpose entre le désir du sujet et l'objet
de ce désir. Support de l'interdiction symbolique du désir œdipien, le père
s'avère l'étai de toute instance morale. La Loi dont il est dépositaire est intériorisée par l'enfant par un mécanisme identificatoire. Les modalités de fonctionnement du surmoi sont donc en étroite relation avec la manière dont s'est
résolu le conflit œdipien. C'est l'autorité parentale introjectée dans le moi qui
forme le noyau du surmoi. La présence effective de l'adulte n'est alors plus
nécessaire, puisque la culpabilité de l'enfant peut se référer à un modèle inté-
riorisé. Idéal du moi et surmoi sont deux instances complémentaires, l'une
fondée sur les qualités requises pour être aimé, l'autre sur les exigences issues
des interdits.

Surmoi et conscience morale

Dans la perspective freudienne, l'activité du surmoi se manifeste dans les conflits
avec le moi sous la forme d'émotions se rattachant à la conscience morale
(Lagache, 1955). Le surmoi ne se confond pas cependant avec la conscience
morale. Contrairement à cette dernière qui est de l'ordre de l'éthique, le surmoi est de l'ordre de la métapsychologie. Il inclut des éléments inconscients,
et les interdictions qui en émanent se rattachent au passé infantile du sujet et
peuvent se trouver en conflit avec les valeurs morales qu'il professe (Rycroft,
1968 ; Smirnof, 1978). En partie formé de l'introjection de sentiments nés du

conflit œdipien, le surmoi a des origines plus précoces en tant que « dimension inconsciente et fantasmatique du rôle interdicteur et destructeur des parents » (Smirnoff, 1978, p. 104). Ce précurseur du surmoi se manifeste, selon Mélanie Klein, à travers les fantasmes de morcellement et d'annihilation, qui semblent jouer un rôle important dans la construction des relations unissant le très jeune enfant aux objets parentaux.

Réorganisation structurale à l'adolescence

Le surmoi n'est pas une formation psychique définitive dans la mesure où il intègre au cours du développement, et plus particulièrement lors de l'adolescence, les valeurs éthiques, religieuses et éducatives véhiculées par la culture. Il n'en est pas pour autant une simple réalité culturelle dans la mesure où il reflète le jeu des fantasmes inconscients. L'adolescence marque la rupture de l'équilibre relatif qui régnait entre le ça, le moi et le surmoi à la fin de la période de latence, rupture occasionnée par le renforcement pulsionnel du ça, qui conduit le moi à se transformer pour rétablir l'équilibre. Dans un premier temps, le moi s'affranchit de l'emprise du surmoi empreint des attachements œdipiens ; parallèlement, le surmoi est le lieu de conflits internes entre normes de l'enfance issues du surmoi des parents et normes proposées par le nouvel environnement du jeune. Il y a alors oscillation entre un moi culpabilisé par l'ancien surmoi et ce que Spiegel appelle un *moi pseudo-émancipé* soutenu par une partie du surmoi. L'idéal du moi qui contient les attributs que le moi cherche à atteindre serait en quelque sorte cette substructure du surmoi particulièrement remaniée à l'adolescence. Cet idéal du moi va servir de modèle à l'individu et, selon sa plus ou moins grande conformité avec la représentation qu'a le jeune de lui-même, il conduira à une estime de soi plus ou moins bonne. L'adolescence est enfin la période où le moi idéal est réinvesti, cet idéal primaire narcissique de toute puissance inconditionnelle qui serait, selon Lagache, à l'origine de ces rêveries mégalomaniaques qui tendront à disparaître avec la fin de l'adolescence (Rocheblave-Spenlé, 1969).

La perspective piagétienne

Dans la perspective cognitivo-développementale piagétienne, qui est également celle de Kohlberg à l'origine, le jugement moral se développe à travers des transformations d'attitudes primitives, selon des mécanismes proches de ceux à l'œuvre dans le développement cognitif. Le modèle interne qui résulte de la moralisation est, selon Bideaud, le produit d'une construction active du sujet au sein de l'interaction sociale, à travers des processus de décentration. Il y aurait donc une relative correspondance entre développement moral et développement cognitif, ce qui conduit à déterminer des étapes dans l'évolution du jugement moral.

C'est dans un ouvrage intitulé *Le jugement moral chez l'enfant* que Piaget, en 1932, étudie le développement de la compréhension des contraintes régissant le fonctionnement de la société dans laquelle vit l'enfant. Piaget analyse ainsi en fonction de l'âge l'évolution de l'acceptation et de la compréhension du jeu de billes et le développement du jugement moral et du sentiment de justice, tant à partir des règles morales prescrites par l'adulte qu'en fonction des rapports des enfants entre eux. L'essentiel de l'analyse piagétienne peut être présenté en référence à la recension réalisée par Bideaud (1978).

Des règles du jeu de billes au jugement moral

Quatre étapes dans l'acquisition des règles sont mises en évidence, par l'observation d'enfants d'un an et demi à 12 ans. La première (avant 2 ans) concerne les simples régularités individuelles, exercices de schèmes d'actions plus ou moins ritualisés que l'on peut qualifier de règles motrices individuelles. La deuxième (entre 2 et 5 ans) a trait à l'imitation égocentrique des grands. Que l'enfant joue seul ou avec d'autres, il n'y a ni compétition, ni manière de jouer uniforme. La troisième voit naître la coopération. La compétition, le désir de gagner et un souci d'unification des règles apparaissent vers l'âge de 7 ans. L'acceptation des règles reste cependant flottante. Lors de la dernière étape, vers 11/12 ans, l'intérêt porte sur la règle elle-même. Les parties sont structurées et réglées minutieusement.

Ces observations montrent bien l'émergence d'une conscience de la règle qui est analysée en fonction de l'âge. Avant le stade égocentrique (vers 2/3 ans), il n'y a pas vraiment de règles, et l'enfant cherche à satisfaire ses intérêts. À partir du stade égocentrique, et jusque vers 9/10 ans (milieu du stade de la coopération), la règle est considérée comme intangible du fait qu'elle provient des adultes. Modifier la règle est alors vécu comme une transgression. Vers 10 ans, la règle se fonde sur le consentement mutuel, qui lui donne valeur de loi. Cette loi peut cependant être transgressée si la transgression rallie l'opinion générale. Elle n'émane plus des adultes dans l'esprit des enfants, qui la considèrent comme inventée par eux. Le sentiment d'obligation se fonde alors sur des interventions extérieures, les aînés pour le jeu, les parents pour la vie familiale. La conscience du devoir s'avère donc hétéronome, engendrant une morale de l'obéissance. Avec l'âge, tant la coopération entre enfants que la vie au sein de la société conduisent le sujet à la découverte du respect mutuel, qui lui-même le conduit à une nouvelle forme de sentiments moraux fondés sur la coopération.

De la morale du devoir à la morale du respect mutuel

Les différentes formes du jugement moral sont abordées par Piaget, non à travers les comportements des enfants, mais à partir de récits décrivant diverses situations (maladresse, mensonge, petit délit, etc.), où intervient la notion de justice. L'enfant est ainsi appelé à comparer deux situations dont l'une entraîne un préjudice assez grave, causé involontairement, et l'autre un préjudice léger, mais volontairement provoqué. Deux attitudes peuvent coexister jusqu'à l'âge de 10 ans : une attitude de réalisme moral où les actes sont évalués en fonction du résultat matériel, indépendamment des intentions (par exemple, il est plus « vilain » de casser accidentellement dix assiettes que d'en casser une seule exprès) ou une attitude où seule compte l'intention. Le réalisme moral semble pouvoir être associé aux contraintes imposées par les adultes et aux formes primitives du respect unilatéral. L'évolution se fait vers la compréhension d'une règle mutuelle.

Trois stades peuvent être distingués à propos des jugements des enfants relatifs aux sanctions et à la responsabilité. Le premier, caractérisé par l'indifférenciation entre le juste et l'injuste, s'étend jusqu'à la septième année. Ce qui est juste, c'est ce qui est imposé par l'adulte, et la sanction immanente est considérée comme l'expression même de la justice. Le deuxième stade s'étend jusqu'à 12 ans. Il voit le développement progressif de l'autonomie et le primat de l'égalitarisme sur l'autorité. La sanction par réciprocité tend à remplacer la sanction expiatoire. La punition doit faire prendre conscience au coupable de la portée de ses actes. La justice égalitaire se développe aux dépens de la soumission à l'autorité. Une justice distributive est évoquée pour, dans certains cas, s'opposer à l'obéissance. Le troisième stade débute vers la douzième année, conduisant à une forme supérieure de la réciprocité fondée sur une équité qui ne trouve plus son fondement dans la simple égalité mais dans la relativité des comportements. La moralité enfantine évolue de l'hétéronomie vers l'autonomie morale grâce au développement des capacités de décentration et de prise en considération du point de vue de l'autre. Deux morales s'opposent ainsi dans le domaine de la justice : la morale du devoir et de l'obéissance, qui conduit à la confusion de ce qui est juste avec le contenu de la loi établie ; et la morale de l'autonomie et du respect mutuel, qui conduit au développement de la notion constitutive de la réciprocité et de la justice distributive (Bideaud, 1980).

Développement intellectuel et évolution morale

Il existe pour Piaget un parallélisme entre le développement intellectuel et l'évolution morale, la morale apparaissant comme « une logique des valeurs ou des actions entre individus, comme la logique est une sorte de morale de la pensée » (Piaget, 1964, p. 72). De 3 à 7 ans, la mentalité de l'enfant est égocentrique. Il y a alors indissociation du moi et du non moi, du sujet et de l'objet. Le réalisme moral règle son comportement social. Un premier type de contrôle logique et moral se constitue à travers les rapports de contrainte, de respect unilatéral qui se nouent entre les adultes et l'enfant. Cette attitude de soumission à l'adulte sera corrigée par les conduites coopératives qui vont s'exercer, tant dans le domaine de l'intelligence que de la morale. Les relations impliquées ne sont plus alors unilatérales. La coopération est source de critiques qui aident à refouler la conviction spontanée propre à l'égocentrisme, engendrant réflexion et vérification objective. Ceci est vrai aussi bien dans le domaine de la logique que dans celui de la morale. C'est la coopération « qui par la comparaison mutuelle des intentions intimes et des règles adoptées par chacun conduit l'individu à juger objectivement des actes et des consignes d'autrui, y compris des adultes » (Piaget, 1964 p. 327). C'est ce qui, dit Bideaud, conduit au déclin du respect unilatéral, au profit du respect mutuel et du jugement personnel. L'obéissance cède le pas au service mutuel et à la notion de justice.

Kohlberg et les travaux qui en découlent

De nombreux travaux ont pris pour base la théorie piagétienne. Kohlberg (1958, 1963, 1968) s'en inspire directement, posant que l'intériorisation des règles morales est la conséquence d'une série de transformations d'attitudes et de conceptions primitives, parallèles au développement cognitif.

Le jugement moral est déterminé à travers des tâches de résolution de problèmes moraux qui soumettent le sujet à plusieurs dilemmes qu'il est appelé à résoudre et pour lesquels il doit expliciter son raisonnement. L'un de ces dilemmes, par exemple, pose le cas d'un homme pauvre dont la femme est gravement malade. Il existe bien un médicament mis au point par un biologiste, mais ce dernier en demande un prix équivalent à dix fois sa valeur réelle. L'homme a-t-il le droit de voler ce médicament ? L'argumentaire proposé par le sujet est rapporté à l'un des six stades regroupés selon trois niveaux :

– *le niveau de la pré-moralité* où, malgré la présence de quelques éléments de réciprocité dans les interactions sociales, l'objectif principal n'en est pas moins le bénéfice individuel ; deux stades correspondent à ce niveau : *stade 1*, qui est orienté vers la punition et la récompense (ce sont alors les conséquences de l'action qui déterminent sa valeur), et le *stade 2*, qui est orienté vers un relativisme instrumental, où le droit doit d'abord satisfaire le sujet lui-même ;

– *le niveau de la moralité conventionnelle* caractérisé par le besoin de se conformer aux attentes perçues chez autrui, orienté vers la loi et l'ordre, mais toujours pour le bénéfice propre ; à ce stade, la solidarité entre pairs implique une conception égalitaire de la justice ; deux niveaux sont à distinguer : le *stade 3*, qui est celui de la concordance interpersonnelle où la conduite « correcte » est celle que les autres approuvent (l'enfant désire être « bon » et reconnu comme tel), et le *stade 4*, qui est marqué par une orientation au regard de l'autorité, et ce pour le bénéfice propre ;

– *le passage de la justice égalitaire à une forme supérieure de la réciprocité*, où l'adhésion personnelle aux principes moraux se fonde sur un idéal humanitaire ; deux niveaux sont à considérer : le *stade 5*, orienté vers l'acceptation démocratique de la loi dans une perspective de contrat inter-individuel, et le *stade 6*, où apparaît une prise de conscience individuelle des principes dont les concepts clés sont ceux de justice, de réciprocité, d'égalité et de dignité.

Kohlberg et ses successeurs postulent ainsi l'existence de structures morales dont le développement aurait les caractéristiques suivantes :

- *invariance* et *hiérarchie* : le jugement moral progresse de manière invariante, les six stades sont logiquement ordonnés, les plus élevés étant conceptuellement plus avancés que ceux qui les précèdent ;
- l'atteinte d'un stade donné correspond à la *restructuration* des éléments du niveau précédent et non à un processus additif de développement ;
- *universalité* : quelle que soit la culture, les individus utilisent les mêmes principes moraux et franchissent les stades dans un ordre identique ;
- *corrélation étroite entre le développement moral et le développement cognitif*, l'atteinte des stades de la pensée logico-mathématique étant une condition nécessaire (mais non suffisante) à l'atteinte des stades du développement moral.

L'après Kohlberg

Parmi les successeurs de Kohlberg, Rest (1975) a cherché à codifier de manière systématique les dilemmes inspirés de Kohlberg. Il a mis au point le *Defining Issues Test* (DIT) qui présente au sujet six dilemmes moraux assortis de 12 affirmations qu'il doit évaluer et classer en fonction de leur importance pour la décision à prendre.

Considérant que les valeurs sur lesquelles s'appuient les travaux de Kohlberg et de ses disciples sont typiquement masculines, Gilligan (1982) a mis au point un matériel spécifiquement destiné aux personnes du sexe féminin, non plus fondé sur une éthique de justice, mais plutôt sur une morale de sollicitude. Tout problème moral pourrait être appréhendé selon ces deux perspectives qui seraient adoptées alternativement. Comme le remarque Bègue (1998), l'antithétie des deux orientations est cependant discutable. Il semble préférable d'y voir une différence de degré, s'appuyant sur les travaux relatifs à l'empathie, qui suggèrent plus une possibilité d'intégration qu'une réelle disjonction des composantes. Il n'en est pas moins vrai que différents outils ont été mis au point dans les années 1990 pour évaluer chacune des « deux morales ». Pour Bègue, la question se pose alors des relations de la morale avec le genre des individus, avec les différences dispositionnelles des hommes et des femmes, des garçons et des filles. Les travaux entrepris dans cette perspective différentielle conduisent à des résultats hétérogènes qui incitent à s'interroger sur les interactions du style de jugement moral avec d'autres variables : les stratégies de rôle, les dispositions sociales, les situations socio-économiques, l'éducation, l'âge, etc. Le débat théorique est des plus vifs.

Bien que très intéressant, le modèle de Kohlberg est en partie contredit, tant par des faits expérimentaux que par des faits de vie réelle, tels que la généralisation des conduites déviantes et délinquantes à l'adolescence. Plusieurs études montrent en effet que la norme de responsabilité sociale est bien intégrée, dès l'âge de six ans, lorsqu'il s'agit de porter des jugements, hors de toute situation réelle, par exemple, quand on lui demande s'il serait prêt à accorder son aide à un camarade dans le besoin sans rien en attendre de retour. Mais, si l'on place le sujet dans une situation expérimentale où ses propres demandes d'aide ont été préalablement rejetées, il ne se réfère plus à la norme de responsabilité sociale et subordonne au contraire ses conduites pro-sociales à la réciprocité (Bryan et Walbek, 1970 ; Harris, 1970 ; Coslin, Denis-Pradet et Selosse, 1972 ; Peterson, Hartmann et Gelfand, 1977). L'évolution avec l'âge conduirait toutefois à une meilleure conformité du jugement et de la conduite, bien qu'à tous les âges, y compris lors de l'adolescence, la norme de réciprocité soit encore utilisée.

Pour expliquer ces faits, Turiel (1974, 1977) fait l'hypothèse que le passage du niveau 2 au niveau 3 de Kohlberg ne serait pas continu lors de l'adolescence. Il comporterait une phase de déséquilibre au cours de laquelle les modes de jugement et les modes de conduite seraient réévalués. L'origine de ce déséquilibre est double : d'une part, les rapports nouveaux s'instaurant entre les exigences individuelles et sociales, et d'autre part, la mise en question des prescriptions morales universelles. Il en résulterait un double jeu de la norme de réciprocité :

– si le corps social ne répond pas aux attentes individuelles, il est sanctionné par des conduites d'opposition et de révolte,
– s'il y a aide, celle-ci n'est accordée qu'au groupe des pairs, qui fait corps momentanément avec la révolte individuelle en répondant aux attentes d'approbation et de réconfort.

C'est lorsque cette période de déséquilibre est accentuée et qu'elle se prolonge ou se résout négativement que s'inscrivent les déviances. Les passages à l'acte sont susceptibles de prendre des formes différant par leur signification et leur gravité selon deux facteurs : la norme de *responsabilité sociale*, et donc les modèles éducatifs, peut être plus ou moins affectée, et la *norme de réciprocité* être plus ou moins assumée au niveau de la prise en compte des possibilités de sanctions sociales en retour et de la précarité des liens du groupe. La délinquance offre alors un terrain privilégié pour l'approche des relations entre jugement moral et conduite (Blasi, 1980 ; Coslin, 1999).

Apprentissage social et internalisation des valeurs morales

Dans la perspective de l'apprentissage social, le comportement moral est un comportement comme les autres, influencé par des forces activées en fonction de conditions internes et externes. Ce comportement s'explique alors soit par des *mécanismes de conditionnement*, qu'il soit supposé pavlovien chez Eysenck (1970) ou instrumental chez Liebert (1984), soit par l'*imitation de modèles* dans la perspective neo-behavioriste de Bandura (1980).

Le processus d'apprentissage par observation est présenté par Bandura (1991) comme l'alternative à la théorie des stades. Dans cette perspective, l'évolution morale est moins liée à l'âge et au développement cognitif qu'à l'exposition du sujet à des modèles adéquats. L'acquisition de l'intentionnalité peut en effet être provoquée expérimentalement chez des enfants de 7 ans, c'est-à-dire bien avant la période décrite par les piagétiens. Cette acquisition expérimentale est durable et généralisable à différentes situations (responsabilité subjective, conduites altruistes, etc.). Les adultes, les parents en particulier et, à un moindre niveau, les pairs exerceraient une influence certaine sur la moralité enfantine, car les enfants adoptent spontanément des types de raisonnement similaires à ceux des parents (Bègue, 1998). L'autorenforcement serait également primordial en ce qu'il permettrait l'intériorisation des apprentissages par observation et, donc, la cohérence des positions prises par l'individu. L'autorenforcement conduirait à l'établissement d'un système autorégulateur présidant au comportement moral, modulé cependant par des facteurs circonstanciels influençant l'activation ou le désengagement du contrôle moral. Ces perspectives ne sont cependant pas en réelle contradiction avec les modèles piagétien et kohlbergien dans la mesure où ils sont limités par un effet plafond, qui fait que les enfants doivent avoir atteint un niveau cognitif déterminé pour comprendre certains types de raisonnements moraux.

Une autre critique des travaux de Bandura s'avère également intéressante. Hoffman (1983) considère que l'acquisition des normes morales serait liée au type d'interactions disciplinaires entre parents et enfants. Avant 10 ans, les parents chercheraient à obtenir de l'enfant des comportements qu'il ne présente pas spontanément, par des techniques d'assertion du pouvoir (coercition physique, intimation d'ordres avec renforcements positif et/ou négatif, par exemple), de marchandage affectif (menace du retrait de l'affection portée) et d'induction par la mise en exergue des conséquences du comportement de l'enfant. L'affirmation du pouvoir semble exercer un effet négatif sur l'acquisition des normes morales. La menace du retrait d'affection s'avère inopérante. Seule l'induction paraît être efficace, dans la mesure où elle focalise l'attention de l'enfant sur les conséquences de sa conduite sur autrui, et non pas sur les effets qui pourraient en découler pour lui-même. Les injonctions parentales ne seraient alors pas vécues comme arbitraires par l'enfant, qui internaliserait mieux la norme morale que si elle lui était imposée par peur de la punition. L'induction éveillerait des effets empathiques, et en particulier la culpabilité. Ce type d'intervention parentale resterait efficace, même en l'absence des parents, du fait de son encodage mnémonique différentiel. Les caractéristiques contextuelles de l'événement seraient stockées par la mémoire épisodique, mais c'est la mémoire sémantique qui conserverait sa signification et sa dimension informationnelle sous forme de connaissances. La distinction opérée entre les aspects circonstanciel et informationnel de l'événement aurait pour conséquence une intériorisation affectivement chargée de la norme morale, qui ne serait plus attribuée aux parents mais à soi (Bègue, 1998).

Autres approches

Deux autres perspectives sont proposées par Bègue dans sa recension des théories relatives à la psychologie morale : l'approche dialectique de Hogan et les orientations éthiques individuelles.

Le modèle mis au point par Hogan (1973, 1974) articule cinq dimensions de la personnalité et de la conduite morale : la connaissance morale, la sociali- sation, l'empathie, l'autonomie et une composante du jugement moral. La *connaissance morale* se réfère à l'apprentissage des règles impliquées par le jeu social qui, lié à l'intelligence, à l'histoire personnelle et à la désirabilité sociale, est à l'origine du contrôle de soi. La *socialisation* correspond à l'inté- riorisation des règles et à la capacité de s'interroger sur leur signification. L'*empathie* permet de percevoir les situations du point de vue de l'autre. L'*autonomie* donne au sujet la possibilité de se dégager des pressions exer- cées par les autres pour exercer librement son jugement moral. Enfin, la com- posante du jugement moral retenue par Hogan correspond à la dimension opposant *l'éthique de responsabilité sociale* à *l'éthique personnelle*. L'agen- cement optimal de ces cinq dimensions correspondrait à la maturité morale.

Pour Forsyth (1980), c'est un système global d'éthique personnelle qui est à l'origine des valeurs, des croyances et des attitudes individuelles. Il serait ainsi possible de situer toute personne dans quatre catégories en fonction de son idéologie éthique. Cette affectation serait liée à son degré de relativisme/ universalisme (croyance en la possibilité ou non de formuler des préceptes universaux) et à son degré d'idéalisme/pragmatisme (croyance ou non en la nécessité d'une attention absolue au bien-être de l'autre). Il en résulte une taxonomie des idéologies éthiques obtenue par le croisement de ces deux dimensions (Forsyth, 1980, cité par Bègue, 1998) :

– *universalisme* et *pragmatisme* conduisent aux sujets *exceptionnistes*, dont le jugement est orienté par des absolus moraux, mais il y a toujours possibilité d'une entorse pragmatique aux règles ;
– *universalisme* et *idéalisme* conduisent aux *absolutistes*, qui pensent que le meilleur résultat moral correspond au suivi des règles morales universelles ;
– *relativisme* et *pragmatisme* conduisent aux *subjectivistes*, qui se fondent sur des valeurs et des perspectives personnelles plutôt que sur des princi- pes universels ;
– *relativisme* et *idéalisme* conduisent aux *situationnistes*, qui rejettent les règles morales, considérant que chaque situation nécessite une analyse singulière.

Les adolescents face aux déviances

Une autre façon d'aborder le développement moral consiste à analyser les attitudes des jeunes face aux comportements déviants. Devant le passage à l'acte, un adolescent doit prendre une décision : agir ou s'abstenir. Plusieurs facteurs sont alors susceptibles d'influencer son choix, dont son « jugement moral » qui peut le dissuader de passer à l'acte. La morale correspond à ce que chaque individu considère comme le bien et le mal. Le jugement moral est ici considéré à travers la mise en relation entre une situation donnée et la notion de bien et de mal propre à chacun, qui débouche sur l'appréciation de la situation et, en conséquence, sur l'éventualité de l'action.

Pour Turiel (1974) et Rest (1980), le développement moral est soumis à des variations interpersonnelles, à des régressions et doit être abordé dans le contexte des relations sociales du sujet. Coslin (1999) le situe, dans cette perspective, dans la construction active du sujet au sein de l'interaction sociale. Bideaud (1980) insiste sur la notion de variabilité individuelle dans l'application du jugement moral, soulignant avec Coslin, Denis-Pradet et Selosse (1972), que les jugements moraux et les conduites pratiques ne vont pas forcément de pair. Mais le sens attribué au caractère « moral » s'avère souvent moins restreint chez les adolescents. Michaux (1972) constate ainsi que, pour beaucoup de jeunes, il y a une confusion entre ce qui est « bien » et ce qui est permis, voire ce qui échappe aux sanctions, et entre ce qui est « mal » et ce qui est interdit.

Il s'avère dès lors intéressant d'aborder la réaction des adolescents face à des comportements délinquants ou criminels. Comment réagissent-ils devant ces conduites qualifiées par la loi de délits ou de crimes ? Comment expliquent-ils leur réaction ? Cette double interrogation conduit à se demander ce qui, pour des jeunes invités à donner leur opinion sur des infractions à la loi, prime de *l'acte* ou de *la personne qui présente la conduite*, d'où la nécessité de distinguer l'*appréciation de la gravité du comportement* du *désir de sanctionner la personne l'ayant présenté*.

Jugements de gravité et attributions de sanction

L'approche des attitudes face aux délits et aux crimes peut s'effectuer à travers l'appréciation de la gravité des conduites et l'attribution des sanctions résultant du passage à l'acte. L'estimation de la seule gravité des conduites favorise un palier abstrait de discours, où émergent principalement les attitudes spontanées et globales découlant d'une image monolithique des déviances. L'attribution de sanctions induit un palier concret de discours, qui certes prend en compte la nature de l'acte commis, mais s'inspire aussi des caractéristiques du délinquant et de sa victime, de l'intentionnalité du passage à l'acte, de ses conséquences et des circonstances aggravantes ou atténuantes. Estimations de gravité et attributions de sanctions sont donc en constante interaction.

Quelle qu'en soit la gravité, un acte peut en effet paraître plus ou moins excu-
sable en fonction de ce qui caractérise l'infracteur, et/ou de ce qui a trait aux
circonstances de l'infraction.

Concernant l'acte, trois raisons peuvent être avancées pour justifier sa qualification de délit ou de crime (Biron, Cussonet LeBlanc, 1978) : il viole la loi,
s'oppose aux droits des individus et menace le bien commun. La transgression
d'une limite légalisée, signifiée par une règle sociale, la loi, paraît être primordiale. Mais la loi n'est pas sans rapport avec le lieu et l'époque. Il en résulte
qu'une conduite ne sera jugée grave que si celui qui la juge est en accord avec
la loi concernant l'évaluation de cet acte. Les motivations associées au fait
que des individus sont lésés par le passage à l'acte varient selon la proximité
ressentie vis-à-vis de la victime. Ce qui importe ici, c'est le degré d'empathie
éprouvée pour la victime, et surtout l'identification à cette dernière, du fait
d'une communauté d'intérêts ou d'une menace ressentie de pouvoir être soi-
même victime. La défense du bien commun intervient aussi lorsque le passage
à l'acte paraît menacer la qualité de la vie sociale. En ce qui concerne non plus
l'acte mais l'acteur, la sévérité de la sanction dépend à la fois de la nature du
passage à l'acte, des caractéristiques du délinquant et de celles de celui qui est
appelé à juger. Ainsi, la nature, les conséquences et la gravité de la conduite
sont susceptibles d'influer sur la sévérité de la sanction.

Le statut du délinquant, son sexe, son âge et ses origines sociales sont des
facteurs intervenant dans l'attribution de la sanction. Les caractéristiques de
celui qui juge et l'interaction de ces caractéristiques avec celles de celui qui est
jugé vont également intervenir, porteuses ou non de sympathie, d'attachement,
de conflit ou d'hostilité. Par ailleurs, la punition peut ne pas être la conséquence
la plus souhaitable à la suite du passage à l'acte. Des mesures éducatives peuvent être préférées à une punition. C'est d'ailleurs l'esprit des textes législatifs
en ce qui concerne les mineurs. Le désir d'*éduquer plutôt que de punir* peut également être attaché aux caractéristiques de celui qui est jugé ou à celles du passage à l'acte. Le choix entre des mesures éducatives et des peines est à rattacher
aux finalités escomptées : faire cesser les comportements coupables, faire un
exemple vis-à-vis d'autres individus potentiellement capables de tels agisse-
ments, protéger la société ou se protéger soi-même. À mi-chemin entre une
sanction élevée et des pratiques rééducatives, se rencontre également une sanction atténuée suite à l'attribution de circonstances atténuantes. Cette atténuation
de la peine peut aussi être attachée à un partage de responsabilité entre l'acteur
et sa victime. En réalité, ce partage s'avère peu spontanément formulé ; il n'en
est pas moins fréquent car si le voleur est rejeté, le volé est éventuellement criti-
qué pour s'être mal protégé ; si la femme violée inspire la pitié, elle subit cependant le reproche d'avoir peut-être, sans le vouloir, motivé le passage à l'acte du
violeur par son comportement, son allure ou ses vêtements.

C'est dans cette optique que Coslin (1999) rapporte un ensemble de recherches destinées à cerner les attitudes des adolescents devant les déviances.
Un certain nombre de constats ressortent de ces travaux. Les uns sont relatifs

aux caractéristiques statutaires de milieu ou de sexe, d'autres sont propres à l'âge, d'autres enfin à la nature des infractions. Plusieurs interactions peuvent être constatées entre ces facteurs, en ce qui concerne les attributions de sanctions, les estimations de gravité, l'octroi de circonstances atténuantes et la prise en considération des victimes.

Dans un premier temps, ne sera prise en compte que la délinquance juvénile, c'est-à-dire des infractions contre les biens et les personnes (vols, recels d'objets volés, dégradations, menaces, racket, agressions physiques, etc.). Dans un second temps, l'attention portera sur des infractions plus graves, telles que les homicides, les vols à main armée et autres.

À propos des conduites délinquantes

Plusieurs faits peuvent être mis en évidence quant à *la variabilité de l'exposition et de la vulnérabilité sociale*, selon le milieu d'origine :

- les adolescents défavorisés jugent moins sévèrement les conduites délinquantes que leurs camarades plus aisés ;
  l'attribution de circonstances atténuantes est plus fréquente dans le milieu favorisé, mais, comme à attribution égale de ces circonstances, la gravité estimée est du même ordre pour tous les adolescents, seule leur prise en compte dans le milieu aisé tend à différencier les sujets ;
- l'attribution à la victime d'une part de responsabilité est nettement plus fréquente chez les jeunes issus de milieu défavorisé, ce qui, à gravité égale, permet une éventuelle justification des passages à l'acte ;
- l'ethnie du délinquant n'intervient ni au niveau des estimations de gravité ni à propos de l'attribution d'une part de responsabilité aux victimes, mais sa prise en compte conduit à accorder plus souvent le bénéfice de circonstances atténuantes aux étrangers.

D'autres faits sont relatifs au sexe : filles et garçons émettent des jugements semblables en matière de délinquance, bien qu'il soit parfois possible de relever une tendance à l'indulgence des adolescentes qui jugent des filles délinquantes, ou à leur sévérité concernant les violences sexuelles. Cette absence d'influence n'est cependant qu'apparente dans la mesure où, quel que soit leur sexe, les adolescents tendent à se montrer plus indulgents en faveur des filles délinquantes. C'est donc moins le sexe du sujet qui influence son jugement que le sexe de celui qui commet l'infraction.

L'approche de la délinquance en termes d'*estimation de gravité* permet également la mise en évidence d'interactions entre le sexe et le milieu : les filles de bas niveau socio-économique sont plus sévères que les garçons, alors que les adolescentes issues de milieu favorisé s'avèrent moins sévères. Ces résultats confortent la thèse des tenants de l'analyse stigmatique et celle des théoriciens des sous-cultures selon lesquelles la représentation d'un jeune délinquant est souvent celle d'un garçon de bas niveau socio-économique.

Ces études ont enfin montré qu'il n'y a pas d'influence globale de l'âge des sujets, mais qu'il existe une différence marquée des estimations selon l'âge de l'infracteur : la sévérité est plus grande tant à 15 qu'à 17 ans pour des délinquants supposés vieux de 16 et 18 ans.

L'âge intervient encore par le biais de l'octroi de circonstances atténuantes plus nombreuses chez les adolescents les plus âgés, et par la mise en avant de la responsabilité des victimes nettement plus évoquée par les plus jeunes. Le rôle de l'âge est donc fort complexe : c'est l'interaction entre l'âge de l'adolescent interrogé et celui du délinquant qui s'avère intéressante. La prise en compte de cette interaction conduit à introduire la notion d'âge propre à propos des attributions de sanction : la sévérité d'un adolescent est en effet plus élevée à l'égard d'un jeune de son âge (ou plus vieux tout au plus d'une année), et ce tous âges confondus.

Le statut socio-économique, primordial dans la désignation de la délinquance, est donc un facteur d'étiquetage plus important que le sexe. Ce critère n'est cependant pas seul à intervenir puisque, dans le milieu défavorisé, la sévérité des jugements diffère aussi selon le sexe. Catégorie sociale et sexe interagissent donc dans la représentation du délinquant. Mais si les garçons de milieu favorisé peuvent plus facilement s'identifier à l'infracteur que les filles, ils ne le font pas systématiquement, élaborant des défenses contre tout processus identificatoire, quand les actes commis leur paraissent inacceptables. Pour les filles de milieu favorisé, l'identification à un délinquant est moins facile du fait de l'intervention du critère sexe. Les garçons défavorisés peuvent en revanche s'identifier aisément aux délinquants. Le processus identificatoire est en effet facilité par la proximité des caractéristiques de leurs statuts sociaux. Le sexe intervient toutefois, rendant l'identification moins facile pour les filles, d'où leur tendance à une sévérité accrue.

Il apparaît en outre que les adolescents, quels que soient le sexe, l'âge et le milieu d'appartenance, manifestent souvent une certaine indulgence dans leurs jugements. Il y aurait mise en place d'identifications de jeunes sur d'autres jeunes, manifestant un sentiment d'appartenance à une catégorie sociale particulière : la jeunesse. Ce sentiment s'avérerait prévalent sur les caractéristiques statutaires discriminantes. Peut-être s'agit-il là de manifestations défensives qui ne sont pas sans rappeler ce besoin d'adhérer à des groupes de pairs (Blos, 1962). On comprend alors l'absence apparente de différences directement attribuables à l'âge ou au sexe, d'autant plus que l'analyse des justifications proposées par les sujets vont également dans ce sens. Ces justifications sont attachées au désir d'agir sur la réalité ou de la nier, au besoin de se valoriser auprès des camarades. Il y a mise en avant du manque d'attrait de ce qui est offert aux jeunes par la société et des difficultés à vivre des adolescents. Les facteurs familiaux sont cependant prégnants dans l'explication de la délinquance, loin devant les concomitances personnelles et sociales.

Si les adolescents font preuve d'attitudes compréhensives vis-à-vis des jeunes délinquants, ce n'est pas pour autant qu'ils acceptent leurs conduites.

Les estimations de gravité varient selon la nature des infractions. Concernant les *attributions de sanctions*, les atteintes contre les personnes sont nettement différenciées de celles relatives aux biens, et la hiérarchie observée au niveau des estimations de gravité démarque les conduites agressives des atteintes contre les biens. Ces dernières sont perçues avec une relative indulgence, liée aux circonstances atténuantes et à la mise en cause de la société. La modulation des estimations relatives aux atteintes contre les personnes tient plutôt à la mise en cause des victimes :

- le nombre de circonstances atténuantes double quand on passe des conduites agressives aux atteintes contre les mœurs, pour doubler encore quand on arrive aux atteintes contre les biens ;
- vols et vandalismes sont perçus comme réactionnels à la violence sociale et aux inégalités dont souffre la société ;
- l'attribution d'une part de responsabilité à la victime est relativement fréquente en ce qui concerne les conduites agressives ; elle est exceptionnelle en ce qui concerne les atteintes contre les biens.

La norme de responsabilité sociale n'en est pas moins présente chez certains des adolescents, même si elle y coïncide avec des arguments anti-institutionnels, renvoyant à un niveau particulier de réciprocité, selon laquelle la société doit être punie pour sa non-correspondance aux attentes individuelles. La norme de réciprocité reste marquée chez les plus jeunes. Elle s'y manifeste plutôt à travers les jugements moraux que dans de réelles attitudes, où intervient aussi la responsabilité sociale. Il semble y avoir coexistence des deux normes lors de l'adolescence, de même qu'il y a coexistence de plusieurs niveaux de jugement moral.

À propos de la criminalité juvénile

Comme la délinquance, les crimes contre les biens entraînent une relative indulgence, si on les compare aux crimes contre les personnes. Le fait n'est pas étonnant : l'adolescent se sent plus ou moins proche de celui qu'il doit juger ; mais il peut aussi éprouver de l'empathie pour la victime. Dans cette perspective, une atteinte purement matérielle est plus supportable qu'une atteinte sur son propre corps, compte tenu de la fantasmatique sous-jacente. Estimations de la gravité des conduites et attributions de sanctions à l'infracteur sont nettement différenciées par les jeunes. L'indulgence est toujours plus marquée lorsque c'est l'individu qui est jugé, et non pas son comportement. Cette moindre sévérité peut s'expliquer par le fait que les adolescents se sentent plus impliqués par leur choix lorsque celui-ci concerne directement une personne, même si c'est au niveau de l'imaginaire. Les jeunes peuvent aussi différencier la gravité de l'acte de la sanction du coupable par l'introduction de circonstances atténuantes, ou encore du fait de leurs propres attitudes devant le phénomène criminel, tel le désir de réinsérer le coupable au sein du corps social.

Il semble également intéressant d'analyser la modification d'attitudes à travers la relation entre le juge et le jugé. Ce n'est cependant pas toujours le cas. On a vu, à propos des délits, que le sexe pouvait permettre une identification partielle de celui qui juge sur celui qui passe à l'acte. En ce qui concerne les conduites criminelles, les filles manifestent pourtant une notable indulgence, comparées aux garçons. Cette moindre sévérité est peut-être attachée à l'aspect maternant du caractère féminin, qui conduirait à l'indulgence par un désir d'aider plutôt que de punir. Le phénomène est complexe et montre certainement ici encore l'interaction de l'âge et du sexe.

L'identification à la victime n'en est pas moins complexe : si les adolescentes sont d'autant plus sévères vis-à-vis de conduites criminelles qu'elles s'en estiment également les victimes potentielles, ce n'est pas le cas des garçons qui se montrent particulièrement sévères tout en se sentant très différents des victimes. Il y a alors différenciation des processus en jeu selon le sexe : la fille sanctionne la conduite criminelle dans la mesure où celle-ci lui fait peur ; le garçon la sanctionne dans la mesure où il se défend d'éventuelles tendances au passage à l'acte. Ces tendances seraient favorisées justement par le fait de ne pas se sentir concerné par le rôle de victime. Extéro-détermination et incompatibilité de rôle font que c'est la potentialité et la peur de leurs propres comportements qui conduisent en partie les garçons à une sévérité du même ordre que celle des filles.

Chapitre V

L'insertion scolaire et professionnelle

En France, actuellement quelque six millions de jeunes fréquentent des établissements scolaires du second degré. Choquet et Ledoux (1994) présentent les traits saillants de cette population. La majorité des élèves sont demi-pensionnaires (54 %), 42 % sont externes et 4 % internes dans leur établissement. La moitié des élèves du second degré (54 %) n'a jamais redoublé, un tiers a redoublé une fois (31 %) et 16 % redoublé plusieurs fois. Ces redoublements sont nettement plus nombreux chez les garçons (51 %) que chez les filles (42 %), et plus nombreux en LP (87 %) qu'en lycées d'enseignement général (54 %) ou en collège (36 %).

Près d'un élève sur deux (47 %) dit aimer bien ou aimer beaucoup l'école, un tiers (35 %) l'aimer moyennement et un élève sur cinq (18 %) l'aimer peu ou ne pas l'aimer du tout. Il faut relever une corrélation positive entre le fait d'être redoublant et celui de ne pas aimer l'école : 22 % des redoublants disent ainsi ne pas aimer l'école, contre seulement 14 % de ceux qui n'ont jamais redoublé. Les filles sont généralement plus satisfaites de l'école que les garçons, mais ce surtout au collège. Pour l'ensemble des adolescents, les proportions de ceux qui aiment l'école sont de 52 % pour les filles et 42 % pour les garçons, et celles de ceux qui ne l'aiment pas respectivement de 14 et 22 %. Les proportions de ceux qui aiment l'école sont respectivement au collège de 57 et 44 %. Au lycée d'enseignement général, la satisfaction s'avère minoritaire : 38 % des garçons et 43 % des filles ; elle est meilleure en LP, bien que toujours minoritaire (respectivement 43 et 47 %). Parmi les élèves qui se disent insatisfaits de l'école, on relève à la fois une proportion élevée de jeunes qui sèchent les cours (51 % contre 22 % chez les satisfaits), de jeunes qui arrivent en retard (respectivement 65 et 47 %) et de jeunes souvent absents (respectivement 82 contre 74 %).

La scolarité des adolescents

Deux types de facteurs influencent la scolarité ; les uns sont liés au système scolaire, les autres au développement personnel (Marcelli et Braconnier, 1999). À partir de la 6ᵉ, il faut évoquer les modifications des possibilités intellectuelles, psychomotrices et affectives. Perturbées ou trop intenses, ces modifications sont susceptibles d'influencer la scolarité de l'adolescent.

Au plan intellectuel, vers l'âge de 12 ans, l'enfant devient capable d'abstractions et, comme le montre Piaget (1955), accède à la pensée formelle, hypothético-déductive ; il passe de la rédaction à la dissertation, du simple récit aux évocations, et du calcul au problème. Cet accès à l'abstraction n'est pas toujours facile, et les difficultés peuvent entraîner un manque d'attention, sinon un manque d'intérêt pour l'école. Il est également possible de distinguer à cet âge la pensée convergente de la pensée divergente : la première est canalisée, contrôlée pour arriver à une réponse unique, à une seule conclusion, alors que la seconde impliquant un travail multidirectionnel est susceptible de provoquer une relative dispersion.

Au point de vue psychomoteur, l'intensité des transformations corporelles entraîne une évolution du schéma corporel et de l'image du corps et un bouleversement de la représentation de l'espace et du contrôle tonico-moteur qui retentit sur la scolarité tant en ce qui concerne l'exécution des tâches (écriture, travaux manuels, appropriation de l'espace), que leur compréhension ; des préoccupations corporelles importantes sont également susceptibles de démobiliser le jeune pour ses opérations mentales.

Au point de vue affectif, l'émergence de nouveaux intérêts se manifeste dans la littérature, où la quête de l'autre sexe est différemment approchée que pendant l'enfance, et dans la résolution de problèmes quotidiens où les préoccupations personnelles ont un rôle évident. Le désir d'autonomie et d'indépendance par rapport à la famille facilite l'exploration de champs d'intérêt personnels et l'identification à un auteur, à une idéologie, voire à une discipline par l'intermédiaire d'un enseignant. Mais il ne faut pas oublier que ces nouvelles possibilités affectives sont souvent empreintes de révolte, d'opposition et de transgression et qu'un professeur risque parfois de se substituer à l'un des parents pour devenir l'objet d'un rejet.

L'entrée au collège entraîne le passage d'un instituteur unique à une multiplicité de professeurs, la confrontation à de nouvelles disciplines et une plus grande autonomie dans la gestion du travail et de l'emploi du temps. Le collège, puis le lycée sont aussi le lieu où certaines orientations (SEGPA, classes aménagées, filières scientifiques et techniques, etc.) sont susceptibles de modifier les projets antérieurs du jeune et de ses parents. Le bien-fondé de ces orientations ne sera pas toujours évident pour le jeune, qui les vivra alors dans la révolte ou le retrait. Certes, existe-t-il une forte corrélation entre l'orientation scolaire et la section choisie, d'une part, et le milieu socio-économique d'origine d'autre part : deux enfants de cadres sur trois sont dans le cycle long, pour seulement un enfant d'ouvriers sur trois. Les fils et les filles de cadres supérieurs sont le plus souvent dans les sections scientifiques (46 %), parfois dans les sections littéraires (27 %) mais rarement dans les sections techniques (13 %) ou professionnelles (14 %) ; les élèves d'origine défavorisée sont plutôt dans les sections pré-professionnelles (ouvriers 66 % et employés 45 %), beaucoup moins dans les sections techniques (respectivement 15 et 24 %), littéraires (13 et 18 %) et scientifiques (6 et 13 %). Les autres catégories sociales se répartissent entre ces deux modèles : les enfants d'agriculteurs sont plutôt orientés vers la vie professionnelle (52 %), plus rarement vers des études littéraires (21 %), moins encore vers le scientifique (12 %) ou même le technique (12 %). De même, les enfants de commerçants sont orientés vers l'enseignement professionnel pour 47 %, le littéraire 19 %, le scientifique 19 % et le technique 15 %. Les enfants de cadres moyens occupent une position intermédiaire, orientés vers le littéraire à 30 %, le professionnel à 28 %, le scientifique à 23 % et le technique à 19 %. Malgré cela, bon nombre d'élèves se disent satisfaits de leur orientation, du moins dans les premiers temps : ainsi neuf adolescents sur dix en classe de seconde ou en début de CAP, mais seulement huit sur dix en classe de première et six sur dix en seconde année de CAP disent avoir choisi leur orientation, différences nuançant quelque peu la satisfaction globale, en particulier au niveau des lycées d'enseignement professionnel.

Il ne faut toutefois pas oublier, comme le montre une étude de la SOFRES[1] que cette orientation a principalement été décidée par les parents (par les deux parents pour 77 % des mères et 66 % des pères ; par le père seul, pour respectivement 3 et 4 ; par la mère seule, pour 18 et 8 %), l'enfant décidant seul dans moins de 10 % des cas. Les formations souhaitées par les parents sont littéraires (14 % des mères, 9 % des pères), scientifiques (respectivement 31 et 28 %), économiques (13 et 14 %), artistiques (7 et 4 %), sportives (8 et 9 %) ou techniques (18 et 19 %). Mais ces souhaits diffèrent considérablement selon le sexe de l'enfant, les parents préférant souvent une formation littéraire ou artistique pour les filles, scientifique ou technique pour les garçons.

L'histoire scolaire et son vécu

La démocratisation de l'enseignement a non seulement créé une véritable classe d'adolescents en rassemblant des jeunes en un même lieu où ne se rencontrent que de rares adultes ; mais encore, en transformant qualitativement la population scolaire, elle a induit au sein même de l'école l'existence de sous-

---

1. Étude réalisée en janvier 1988 à la demande de la Délégation à la Condition féminine auprès de 53 070 familles.

groupes à haut risque de conduites estimées déviantes en ce milieu. Car à l'évolution de l'institution scolaire s'est associée une autre évolution : celle de l'indiscipline. Au chahut d'autrefois, reflet de l'intégration des élèves dans « leur » école, de l'intériorisation des normes ambiantes par les adolescents, a succédé depuis quelques années une révolte latente, caractérisée le plus souvent par l'absence de toute règle et indicatrice d'une vive divergence entre les normes du système scolaire et les valeurs des élèves (Testanière, 1972 ; Postic, 1982). Ce sont entre autres les conséquences de ce hiatus entre des valeurs contradictoires que l'on observe de nos jours à travers les échecs scolaires et les inadaptations : l'écart se creuse entre les objectifs fixés par le cadre institutionnel (utilisation correcte du langage, assiduité aux enseignements, assimilation du contenu des cours, réussite dans les tâches proposées) et la possibilité pour les jeunes de les réaliser. Le fossé qui s'ensuit ne peut plus alors être comblé que par des conduites antisociales (Malewska et Peyre, 1973). Certains élèves ne sont plus motivés et se démobilisent de l'engagement scolaire, d'autant plus que le contexte socio-économique n'est guère encourageant. Si en 1982, 73 % des lycéens considéraient qu'avoir des diplômes leur permettrait de réussir dans la vie, ils ne sont plus que 47 % à y croire en 1993, et 17 % en 1994. Il y a là, remarque Ballion (1996), une crise de légitimité de l'école qui conduit bon nombre de jeunes au désengagement scolaire, et, pour une minorité, les entraîne à exprimer leur démotivation dans la violence ou la passivité.

Une histoire problématique

Pour Charlot, Bautier et Rochex (1992), l'histoire scolaire d'un adolescent peut s'avérer problématique. Certains jeunes n'ont d'ailleurs pas réellement d'histoire scolaire, vivant leur scolarité dans une sorte d'évidence, dans une suite de situations où tout semblerait joué d'avance. Ces adolescents ne sont pas conscients de leur histoire, c'est-à-dire des faits qui se sont enchaînés pour déterminer leur parcours. La plupart des jeunes ont cependant conscience d'une histoire scolaire dont l'issue leur apparaît plus ou moins assurée. De nombreux élèves ont ainsi de bons souvenirs du temps de l'école primaire, les rares mauvais souvenirs étant plutôt liés à de malheureuses relations avec des instituteurs. Les éventuels redoublements sont oubliés. Sont plutôt mis en cause des dérapages associés à de trop fréquentes activités extra-scolaires, et ce à partir des classes de 6e et de 5e, c'est-à-dire du moment où les résultats ne sont plus seulement sanctionnés par des redoublements, mais par des orientations décisives. Les jeunes en situation d'échec disent généralement ne pas avoir assez travaillé (thème qui n'est pas sans relation à ce qu'ils ont entendu dire par leurs parents ou par leurs enseignants). Ils se vivent donc moins en mauvais élèves qu'en « paresseux », mettant en cause non pas leurs capacités intellectuelles, mais leur manque de courage à travailler. Il faut ici s'interroger sur la signification de cette paresse dont ils s'accusent et qui pourrait être une sorte de défense leur permettant de rendre les échecs supportables. Se dire fainéant ne les culpabilise pas et leur permet d'assumer la situation, voire même d'en être fiers, un peu comme le remarquent Charlot *et al.* (p. 59) « si ne pas travailler à l'école était une preuve de normalité et de bonne santé, travailler étant une activité contre nature, que l'on dose soigneusement pour ne pas excéder l'objectif : passer ». Les adolescents mettent également en cause l'incitation à ne pas travailler venant de certains camarades et l'ambiance qui régnait dans les classes. Le processus d'échec est ici défini à travers le besoin de s'amuser et de « délirer » avec les copains. Il n'y a cependant pas rejet réel de sa propre responsabilité par le jeune, qui dit moins « avoir été entraîné », que « s'être laissé entraîner ». Il faut aussi tenir compte que les camarades susceptibles d'influencer le travail scolaire ne sont pas forcément scolarisés dans l'établissement et distinguer les valeurs du collège de celles prédominantes chez les jeunes des cités, qui s'avèrent bien souvent antinomiques.

La peur de l'école

La peur de l'école est fréquente : certains jeunes disent aimer l'école, mais nombreux sont ceux qui en ont peur ou ceux qui s'y ennuient, ceux qui ont peur étant également le plus souvent ceux qui font peur. Les « copains » sont alors ceux qui protègent de la peur et de l'ennui, et les conduites perturbant la classe visent à *se faire respecter* des camarades et parfois même des professeurs. On constate cependant qu'aimer ou ne pas aimer l'école n'est pas directement associé au travail scolaire, certains appréciant l'école mais y faisant le strict minimum, alors que d'autres qui détestent le collège y obtiennent de bons résultats. L'importance des rapports avec les professeurs et des relations qu'ils permettent avec les différentes disciplines scolaires est alors avancée. L'élève travaillerait lorsqu'il aime l'enseignant et, par là, la matière enseignée. D'autres enseignants sont au contraire mis en accusation : *ils expliquent mal, ne comprennent pas les jeunes*. On pourrait aussi ajouter qu'ils n'ont pas d'autorité, brusquent les élèves et les *endorment*. Or ces adolescents accepteraient bien l'autorité du professeur, ils en ont besoin, mais ils veulent aussi être respectés et reconnus en tant que personnes, pouvoir parler avec l'enseignant de personne à personne. Comme le remarquent Charlot *et al.*, les processus de l'échec ou de la réussite scolaire sont cependant plus complexes que ne le laisserait croire le discours des élèves. Ceux-ci s'en tiennent en effet à une logique de l'institution (passer dans la classe supérieure) ou du mérite (travailler, ne pas se laisser entraîner par les autres) et n'évoquent que peu les phénomènes cognitifs.

La réussite, l'échec et les difficultés scolaires

Le temps du collège, remarquent Dubet et Martuccelli (1996), est dominé par le déclin des évidences scolaires de l'enfance. L'attachement aux professeurs se différencie nettement de la relation privilégiée qui unissait l'enfant à son instituteur et se trouve désormais affecté par la possibilité pour l'adolescent d'établir des évaluations comparatives de ses enseignants. Le sentiment de l'utilité des études n'est plus aussi manifeste qu'il l'était à l'école élémentaire, et si les collégiens sont conscients de devoir travailler au collège, ils ne savent pas forcément pourquoi ! Les savoirs scolaires ne sont en effet ni savants ni communs. Ils sont distribués dans le temps et ne répondent que rarement à un besoin explicite. Ce besoin doit être ressenti par l'élève qui se pose la question de reconnaître les critères de réussite formelle du « métier d'écolier ». Mais la nécessité des diplômes et l'intérêt intellectuel ne sont pas encore perçus par tous. La rentabilité des études est hétérogène selon les publics sociaux ; l'intérêt qu'elles présentent n'est pas plus apparent et est fortement corrélé avec les qualités pédagogiques et personnelles des enseignants. Pour réussir, le collégien doit être capable d'élaborer à la fois des stratégies et les significations de ses stratégies dans un système de relations sociales. C'est alors qu'interviennent son projet plus ou moins précis, la rencontre de ce projet avec l'institution et la position de l'élève comme acteur culturel. Même si le but n'est pas clairement exprimable, le jeune sait du moins qu'il doit éviter certaines filières qui le relégueraient vers un avenir qu'il ne souhaite pas ou dont sa famille ne veut pas. Alors que le monde de l'écolier était dominé par l'unité normative, celui du collégien est confronté à la diversification des normes et des attentes d'une dizaine d'enseignants différents. Il ne suffit plus d'écouter le maître ; il faut faire des devoirs à la maison, savoir les programmer, préparer les contrôles et s'adapter aux poids relatifs des différentes disciplines. De plus, de par son évolution cognitive et morale, le jeune substitue la réciprocité à l'obéissance naturelle de l'élève du primaire. Cette réciprocité lui fait accorder son respect sur celui qu'il perçoit chez l'adulte dans le cadre d'une relation qu'il voudrait égalitaire.

Une adaptation parfois difficile

Certains jeunes réussissent leur adaptation au collège et obtiennent de bons résultats. Réussir à l'école, c'est atteindre un certain but, mener à bien une entreprise, assimiler un contenu d'enseignement et répondre avec pertinence aux épreuves scolaires. La réussite scolaire résulte de l'interaction de nombreux facteurs dont, en particulier, les possibilités intellectuelles, la bonne estime de soi, l'efficacité dans le travail, l'autodiscipline et la capacité à différer les gratifications. D'autres élèves rencontrent cependant des difficultés plus ou moins marquées. De nombreux auteurs s'accordent à relever l'existence de corrélations entre l'échec scolaire et les inadaptations de tous ordres. Difficultés scolaires et inadaptation à la vie des collèges sont ainsi souvent réunies : un élève peut difficilement s'épanouir dans un milieu où il ne récolte que des mauvaises notes et des blâmes et où il se sent dévalorisé à ses yeux et à ceux de ses condisciples. Il faut certes distinguer avec Villars (1972) l'inadaptation au travail scolaire de l'inadaptation au groupe. La première est la manifestation la plus fréquente des difficultés de l'élève et peut se présenter sous la forme de l'échec, du refus ou, le plus souvent, de leur combinaison. Cet échec entraîne un sentiment d'impuissance et décourage le jeune pour le conduire plus ou moins rapidement au rejet du travail scolaire. L'inadaptation au groupe est également une réalité observable au quotidien. Le comportement de certains élèves perturbe particulièrement la classe. Or, dans l'esprit de l'enseignant, une *adaptation normale* correspond au sujet qui fait corps avec la classe, participe à la vie scolaire et accepte ses contraintes. Une *adaptation difficile* se rapporte à la situation de celui qui n'est accepté qu'avec réticences par ses pairs et par l'enseignant, qui est *toléré*, voire *subi*. L'école tend en effet à développer des mécanismes de conformisation. Une telle conformité confère une relative stabilité tant à l'institution qu'à la vie scolaire. Elle présente une fonction de prédictabilité, assurant la bonne organisation du groupe-classe, et la prévention de ce qui pourrait en dévier.

Les difficultés scolaires observables à l'adolescence peuvent être soit la suite de celles rencontrées dans l'enfance, soit un problème nouveau associé à cette période dont il faut alors discerner le caractère transitoire ou durable (Marcelli et Braconnier, 1999). Les retards acquis dans l'enfance sont souvent qualifiés d'*échec scolaire* quand ils sont supérieurs à deux ans. Le système scolaire profite réellement au tiers des élèves auxquels il apporte une formation généralement de bonne qualité. Les autres enfants se répartissent pour moitié en « suivistes » qui tirent peu de profit de leur scolarité et en jeunes en situation d'échec. Cet échec est le fruit d'une mauvaise adaptation de l'élève, mais aussi d'une mal-adaptation de l'école à son rôle éducatif (Pierrhumbert, 1992). L'échec scolaire implique la non-adéquation du niveau d'acquisitions d'un enfant par rapport aux objectifs définis par les programmes correspondant à son âge. La logique de la sélection conduit l'enfant à accepter puis à intérioriser cet échec. La *non-réussite* prend alors la signification de *ne pas être intelligent*, qui va devenir le stigmate du mauvais élève et désigner sa personne comme non valable intellectuellement et non adaptée à la compétition scolaire et sociale (Compas, 1983).

Les causes de l'échec scolaire sont multiples. Certaines tiennent au sujet ; d'autres sont événementielles. Toutes s'intriquent et interagissent étroitement. Les approches en sont également multiformes, mais il est possible de les regrouper selon quatre catégories (Levine et Vermeil, 1980) :

– celle où l'échec est rapporté à des dysfonctionnements cérébraux ou somatiques ;
– celle où il est attribué à une situation socio-familiale ;
– celle s'inspirant d'une critique institutionnelle où les finalités élitistes de l'école sont mises en cause ;
– celle où l'échec est considéré comme la conséquence réactionnelle de vécus pathogènes au sein de la famille.

Défauts du système scolaire ou dysfonctionnements individuels ?

Certaines approches mettent en cause les défauts du système : le mythe d'une classe homogène, une pédagogie déficiente, l'anachronisme du mode de recrutement et de la formation des enseignants ou l'irrationalité des rythmes scolaires. D'autres portent l'accent sur les dysfonctionnements individuels et familiaux. Sont alors évoqués la faiblesse du quotient intellectuel et les dysharmonies cognitives, mais aussi les carences socioculturelles et familiales et les accidents intrafamiliaux qui jonchent l'itinéraire de certains enfants : divorce, chômage des parents, maladies et décès (Marcelli et Braconnier, 1999).

Les *dysharmonies cognitives* sont caractérisées par des troubles importants des processus de symbolisation obérant les acquisitions scolaires, sociales et professionnelles. La *dyspraxie* correspond ainsi à l'incapacité d'imaginer les conséquences d'un geste, de se représenter les possibilités dynamiques du corps en mouvement. Elle se manifeste par la maladresse, le heurt d'objets, les dégradations involontaires, etc. Il y a là comme une discontinuité subtile dans la représentation mentale des objets. La *dysgnosie* consiste en perturbations de la fonction sémiotique, c'est-à-dire de l'articulation entre signifié et signifiant, entre représentations des choses et représentations du mot. Il y a alors difficultés à utiliser le langage comme véhicule des interactions, et c'est l'agir qui devient la modalité relationnelle la plus fréquente. La *dyschronie* caractérise enfin l'impossibilité de penser et d'investir un objet en tenant compte de sa permanence dans le temps. On constate ainsi chez l'adolescent un désinvestissement des biens et des personnes dès qu'ils sont absents, dès que leur disponibilité n'est plus actuelle. Il n'en est pas moins vrai qu'à côté de ces tableaux psychopathologiques, se rencontrent également de nombreux jeunes en difficultés scolaires d'origines variées : carences affectives ou socioculturelles, malmenage scolaire, inadaptation du système à certains adolescents difficiles, etc.

Le poids des perturbations inhérentes aux changements affectifs et relationnels peut par ailleurs se manifester à l'adolescence à travers les *hyperinvestissements scolaires* d'une part, le *fléchissement scolaire* d'autre part.

Les *hyperinvestissements* se manifestent par l'intérêt quasi-exclusif pour les activités scolaires et une réussite très au-dessus de la moyenne. Soit le jeune ayant des difficultés à sortir de l'enfance, contrôle son monde pulsionnel et se réfugie dans l'hyperactivité scolaire, manifestant ainsi une hypermaturité contrastée avec la maturité présentée dans les autres domaines. Soit l'on est en présence d'une « adolescence froide » au caractère franchement psychopathologique. L'hyperinvestissement peut alors s'inverser brusquement au profit d'un investissement brutal des pulsions qui entrave le processus cognitif ; il peut aussi s'estomper, laissant progressivement poindre un fléchissement transitoire banal.

Le *fléchissement scolaire* succède à une période où la scolarité était satisfaisante, en particulier en classes de 4e des collèges et de 2de des lycées. On le rencontre pratiquement chez tous les adolescents à un moment ou à un autre. Débutant souvent sans cause apparente, il fait parfois suite à des difficultés extérieures au jeune. Les principales manifestations en sont la dégradation progressive des résultats obtenus dans une ou plusieurs disciplines, et sans que l'adolescent ne montre de désintérêt pour l'école, manifestant au contraire étonnement et inquiétude. Sont fréquemment associés à ce fléchissement l'absentéisme scolaire, le retrait du milieu familial et des réactions brutales vis-à-vis de l'entourage. Transitoire pour la plupart des adolescents, ce fléchissement peut devenir dangereux si le jeune y focalise l'image qu'il a de lui-même, entrant par exemple dans une névrose d'échec.

Il existe enfin des difficultés durables, liées à l'adolescence, qui entrent dans le champ de la pathologie ; il y a alors organisation de ces difficultés en un système stable, qui peut être attachée à une évolution défavorable des conduites transitoires présentées précédemment : hyperinvestissement scolaire envahissant, fléchissement se transformant en réel échec scolaire, souvent accompagné de conduites anorexiques ou boulimiques, voire d'éventuels comportements toxicomaniaques, délinquants ou suicidaires.

Enfin, la *rupture scolaire* peut être observée à travers un souhait soudain de l'adolescent d'interrompre ses études. Le jeune démontre alors la logique de sa décision par une argumentation rigide et brutale. Elle fait parfois suite à un fléchissement scolaire associé le plus souvent à un absentéisme important, voire à des fugues, et présente un risque d'escalade vers divers passages à l'acte.

Le refus d'aller à l'école

Certains enfants, pour des raisons apparemment irrationnelles refusent d'aller à l'école, au collège, présentant, si les parents les y obligent, des réactions d'anxiété, voire de panique (Boudarse, 2006). Ce refus anxieux d'aller à l'école, encore appelé « phobie scolaire », est l'une des pathologies les plus fréquentes en relation avec la scolarité. Le malaise ne débute pas au sein de l'espace scolaire mais, le plus souvent, au domicile, au moment de partir pour l'école, l'idée même de se rendre au collège suffisant parfois à déclencher le trouble. Le tableau clinique est assez semblable chez l'enfant et chez l'adolescent : celui-ci s'agite et exprime une angoisse de plus en plus vive. Des troubles psychosomatiques peuvent se manifester : douleurs abdominales, céphalées, vertiges et nausées ; des réactions comportementales également, telles que cris, violences et fuite. Les symptômes s'accentuent sur le chemin du collège, l'angoisse se transformant chez certains jeunes en véritable panique, alors que pour d'autres elle s'atténue lorsqu'ils passent la porte du collège. C'est alors l'inverse de ce qui devrait arriver dans le cas de vraies phobies, le fait d'être soumis à la situation prétendument phobique n'entraînant pas une recrudescence des peurs de l'enfant (Bowlby, 1973). Il est vrai que « les adolescents qui arrivent à se contenir, voire à dépasser leurs angoisses, lorsqu'ils sont au sein de l'espace scolaire (et donc une fois séparés de leurs parents), sont ceux qui présentent des formes plutôt modérées de phobie scolaire. *A contrario*, dans les formes graves, l'angoisse des sujets est si importante que le fait de se retrouver dans l'espace scolaire la transforme en peur-panique. De plus, seul l'évitement (la fuite) de ce lieu paraît en mesure de mettre un terme à la crise » (Boudarse, 2006, p. 103).

Les rationalisations pour justifier le refus d'aller en classe sont nombreuses et variées, dit Boudarse : crainte d'être interrogé pour une leçon non sue, mauvaise relation avec un enseignant, difficultés dans certaines matières, conflits avec les camarades, etc. À la différence de ce qui se passe chez l'enfant, cette phobie est souvent isolée à l'adolescence, le jeune ne paraissant souffrir d'aucune difficulté majeure en dehors de l'école (Marcelli et Braconnier, 1999). Mais le refus et l'opposition à l'école paraissent généralement moins affirmés chez l'enfant qui retrouve plus aisément une scolarité normale que l'adolescent. Deux figures peuvent alors se présenter quant aux investissements scolaires. Soit l'adolescent manifeste encore de l'intérêt pour sa scolarité et des études par correspondance peuvent être utilement envisagées *via* le CNED (Centre National d'Enseignement à Distance) ; soit il désinvestit les apprentissages et toute forme de scolarité et le risque de marginalisation, voire de délinquance, est important.

Les études épidémiologiques montrent des associations entre ces troubles et, d'une part, l'angoisse de séparation aussi bien chez l'enfant que chez ses parents, d'autre part, la présence de phobies ou de conduites phobiques familiales, notamment chez les mères, le tout sur un fond de scolarité médiocre. Les pères sont le plus souvent absents ou malades, ou, pour le moins, non reconnus dans leur autorité.

La question se pose de savoir s'il s'agit réellement de phobie. Bowlby précise d'ailleurs sa préférence pour l'expression « *refus de l'école* » à toute autre désignation en raison de sa portée descriptive et de sa neutralité par rapport à toute théorie explicative ou interprétative. Ce serait, ainsi, moins le fait d'aller à l'école que de quitter le foyer familial qui déclencherait des troubles à mettre en relation avec une problématique d'attachement angoissé dont souffriraient l'adolescent et ses parents. Cette problématique résulterait « d'un ou de plusieurs des quatre principaux schèmes suivants des relations intrafamiliales :

- schème A : la mère ou, plus rarement, le père souffrent d'angoisse chronique à propos des figures d'attachement et retiennent l'enfant à la maison pour leur tenir compagnie ;
- schème B : l'enfant craint que quelque chose d'horrible n'arrive à sa mère – et peut-être à son père – pendant qu'il se trouve à l'école et reste ainsi à la maison pour empêcher que cela n'arrive ;

– schème C : l'enfant craint que quelque chose d'horrible ne lui arrive lorsqu'il est loin de la maison ; il reste ainsi à la maison pour éviter cette occurrence ;

– schème D : la mère, ou, plus rarement, le père craignent que quelque chose d'horrible n'arrive à l'enfant pendant qu'il est à l'école et pour cela le retiennent à la maison » (Bowlby, 1973, p. 348).

Pour Bowlby, le schème A serait le plus fréquemment en cause et se combinerait à des degrés divers avec les trois autres, ce qui irait également dans le sens du DSM III R qui classe le « refus d'aller à l'école » parmi les symptômes associés à l'angoisse de séparation : un symptôme donc et non un trouble complexe (Boudarse, 2006). Pour Lebovici (1990), la phobie scolaire sévère transformerait cette angoisse en peur : peur d'une situation redoutée ou de la possibilité de se retrouver dans une telle situation, alors que rien dans la « *réalité* » ne motive une telle peur, le passage de l'angoisse à la peur étant le témoignage du déplacement qui caractérise l'élaboration phobique.

La phobie scolaire infantile est d'ailleurs associée à l'angoisse de séparation à condition de prendre en compte les bénéfices secondaires qui en résultent pour le jeune enfant : « rester à la maison avec sa mère qui se laisse volontiers transformer en objet contra-phobique » (Lebovici, 1990, p. 57). Ceci l'inscrit dans le registre de la pathologie phobique et fait d'elle « une forme particulière » (*ibid.*, p. 47) du refus scolaire dont l'auteur distingue trois configurations :

– les petites phobies de la situation scolaire, expression banale de l'angoisse de séparation rencontrée chez les jeunes enfants entrant à l'école maternelle, qui l'expriment souvent verbalement et de manière directe ;
– les phobies scolaires mineures dont les douleurs abdominales récurrentes fournissent le modèle ;
– les phobies scolaires caractéristiques et généralement graves qui sont, à l'instar de toutes les formes de la névrose de l'enfant, marquées par leurs inhibitions invalidantes.

Du décrochage à la déscolarisation

Absences, justifiées ou non, et retards, occasionnels ou exceptionnels, s'avèrent des comportements fréquents à l'adolescence. La régularité de ces conduites, bien que plus rare, ne s'en avère pas moins conséquente. Ainsi, au cours de l'année 1993, une enquête nationale montre que si huit élèves sur dix ont été absents pour une journée ou plus, ils sont 6 % à s'être souvent absentés. La moitié des élèves a connu des retards, et 6 % sont arrivés systématiquement en retard. Un tiers des élèves a séché un cours et 4 % en sèchent habituellement. Ces données recueillies par Choquet et Ledoux (1994) montrent bien l'importance du risque de décrochage scolaire rencontré aujourd'hui dans les lycées et collèges.

Il y a ainsi chaque année des milliers de jeunes qui abandonnent leurs études sans avoir terminé le cycle engagé, parfois même alors qu'ils n'ont pas atteint cet âge de 16 ans qui marque la fin de l'instruction obligatoire. Ce qui est encore plus inquiétant aujourd'hui, c'est la concentration des absences dans certains établissements et dans certaines filières, où l'on atteint des taux réguliers de l'ordre de 12 à 15 %, et dans les cas extrêmes de 50 %. De plus, d'un élève à l'autre, l'absentéisme se diversifie, pouvant annoncer pour certains un décrochage qui les conduira à la déscolarisation (Toulemonde, 1998). D'autant plus que la sanction appliquée aux absents chroniques par les conseils de discipline consiste souvent à les exclure de l'établissement pour un temps, c'est-à-dire à officialiser leur absence, rendant en quelque sorte l'illicite licite.

Quels sont ces élèves susceptibles d'être déscolarisés ? Chercher à mieux comprendre les processus de décrochage scolaire peut se faire en prenant deux points de vue différents mais complémentaires en termes d'explication. Le premier s'intéresse à *la genèse de l'échec scolaire et au processus conduisant de cet échec à la déscolarisation*. Il s'agit alors d'analyser finement le point de départ de l'échec scolaire, en montrant comment les élèves en grande difficulté d'apprentissage dès le début de la scolarité élémentaire sont dans une situation qui peut éventuellement conduire au décrochage. La question est de savoir comment ces difficultés contribuent à la déscolarisation et comment y participent ceux qui interviennent auprès de l'enfant au sein de l'institution. Le second point de vue considère *la déscolarisation comme résultant d'une conjonction de facteurs*. L'intérêt porte alors sur la population de ceux qui, au cours de l'adolescence, se sont complètement ou partiellement déscolarisés (absentéisme répété, exclusions fréquentes). Il faut alors prendre en compte les principaux éléments de l'histoire familiale de ces jeunes, leur éventuelle trajectoire migratoire, leur histoire scolaire et les caractéristiques de leur sociabilité enfantine et adolescente, à l'école et en dehors de l'école.

Glasman (2000) se demande ainsi « de quoi » décrochent les jeunes qui se déscolarisent. Décrochent-ils des études parce qu'ils ont perdu l'espoir dans l'utilité de la formation suivie ? Désirent-ils plutôt rompre avec l'institution scolaire en raison de la manière dont ils s'y sentent considérés ? Veulent-ils s'éloigner des autres élèves, ne parvenant à se sentir en harmonie ni dans la socialisation verticale opérée entre enseignants et élèves, ni dans l'inter-socialisation des élèves ? Cherchent-ils à se repositionner face au projet de leurs parents ? Peut-être faut-il également voir dans le décrochage une manière de restaurer une image de soi, dévalorisée dans le cadre scolaire. Mais le décrochage peut aussi consister en une manœuvre de rapprochement d'autres structures : groupes de pairs offrant des occasions d'affirmation identitaire, monde du travail, etc. C'est afin de répondre à de telles questions que le GERPA[1]

---

1. GERPA : Groupe d'études et de recherches en psychologie de l'adolescent (Laboratoire de psychologie clinique et de psychopathologie de l'Institut de psychologie de l'Université René Descartes – Paris 5).

a récemment conduit une étude relative aux *Processus de déscolarisation totale ou partielle chez les 13-15 ans – Analyse rétrospective du point de vue des enseignants, des intervenants sociaux, des parents et des jeunes eux-mêmes*[1].

Les processus conduisant à la déscolarisation

Trois processus conduisent à la déscolarisation. Le premier a trait au renoncement à leur scolarité par des élèves qui, envahis par des problématiques familiales, en arrivent à s'auto-exclure de l'école. La déscolarisation est alors le dernier maillon d'un système par lequel se ferme un parcours semé de souffrances et qui ne peut plus évoluer. Le deuxième s'avère plus complexe car il consiste, en quelque sorte, à s'exclure de l'établissement scolaire tout en continuant de le fréquenter. Il correspond à des jeunes en situation d'échec, mais dont la docilité, le retrait et l'inhibition ne posent pas de problèmes à l'institution, des jeunes qui manifestent leur souffrance autrement que par le passage à l'acte. Le dernier est institutionnel et fait suite à une éviction de l'élève par le conseil de discipline. Quel que soit le processus mis en cause, la déscolarisation s'avère le résultat de l'interaction de multiples facteurs que l'on peut étudier en plaçant le jeune au centre d'un circuit constitué par le triangle collège, famille et pairs (Boudarse et Coslin, 2003 ; Coslin et Boudarse, 2006).

• *Le collège*

Certains élèves sont exclus par le conseil de discipline. Ce sont ceux qui, perturbant la vie scolaire, portent atteinte aux règles internes de l'établissement et le poussent à réagir par le renvoi. Ce mécanisme n'obéit pas à une logique absolue. Toute atteinte importante aux règles ne conduit pas à une exclusion. Celle-ci est également en relation avec la perception de l'élève qu'a l'institution. Ce sont ses comportements, ses attitudes et ses interrelations avec les personnels qui influencent la décision institutionnelle d'évincer ou non un élève. Plusieurs éléments interviennent en particulier : d'abord, la lisibilité de sa situation par les personnels enseignants et administratifs, qui les conduit à plus ou moins bien le contenir ; ensuite, la capacité d'échanges entre professionnels qui les amène, par une analyse commune, à lever l'opacité de certaines situations, et donc à contenir là encore l'adolescent. Mais il est également

---

1. Ces travaux étaient suivis par la Direction de la Programmation et du Développement du ministère de l'Éducation nationale et par la Direction de la Protection judiciaire de la jeunesse du ministère de la Justice. Ils étaient pilotés et financés par l'Académie de Paris et par la DASES du Département de Paris (Direction de l'Action sociale, de l'enfance et de la santé) et bénéficiaient du *Bonus Qualité Recherche* de l'Institut de psychologie de l'Université Paris Descartes. Ont participé à cette étude Khalid Boudarse, Annick Cartron, Hélène Chauchat, Hélène Feertchak, Ahmed Mohamed, Brigitte Tison, avec la participation de Philippe Bonnet, Sandrine Michel et Yvan Wiart et la collaboration de Elsa Devansard, Laurianne Gobillard, Agnès Leclerc-Dupuis, Karine Nazir et Alexandre Peyre sous la direction du professeur Pierre G. Coslin.

nécessaire que l'établissement ne soit pas coupé de son environnement et qu'il y ait une bonne communication, tant entre les enseignants et la direction qu'avec les familles et les structures éducatives ou curatives du secteur. Plus les échanges entre le collège et les autres structures de son environnement sont souples, plus la situation de l'élève dans sa famille est bien appréhendée et plus les réponses données aux actes des élèves sont adéquates. En revanche, plus les relations entre la famille et le collège sont dégradées, plus l'élève est exposé à l'exclusion. Si les professionnels ont des difficultés à donner sens aux problèmes des familles, voire au désordre dans lequel celles-ci évoluent, ils risquent de s'engager dans des relations imprégnées de méfiance et de doutes. Le cas des familles d'origine étrangère et dont la culture présente des différences notables avec celle des pays occidentaux en est une bonne illustration, dans la mesure où la confusion entre structure et culture dans le fonctionnement des familles peut alimenter des griefs réciproques. Un autre facteur d'exclusion consiste en la répétition des passages à l'acte des élèves qui met en échec l'effort de contenance des professionnels et induit leur propre agressivité. La capacité de contenance de l'établissement est d'ailleurs d'autant plus limitée que les problèmes de passage à l'acte advenant dans son espace sont graves et massifs.

De plus, les personnels se sentent souvent seuls, confrontés à des situations nouvelles pour eux et auxquelles la formation en IUFM (Institut universitaire de formation des maîtres) ne les a pas, ou mal, préparés. Ce sentiment de solitude face aux problèmes posés par les élèves et leurs familles les fragilise et risque de les démobiliser, et de les conduire à se défendre par l'exclusion des élèves.

• **La famille**

La plupart des jeunes déscolarisés sont du sexe masculin. La précarité de leur famille est quasiment constante, le chômage fréquent. Un jeune déscolarisé sur deux est issu de familles monoparentales dont le tiers ne dispose d'aucun revenu salarial. La moitié des foyers dont les deux parents vivent ensemble avec leurs enfants ne bénéficie que d'un seul salaire. Ce sont souvent des familles d'origine étrangère, dont les trois quarts ne maîtrisent pas la langue française. Les supports du soutien scolaire sont défaillants. Ces familles ne participent que peu ou pas du tout à la vie de l'établissement et ne sont pas suffisamment présentes dans les instances représentatives, ni d'ailleurs dans les associations de parents d'élèves. Elles ont souvent des difficultés de communication avec le personnel du collège et se sentent seules face aux problèmes de leurs enfants. Elles occupent des logements vétustes dans des quartiers pauvres. L'instabilité du logement concerne un élève sur deux, celle de la scolarité un sur trois. Les enfants ont connu plusieurs séparations et discontinuités. Certains vivent séparés de leurs parents, en particulier suite à une immigration récente. Les trois quarts des déscolarisés sont issus de familles ayant vécu une perte dont la trace est encore vive et un tiers vit dans un foyer dont l'un des membres est atteint d'une pathologie chronique, un jeune sur cinq ayant à la fois vécu une perte et une maladie chronique parmi ses proches.

Confrontées aux problèmes de déscolarisation, les familles semblent beaucoup plus redouter une éventuelle délinquance que le décrochage scolaire. Lorsqu'elles pensent comprendre l'origine des problèmes, elles y répondent par des mesures qui leur semblent essentielles, mais qui sont jugées excessives par les professionnels. Certains adolescents ne peuvent d'ailleurs pas exprimer leurs problèmes au sein de leur famille qui, toujours structurée selon les règles de la culture d'origine, a le pouvoir de les renvoyer au pays s'ils ont des velléités de s'adonner aux mœurs de la culture d'accueil. Or, l'intégration scolaire dépend en partie des attitudes parentales vis-à-vis de l'école. Et ces attitudes sont elles-mêmes à relier à l'insertion du père dans la vie française, en particulier au plan professionnel.

Il faut enfin tenir compte que, francophones ou non, certains jeunes migrants de fraîche date ont eux-mêmes souvent une assez mauvaise connaissance de la langue française sans qu'elle soit toutefois suffisamment mauvaise pour justifier de l'affectation dans des classes adaptées aux non-francophones. De plus, quand ils ont déjà été scolarisés dans leur pays, c'est souvent dans des conditions très différentes de celles auxquelles ils sont confrontés en France, tant en ce qui concerne les règles de vie relationnelles que les conditions de travail collectif et individuel.

• Les pairs

Les enfants déscolarisés investissent d'une manière très forte le groupe des pairs, donnant en quelque sorte l'impression de s'y fondre et de se confondre avec lui, tandis que les autres jeunes investissent leurs pairs d'une manière autorisant l'individuation. L'inscription territoriale du groupe des pairs est en relation avec l'assiduité. En effet, alors que les élèves normalement assidus investissent ce groupe au sein du collège, quasiment tous les déscolarisés l'investissent dans la rue qui devient rapidement pour eux un lieu d'inscription territoriale exclusive. Seule une très petite minorité de déscolarisés restent encore attachés à des camarades qu'ils ont connus à l'école.

Quand la famille et le collège ne semblent pas offrir suffisamment d'espace d'expression, quand ces espaces s'avèrent en conflit, les adolescents déscolarisés renforcent leur investissement dans le groupe des pairs évoluant dans la rue, donnant l'impression d'être aspirés par le dehors, par opposition aux dedans que constituent la famille et le collège. La manière de s'investir dans un groupe et son lieu d'inscription territoriale distinguent ainsi les sujets déscolarisés des autres adolescents. Trois éléments viennent étayer l'appartenance des déscolarisés à un groupe de la rue : l'image sociale de ce groupe, comment celui-ci gère ses frontières avec la collectivité et comment le jeune y investit ses pairs. Ce groupe a une très mauvaise image aussi bien chez les parents que chez les personnels du collège. Les faits et événements qui y surviennent, ceux qu'il provoque (délinquance, violences, errances, etc.) renforcent cette image et la légitiment aux yeux de la société.

Les élèves déscolarisés donnent l'impression de ne se sentir vivants qu'à travers leurs pairs, comme si la famille et la collectivité sociale ne pouvaient leur offrir suffisamment de stimulations. Leur investissement affectif dans le groupe est si massif qu'ils ne parviennent plus à s'individualiser et à se séparer du groupe. Les images négatives que leur renvoient la famille, l'école et les différentes structures sociales viennent en consolider les frontières. La fréquence des actes de délinquance et l'inscription dans la marge substituent les normes de la bande à celles défendues par le corps social. C'est ce qui permet à ces jeunes de se préserver contre la disparition des relations intersubjectives et de garder une image suffisamment positive d'eux-mêmes, malgré les ruptures et les discontinuités qu'ils ont connues.

Certains se déscolarisent, d'autres non

À la différence des déscolarisés, les élèves absentéistes, ceux qui sont à risque de déscolarisation, appartiennent en partie à des groupes à l'intérieur du collège et en partie à des groupes dont le territoire est la rue. Dans les cas de conflits, le portail du collège devient la frontière spatiale entre le « dedans » et le « dehors », susceptible de se transformer en terrain de violences entre ceux qui sont encore « du dedans », mais que « le dehors » vient chercher. C'est cette agressivité à la frontière qui peut faire basculer les élèves absentéistes vers « le dehors », vers l'exclusion. C'est elle qui peut conduire à la déscolarisation. La question reste posée de savoir comment certains élèves vont déclencher le mécanisme qui provoquera le renvoi du collège, alors que d'autres jeunes aux comportements voisins vont se maintenir dans la scolarité. Il faut, pour y répondre, mettre en avant cette agrégation d'événements que présentent les déscolarisés : des problèmes familiaux, un échec scolaire et un sentiment de frustration générant des tensions qui trouvent leur mode de décharge dans l'agir. Leur faible capacité de verbalisation entrave leurs échanges avec les enseignants et les administratifs ; elle obère dans le même temps la capacité de ces derniers à comprendre et à donner sens aux actes des premiers. La répétition d'un agir agressif renforce à chaque fois cette dynamique et se termine par la mobilisation de l'agressivité des professionnels. L'exclusion par renvoi soulage de la tension cumulée et libère élèves et professionnels.

Échec, appartenance sociale et sens donné à l'école

Après 1959, la France a ouvert l'accès à l'enseignement secondaire à l'ensemble des jeunes de moins de seize ans. Comme le remarquent Charlot, Bautier et Rochex (1992), cet accès semblait alors possible, tant au plan social, qu'institutionnel et financier. Cet accès aux études signifiait pour bon nombre de jeunes l'accès à de nouveaux savoirs. Il fut très vite constaté que cet accès au savoir n'était pas réellement suivi d'un accès aux connaissances pour certains adolescents, le plus souvent issus des milieux populaires. On observa ainsi dès les années 1970 l'existence d'une relation marquée entre l'échec scolaire et l'origine sociale. Lazar (1988) rapporte que 54 % des enfants d'ouvriers entrant au cours préparatoire en 1978 étaient en retard dans leur cursus à la fin du cycle primaire, contre 7 % seulement des enfants de cadres supérieurs. Deux concepts furent alors évoqués pour expliquer cette corrélation entre les inégalités sociale et scolaire, celui de *reproduction* et celui de *handicap socioculturel*.

Bourdieu et Passeron (1970) considèrent ainsi que les compétences culturelles prises en compte par le système scolaire sont celles de la classe dominante. Les enfants se trouvent inégalement distants de la culture scolaire et donc inégaux devant les études. C'est en ce sens que l'école contribuerait à reproduire et légitimer la hiérarchie des positions sociales. Pour Baudelot et Establet (1971), l'école serait en outre divisée en deux filières pratiquement étanches, l'une associée aux études secondaires et supérieures, l'autre aux études primaires et professionnelles. À la première correspondrait la formation des intellectuels et des élites ; à la seconde, celle des travailleurs manuels. Charlot *et al.* rappellent à ce propos l'existence de la théorie de la correspondance développée par Bowles et Gintis, selon laquelle il existerait une correspondance étroite entre les échelons relatifs à la division du travail, les différents niveaux d'éducation et « les formes de conscience, de conduite interpersonnelle et de personnalité que requièrent ces échelons et que développent ces filières scolaires » (p. 14). L'institution scolaire est alors perçue à travers ces approches comme l'opérateur permettant la transformation des différences sociales initiales en différences sociales ultérieures. Les handicaps socioculturels pourraient être associés à ces différences.

Les handicaps socioculturels

Trois perspectives théoriques abordent ces handicaps (Ogbu, 1978 ; Charlot *et al.*, 1992). La première – à laquelle on peut rattacher les travaux de Bernstein (1975), de Snyders (1976) et de Lautrey (1980) – met en avant l'absence chez certains enfants des bases culturelles et linguistiques nécessaires à la réussite scolaire. Cette thèse défectologique est à l'origine des actions de remédiations visant depuis un quart de siècle à compenser les carences originelles, en leur procurant de nouvelles perspectives temporelles, en leur permettant d'accéder à la loi ou encore d'arriver à un langage plus élaboré. La seconde perspective met l'accent sur le conflit culturel. Les jeunes issus des milieux populaires grandiraient au sein d'une culture différente de la culture dominante. Leurs valeurs, leurs attitudes et leurs styles cognitifs différeraient de ceux requis pour la réussite scolaire puis, plus tard, pour la réussite sociale. La responsabilité de l'échec peut alors être associée aux familles qui n'ont pas su favoriser cet accès à la culture ; elle peut également être associée à l'école qui ne prendrait pas assez en compte les valeurs des classes populaires. Mais on peut également considérer que l'école n'a pas su s'adapter à cette population. Telle est la thèse sous-jacente à la troisième perspective qui met en avant l'existence de déficiences institutionnelles. L'école favoriserait les classes moyennes et supérieures à travers les programmes qu'elle développe, les filières qu'elle propose, les faibles attentes des enseignants relatives aux enfants issus de classes défavorisées et le faible niveau d'aspiration susceptible d'en résulter chez ces derniers.

Comme le remarquent Charlot *et al.*, trois questions ne trouvent aucune solution à travers ces trois problématiques : celle de la singularité, celle du sens et celle du savoir. Si les théories du handicap et de la reproduction posent en termes sociologiques une question jusqu'alors posée en termes biopsychologiques, si elles cherchent à expliquer réussites et échecs scolaires à partir de la société et de la famille et non plus à partir du don, elles n'en posent pas moins problème. Les cas atypiques sont inexpliqués. Si certains jeunes issus de milieux favorisés échouent à l'école, d'autres adolescents d'origine populaire y réussissent. De même, si les trois quarts des enfants de cadres supérieurs ou de professions libérales obtiennent le baccalauréat, il n'y a qu'un enfant d'ouvriers sur quatre qui parvient au même résultat. Il ne faut donc pas confondre la corrélation entre les réussites scolaire et sociale et la fatalité de l'échec. Or les théories basées sur la reproduction ou sur le handicap social ne s'intéressent qu'à la corrélation et n'expliquent pas les *histoires singulières*. La loi de 1959 a ouvert l'enseignement secondaire à tous et, même si l'inégalité sociale entraîne une réelle inégalité scolaire, la démocratisation de l'enseignement a permis à de nombreux jeunes de parvenir à la réussite sociale par la voie de la scolarité.

Habitus et sens donné à l'école

Bourdieu (1972) pose le problème en des termes plus axés sur l'école elle-même. Sa théorie de l'*habitus* vise à expliquer comment les structures sociales engendrent chez un individu des pratiques apparaissant cependant déterminées par sa seule volonté. Les habitus, « systèmes de dispositions durables et transposables », à la fois sont structurés par les conditions d'existence et structurent les pratiques et les représentations individuelles (Charlot *et al.*, 1992, p. 16). Les pratiques se trouvent donc induites, via l'habitus, par les conditions sociales même si elles apparaissent déterminées par la volonté de l'individu.

Pour les tenants du handicap socioculturel, l'individu résulte des multiples influences de son environnement. Mais le milieu agit en interaction avec les individus, c'est-à-dire différemment d'une personne à une autre. Il n'exerce d'influence, « qu'au travers des sens personnels que chacun se construit à partir des significations sociales et des données objectives » (p. 17). C'est ainsi, pour ces auteurs, que s'expriment aujourd'hui deux exigences différentes mais convergentes dans l'abord des échecs scolaires : d'une part, l'identification et l'explicitation des médiations entre rapports sociaux et trajectoires scolaires, entre appartenance sociale et histoire singulière ; d'autre part, la prise en compte du versant subjectif de la question sociale de l'échec scolaire.

Le sens que l'enfant attribue à l'école et aux apprentissages qui y sont associés est insuffisamment pris en compte. La réussite scolaire est en étroite corrélation avec le travail effectué par l'enfant. Or travailler à l'école n'est pas, pour certains jeunes, synonyme d'apprendre. Il faut savoir pourquoi le jeune refuse de travailler et s'interroger sur ce qui pousse d'autres adolescents à travailler. C'est, disent Charlot *et al.,* la question des fondements de la mobilisation scolaire. Se centrer sur le groupe social ou se centrer sur la classe s'avèrent alors les deux grandes perspectives auxquelles on peut se rattacher pour répondre à la question. Une réponse est fournie par Ogbu (1974, 1978) qui constate que les jeunes des minorités ethniques ont conscience de l'existence d'un « plafond » concernant l'accès à l'emploi, qui fait que, même en cas de bons résultats scolaires, leur possibilité de réussite s'avère limitée. D'où un relatif désintérêt chez ces jeunes pour le travail scolaire et une absence d'esprit de compétition. Il y a moins là handicap socioculturel qu'adaptation raisonnée aux chances limitées de bénéficier du système éducatif.

Un rapport au savoir

La question du savoir peut être également évoquée. Isambert-Jamati (1990) souligne ainsi l'intérêt de s'interroger sur les contenus de l'enseignement. L'une des fonctions de l'école est de transmettre des savoirs que l'on ne peut acquérir ailleurs. D'autres fonctions se greffent sur cette mission, entre autres une fonction de différenciation et de hiérarchisation des jeunes, par référence à leurs résultats scolaires, et donc à leurs compétences mais aussi à leurs savoirs. Parler de reproduction suppose toutefois d'inégales appropriations des savoirs. De même, parler d'une nécessité de négociation implique que les enseignants persuadent certains jeunes d'acquérir des savoirs dont ils ne jugent pas l'utilité. Ces savoirs sont traités en termes de curriculum par les sociologues, c'est-à-dire en termes de parcours scolaires, de situations d'apprentissage et de finalités éducatives. Il faut distinguer le curriculum formel, prescriptif et intentionnel, que définit l'école, du curriculum caché, qui correspond aux acquisitions réelles de l'élève. La question du savoir se pose alors en termes d'apprentissages, et donc de différences acquises. Un adolescent peut donner du sens à l'école sans cependant avoir envie d'apprendre, ou tout en ayant envie d'apprendre sans toutefois s'approprier les savoirs nécessaires. La réussite scolaire peut lui apparaître souhaitable pour son avenir professionnel ou, à court terme, pour la satisfaction de ses parents, mais il s'avère incapable d'une réalisation effective au plan cognitif, où, même s'il fait des efforts, il ne parvient pas à progresser avec les méthodes pédagogiques employées. Il peut y avoir prise de conscience d'un but impossible à atteindre, qui vient s'opposer au sens initialement accordé aux études, et provoque une démobilisation du jeune. L'école peut alors devenir le symbole d'une société frustrante où toute progression s'avère impossible (Charlot *et al.*, 1992).

Le rapport des adolescents au savoir s'avère donc primordial. Charlot (1982) analysait ce rapport en termes de représentations, c'est-à-dire à travers les images, les attentes et les jugements portant sur le sens et la fonction sociale du savoir mais aussi de l'école, sur les disciplines enseignées, sur les situations d'apprentissage et sur soi-même. Charlot *et al.* distinguent dix ans plus tard le rapport au savoir du rapport à l'école. Pour ces auteurs, « le rapport au savoir est une relation de sens, et donc de valeur, entre un individu (ou un groupe) et les processus ou produits du savoir... Le rapport à l'école est une relation de sens, et donc de valeur, entre un individu (ou un groupe) et l'école comme lieu, ensemble de situations et de personnes » (p. 29). Le rapport au savoir est donc rapport à des processus (acte d'apprendre) et à des produits (compétences acquises, objets culturels et sociaux) ; il est relation de sens et de valeur : il valorise ce qui fait sens pour lui ou confère du sens à ce qui a pour lui une valeur. Le fait que le savoir ait ou non sens et valeur pour un adolescent est associé à son identité et à l'image qu'il a de lui-même.

La motivation scolaire

Pour ces auteurs, trois processus de mobilisation scolaire ressortent du discours des adolescents. Le premier associe différents éléments. Certains sont associés aux élèves : travailler pour passer, ne pas se laisser entraîner par les camarades, aimer le professeur et la matière qu'il enseigne, apprendre et éventuellement comprendre, s'intéresser, se sentir encouragé par les résultats obtenus et rivaliser avec les camarades. D'autres ont trait aux enseignants : faire des cours intéressants, bien expliquer, bien conseiller, parler avec les élèves, etc. Ce processus est complexe car tous les éléments interagissent et n'ont pas le même poids pour tous les élèves et tous les enseignants. Le second processus donne une place primordiale au savoir : on ne travaille plus seulement pour passer mais aussi pour apprendre. L'important est alors de comprendre et, si les éléments énoncés dans la précédente constellation interviennent, c'est avec un moindre poids et toujours canalisés par cette importance des connaissances à acquérir. Le troisième processus a trait à la non-mobilisation scolaire des élèves : ne pas aimer l'école, ne pas travailler, ne pas aimer les enseignants ni ce qu'ils enseignent, se laisser entraîner par les autres, etc. Il est associé en ce qui concerne l'enseignant, aux faits de mal enseigner, de ne pas s'intéresser aux élèves, de mal expliquer, de manquer d'autorité et de paniquer les jeunes. Il faut également tenir compte, disent ces auteurs, que la non-mobilisation scolaire peut être associée à l'existence d'autres intérêts. Les adolescents sont focalisés sur le présent, sur leur jeunesse, sur les copains. Ils aiment s'amuser et traîner dans la cité. Ils sont mobilisés sur leur famille actuelle ou à venir, sur des problèmes et des bonheurs qui ne relèvent pas de la logique scolaire. Peut-être pourraient-ils aussi être mobilisés par l'école, si celle-ci savait les intéresser.

La réussite scolaire implique le travail. Mais, demandent Charlot *et al.*, qu'est-ce que travailler à l'école ? Pourquoi certains travaillent-ils et d'autres ne travaillent-ils pas ? Quels processus sociaux, subjectifs et épistémiques s'articulent aux processus scolaires pour conduire à la réussite ou à l'échec ? En d'autres termes, pourquoi travailler à l'école ? Pourquoi apprendre ? Un quart des élèves interrogés semble ne rien attendre de l'école, ou n'en attendre que des choses qui ne correspondent pas à la fonction spécifique des collèges. Cette non-mobilisation est pour d'aucuns associée à d'importants problèmes familiaux. Elle est pour d'autres en relation avec une remise des efforts à plus tard, quand ils seront plus « grands ». Dans un cas comme dans l'autre, aller à l'école n'a pas de sens pour eux. Pour d'autres cependant, aller à l'école a un sens sans pour cela les mobiliser, soit qu'il soit trop ponctuel, ou trop large ou encore sans rapport avec les fonctions de l'institution scolaire. Ainsi pour quelques collégiens, l'école n'a de sens que pour telle ou telle discipline, ou au contraire se trouve évoquée sans la moindre consistance (l'école sert à apprendre des tas de choses, des choses qui servent pour l'avenir, etc.), ou même associée au « savoir-faire de la vie » ou à se faire des amis, etc. Un certain nombre d'adolescents refusent enfin tout sens à l'école, l'intérêt portant sur la vie active. Tout ce qui est scolaire est alors disqualifié au nom de l'exercice d'un métier. Deux notions sont cependant à distinguer à ce propos : la mobilisation à l'école (c'est-à-dire y travailler) et la mobilisation sur l'école (c'est-à-dire attribuer un sens à sa fréquentation). Si le jeune ne donne pas de sens à l'école, il n'y travaille pas et se laisse entraîner par ses camarades. Souvent il redouble. Réussite et échec scolaire sont ici en relation avec des processus sociaux et subjectifs qui débordent le cadre du collège.

L'influence familiale

Les travaux de Charlot *et al.* ont montré que l'aspiration à avoir un bon métier, un bon avenir et une belle vie comptait dans la mobilisation des jeunes pour l'école, en particulier en ce qui concerne ceux qui sont issus de familles populaires. Ils ont également mis en évidence l'importance du fait que les jeunes donnent un sens au savoir et à l'acquisition de connaissances. Mais la mobilisation scolaire des adolescents et ce qui la motive sont étroitement associés aux prises de position des familles. La mobilisation des adolescents sur l'école se construit ainsi à travers l'articulation de plusieurs processus familiaux. Le premier concerne la construction d'un système de référence, à partir de la propre scolarité des parents et de l'éventuelle fratrie. Ainsi la réussite ou la non-réussite professionnelle des uns ou des autres vont influencer le jeune dans le fait de faire ou de ne pas faire comme eux pour réussir personnellement sa vie, de les prendre comme modèles ou au contraire de ne pas commettre les mêmes erreurs. Un deuxième processus consiste en l'incitation familiale qui peut être implicite (si le jeune ne réussit pas, les parents peuvent en souffrir) ou explicite (les parents parlent de sa scolarité à l'adolescent, l'incitent à bien travailler). Un troisième processus a trait à l'aide apportée par parents et fratrie, l'aide aux devoirs par exemple. La quatrième porte sur l'appropriation par le jeune de la demande de sa famille. Cette demande de bien travailler et de bien faire est alors non seulement assumée, mais reconstruite par l'adolescent. Elle devient volonté de réussir, de se mobiliser sur l'école. En un sens, disent ces auteurs, l'objectif familial de réussite s'associe chez le jeune à un désir de réussir afin que ses parents soient fiers de lui. Mais si certaines demandes familiales incitent le jeune au travail, ce n'est pas toujours le cas. Certains processus familiaux vont ainsi aider l'adolescent comme nous venons de le relever, mais d'autres sont susceptibles de faire obstacle ou même de s'inverser. Ces jeunes vont alors être détournés de la réussite scolaire par le poids des tâches familiales ou celui des obligations religieuses. D'autres vont être incités au travail mais sous de telles exigences, sous de telles contraintes, qu'ils vont en être découragés. De plus, les projets familiaux peuvent être chargés d'ambivalence. Certaines familles peuvent en effet être très motivées pour la réussite de leurs enfants – en particulier certaines familles migrantes – sans pour autant avoir la possibilité et la capacité d'opérationnaliser leur désir dans une aide technique efficace apportée à l'enfant. D'autres familles peuvent connaître des conflits de valeurs et de légitimité à propos des savoirs. Espoirs et craintes peuvent être intriqués et la trajectoire nécessaire à la réussite scolaire et sociale être mise en question à travers les modes de vie qu'elle implique pour le jeune, le fait de ne pas s'amuser, de ne pouvoir « vivre sa jeunesse », et ce devant un avenir sans certitudes.

Projet et insertion professionnelle

Quelle est la place du projet, quelles sont les perspectives temporelles à l'adolescence ? Projet et réalisation ne doivent pas être confondus. Le projet puise son énergie dans les besoins, les désirs et les motivations du jeune. S'interstructurent alors la *représentation de soi* et *les représentations sociales* de la réussite, de la profession et des rôles, les *systèmes socioculturels* producteurs de valeurs impliquant attentes et pressions et les *modalités personnelles* de hiérarchisation des valeurs. Pour avoir un projet, le jeune doit s'avérer capable de *subordonner des moyens à des fins*. Il doit être suffisamment tendu vers son objectif pour y parvenir dans l'effort et le plaisir. Il doit donc pouvoir se placer dans une perspective temporelle, se référer à la dimension temporelle vécue, dans laquelle il insère son comportement et l'extension de sa représentation des événements passés ou futurs de son existence. Avoir un projet implique pour l'adolescent d'*anticiper*, de *prévoir* et de *gérer le temps*, d'analyser et de maîtriser les *possibles* en relation avec le *souhaitable*. Ce souhaitable peut être prescrit par la société, légitimé par des valeurs, ou tout simplement désiré par l'individu. Le projet à l'adolescence est donc en quelque sorte une mise en perspective en rapport avec le passé et le présent, mise en perspective qui implique des capacités cognitives, une mobilisation dans l'instant et un contexte social qui permette à l'adolescent la mise en œuvre du projet (Tap et Oubrayrie, 1993).

Facteurs d'insertion professionnelle

Les interactions de quatre catégories d'*influençants* sont à l'origine de la manière dont un jeune développe et réalise son insertion professionnelle : des *dotations génétiques* (des talents particuliers, des handicaps, le sexe, etc.), des *événements environnementaux* (nature et nombre des emplois disponibles, des fonctions possibles, des lois organisant le travail, etc.), des *expériences d'apprentissage* (scolaires, par exemple) et des *habiletés d'approche de la tâche* (compétences antérieurement acquises) (Kulmholtz, 1979 ; Guichard, 1993). Mais le projet doit aussi être abordé en relation avec l'identité du sujet et la représentation fantasmatique des professions (Erikson, 1972). Le choix de la profession, comme celui des études, s'avère difficile, tant de par les caractéristiques des adolescents, que du fait du contexte socio-économique : malaise au sein du système éducatif, réformes répétées des programmes et des filières, chômage particulièrement important chez les jeunes, etc. Nombre d'adolescents sont ainsi victimes d'atermoiements, de renoncements et de démissions avant de parvenir à un CAP ou au bac. Certains jeunes ont cependant fait un choix, mais celui-ci ne résiste pas souvent au contact de la réalité des études ou des exigences de l'emploi. La fin des études n'apporte donc pas le soulagement escompté. Bien souvent au contraire, elle réactive l'angoisse au moment de la confrontation avec la recherche d'un emploi, d'où l'idée chez beaucoup de se donner un temps intermédiaire entre la vie scolaire et la vie professionnelle. Certes, cet avenir est-il différemment perçu selon que les jeunes fréquentent l'enseignement général ou l'enseignement professionnel : 87 % des adolescents scolarisés en lycée désirent poursuivre leurs études contre seulement 43 % des élèves de LP. La plupart rêvent cependant d'un temps libre entre la fin de leurs études et leur vie professionnelle (72 % des garçons du cycle long et 80 % de ceux du cycle court ; respectivement 70 et 73 % des filles). Certains rêvent d'un voyage (66 % des garçons du cycle long et 67 % de ceux du cycle court, respectivement 68 et 58 % des filles) ; d'autres, enfin, parlent de petits boulots dans l'attente du choix professionnel définitif (54 % des garçons du cycle long, 78 % de ceux du cycle court, et respectivement 39 et 80 % des filles). L'avenir professionnel plus lointain, l'idée de *faire carrière* ne concernent que 39 % des garçons et 38 % des filles du cycle long, et seulement 33 % des garçons et 18 % des filles du cycle court.

Trois élèves sur quatre donnent un sens à l'école. Celui-ci porte sur leur avenir, le métier qu'ils feront plus tard et la vie qu'ils pourront mener grâce à leurs études (Charlot, Bautier et Rochex, 1992). Le métier est évoqué en association avec des déterminants positifs : un bon métier, un travail intéressant, un métier qui plaît, etc.. Parfois même le métier est cité. Quatre catégories sont alors représentées : les choix réalistes, voire résignés, tels que facteur, mécanicien, cuisinier ou coiffeuse ; les choix qui manifestent une ambition

raisonnable, tels que puéricultrice, informaticien ou professeur d'école ;
ceux qui ne sont accessibles qu'à travers de très longues études, tels que
psychiatre, avocat, ingénieur ou professeur ; ceux enfin qui relèvent du
rêve, tels que footballeur, chanteur, danseuse ou créateur de bandes dessi-
nées. Ne parlons pas des futurs ministres, parapsychologues, rappeurs et
zoulous… Les critères de choix de ces métiers sont qu'ils « payent » et
qu'ils plaisent. Les mobiles sont parfois confus : parce que c'est un beau
métier, ou encore, chez des jeunes filles issues de la migration parce que
cela permet en faisant des études longues de ne pas se marier (sous-entendu
dans un mariage forcé organisé par la famille). Le métier est toujours perçu
comme ce qui prédéterminera la vie future et évitera le chômage ou les
petits boulots.

Quatre cas de figure ressortent de l'analyse de ces auteurs en ce qui
concerne les médiations entre l'école et le métier :

– soit l'avenir est évoqué sans allusion aux études,
– soit il n'y a qu'une médiation institutionnelle (pour avoir un bon métier,
  il faut avoir des diplômes, aller longtemps à l'école, etc.),
– soit cette médiation implique l'acquisition de connaissances que l'adolescent précise,
– soit, enfin, le jeune parle de ses études sans pour cela évoquer le métier
  qu'il fera (ce qui est important, c'est de faire des études).

Deux logiques ressortent de ces quatre cas de figure. L'une relie l'accès au
métier à la fréquentation de l'école et à la réussite scolaire, l'autre l'accès à la
profession et l'acquisition de savoirs. À ces deux logiques correspondent des
rapports au savoir et à l'institution différents. Dans l'ensemble ces jeunes
manifestent cependant un certain réalisme en associant des études assez longues avec l'exercice d'une profession plus intéressante. De même, le collège
au quotidien est vécu différemment par les élèves qui pensent leurs études en
termes d'avenir et par ceux pour qui acquérir des connaissances a un sens en
soi. Pour les premiers, le temps scolaire dévore leur jeunesse et il est agréablement ponctué par certains cours (rares il est vrai), par les conseils de classe
et… par les perturbations qu'eux-mêmes ou leurs camarades peuvent provoquer. Pour les seconds, ce temps n'est pas vide car il donne accès au savoir. Ils
n'en déplorent cependant pas moins que ce temps les empêche de vivre et de
s'amuser.

Les difficultés d'insertion professionnelle

Il faut s'interroger, avec Charlot *et al.* (1992), sur les difficultés particulières
observées chez certains adolescents et se demander quelles sont leurs capacités de réussite professionnelle en relation avec les possibilités d'apprendre et
le désir de s'instruire, mais aussi avec les souhaits et projets de leur famille et
leur compatibilité avec leurs propres possibilités et désirs.

Tous les adolescents s'avèrent conscients de l'existence de difficultés dans l'accès à la vie professionnelle. Que ces difficultés d'accès au monde du travail soient liées au jeune lui-même ou à la société, leurs conséquences sont les mêmes sur le psychisme de l'adolescent : sentiment d'échec personnel, de rejet du corps social, impression d'une scolarité inutile, risque de marginalisation. Il y a en effet dans l'incapacité à trouver un emploi une impossibilité de gratification de l'image sociale recherchée, voire un vécu d'échec dans cette image. Mais, même si l'adolescent trouve du travail, les difficultés sont importantes, tant l'adaptation de sa scolarité au monde professionnel et ses multiples interactions avec le contexte familial, les motivations personnelles s'avèrent peu adéquates. Ainsi, depuis une dizaine d'années, il faut constater que l'entrée des jeunes dans la vie professionnelle se caractérise surtout par le taux croissant du chômage et par l'inadéquation de leur préparation à la vie professionnelle. Or, l'insertion professionnelle doit être normalement l'achèvement d'un long cycle où la vocation, le choix d'un métier, le désir d'ascension au sein de la société et l'identification à une image sociale interagissent. Le cursus scolaire est en effet en relation avec le milieu familial, le contexte socioculturel et les motivations individuelles. Le passage au monde professionnel est un espoir pour nombre de jeunes en situation d'échec scolaire ou de rejet de l'école. Il peut leur sembler une chance de sortie d'un système rejetant et rejeté, une chance de se dégager de la spirale d'échec qu'ils connaissent. Mais souvent, mal ou non préparés à s'insérer dans la vie professionnelle, ils ne trouvent pas d'emplois ou se voient proposer des métiers dévalorisants et dévalorisés. Jeunes encore, plus jeunes que leurs camarades qui poursuivent des études, ils sont en outre en plein dans les bouleversements psychoaffectifs de l'adolescence. Mal dans leur peau, mal intégrés, peu intégrables, ils vont vers l'échec puis persistent dans l'échec.

D'autres adolescents s'avèrent capables de poursuivre des études plus longues. Mais ils connaissent alors les problèmes de dépendance financière et sociale et évitent la confrontation aux réalités de la vie professionnelle. Certains vont ainsi poursuivre une interminable adolescence à travers ce que l'on peut qualifier de scolarité-refuge. Ainsi, certains jeunes après avoir entrepris de longues études où ils se sont montrés brillants, sont pris d'inquiétude devant le monde professionnel, inquiétude qu'ils masquent derrière des rationalisations : il faut parfaire ses connaissances, il faut entreprendre des études complémentaires, etc. Il y a là parfois manifestation du fait que les études poursuivies le furent surtout par soumission aux parents. Il peut dans les cas extrêmes se présenter des effondrements psychiques graves, voire des épisodes psychotiques aigus. Cela surprend d'autant plus les familles que ces jeunes se conduisaient studieusement, sans manifester les problèmes affectifs typiques à cette période de la vie.

Ainsi, les études se sont allongées depuis un quart de siècle, et l'adolescence s'est d'autant prolongée. Les conditions économiques aidant, l'intégration sociale et l'insertion professionnelle se font de plus en plus avec difficultés, et de nombreux jeunes s'avèrent mal armés pour affronter tant leur adolescence que leur scolarité. D'autant plus que les structures n'évoluent que très lentement au sein de l'Éducation nationale, et les mentalités plus encore. De l'affrontement de cette jeunesse et d'un système scolaire qui lui est plus ou moins approprié, peuvent naître nombre de conduites inadaptées.

Une insertion différenciée selon le sexe

Comme le rappelle Huteau (1995), les intentions d'avenir exprimées par les adolescents diffèrent sensiblement selon que l'on s'adresse à des garçons ou à des filles. Repérables dès l'enseignement élémentaire, ces différences s'avèrent très importantes à la fin du collège et plus encore pendant les années passées au lycée, qu'il s'agisse des projets scolaires et/ou professionnels ou de la manière de se projeter dans l'avenir. Ainsi Wach et al (1992) montrent que, si pratiquement tous les élèves en fin de troisième désirent poursuivre des études, ce désir s'exprime différemment pour les filles et les garçons. Ainsi les 20 % qui se destinent à un cycle court de type BEP se distinguent dans leurs choix, les garçons visant plutôt un BEP industriel et les filles un BEP tertiaire. De même, trois adolescents sur quatre choisissant une filière technologique sont des garçons s'orientant vers un baccalauréat de technicien industriel, les filles aspirant à un baccalauréat de technicien de gestion. Enfin, en ce qui concerne les bac de l'enseignement général, 45 % des jeunes inscrits dans la filière S sont des filles alors qu'elles sont 65 % dans la fière ES et 82 % dans la filière L. De même, en ce qui concerne les métiers choisis, les professions d'électricien, de mécanicien, d'ingénieur ou d'informaticien sont typiquement masculines, tandis que d'autres s'avèrent féminines : secrétaire, professeur d'école, comptable, etc. Les intentions d'avenir relatives à la vie affective, au mode et au genre de vie différencient également les garçons des filles (Boyer, 1991). La dimension familiale de l'avenir est plus présente chez l'adolescente où elle entre en compétition avec la dimension professionnelle, qui seule préoccupe le plus souvent les garçons.

Deux hypothèses peuvent être posées. Selon la première, les différences d'aspiration résulteraient des différences d'aptitudes ou de compétences scolaires. Selon la seconde elles s'expliqueraient plutôt par des caractéristiques personnelles relatives à l'identité de genre.

S'inspirant des travaux de Robert (1994), Huteau rappelle ainsi la supériorité masculine dans le domaine des aptitudes spatiales, du moins après l'âge de 5/6 ans. Par contre les filles sont nettement supérieures aux garçons dans le domaine des aptitudes verbales pour ce qui concerne le langage. Il est vrai que depuis quelques années ces écarts tendent à s'atténuer et s'affaiblissent en outre en fonction de l'évolution sociale. On observe par ailleurs une supériorité moyenne des garçons pour les enseignements scientifiques, en particulier en mathématiques et surtout en physique, et une supériorité des filles en français. Il faut, ici encore, moduler ces observations par l'existence de biais venant les obérer : d'une part, l'évaluation des enseignants est un processus d'information partiellement guidé par leurs croyances et leurs connaissances ; d'autre part cette évaluation tend à surestimer les filles dans la mesure où leurs comportements sont plus conformes aux attentes des professeurs.

Les caractéristiques comportementales jugées désirables (et plus ou moins possédées) chez les hommes et chez les femmes ont été particulièrement étudiées (Bem, 1978) : ambitieux et agressifs, indépendants et énergiques, pour les uns ; affectueuses et compatissantes, compréhensives et maternelles, pour les autres. Ces représentations stéréotypées influencent considérablement les autodescriptions des adolescents des deux sexes. Vouillot (1993) montre ainsi que les garçons de terminale se décrivent plus ambitieux et individualistes que les filles ; les adolescentes plus sociables et émotives que les adolescents. Les caractéristiques ainsi attribuées sont cohérentes avec leurs intentions d'avenir, qui s'avèrent elles-mêmes des éléments de l'image de soi.

Filles et garçons tendent alors à valoriser les éléments des filières scolaires et des métiers qui leur semblent correspondre à l'image qu'ils ont d'eux-mêmes, à attribuer davantage de prestige aux professions qui leur paraissent plus accessibles aux personnes de leur sexe. À l'adolescence, filles et garçons possèdent des caractéristiques identitaires en partie différentes qui résultent de leur socialisation au cours de l'enfance, socialisation différenciée selon le sexe. Ces caractéristiques renforcées par le fait d'une représentation du monde social également liée au sexe vont influencer leurs intentions d'avenir. Huteau décrit ainsi « le processus de construction des intentions d'avenir… comme un processus de comparaison entre des traits définissant le schéma de soi et des attributs du prototype de l'élève dans une filière ou du professionnel dans un métier » (1995, p. 169). Cette position est assez voisine de celle de Gottfredson (1981) qui considère que les deux éléments centraux de la représentation de soi sont l'identité de genre et le désir d'occuper des fonctions sociales de haut niveau. Le jeune élabore simultanément une représentation de lui-même et une représentation du monde professionnel. Ces professions, étant à la fois caractérisées par leur position sur la dimension opposant masculinité et féminité et par leur place dans la hiérarchie sociale, se situent sur une carte cognitive définie par ces deux dimensions quasi indépendantes. L'élaboration des intentions d'avenir correspond alors à un processus de restriction progressive du choix des possibles, le jeune éliminant les professions qui ne correspondent pas à son degré de masculinité-féminité, puis celles qui sont au-delà d'un seuil supérieur et en deçà d'un seuil inférieur sur l'échelle des positions sociales, affinant enfin ses choix en prenant en compte intérêts, valeurs et compétences particulières.

Chapitre VI

Crise adolescente et quête identitaire

L a notion de crise est d'abord apparue dans le contexte juridique où elle désignait le temps de la sentence. Elle sera rapidement utilisée en médecine, puis en sociologie, en politique et en économie. L'analyse historique du concept de crise en médecine permet de dégager deux sens très différents du terme, qui passe d'une notion bénéfique de résolution d'une maladie au XIXe siècle à une conception maléfique de traumatisme pathologique à la fin du XXe siècle. Comme le remarque Claes (1991), cette notion recouvre également des significations telles que tournant décisif, saut dans l'inconnu, succès ou désastre. Deux acceptions de la crise peuvent se rencontrer en psychologie : l'une met l'accent sur l'idée de rupture, de changement brutal et d'importantes modifications comportementales ; l'autre sur des perturbations dans le fonctionnement psychologique, entraînant malaise et souffrance. L'idée d'un temps de tumultes à l'adolescence n'est pas neuve et se rencontrait déjà chez Jean-Jacques Rousseau et les romantiques allemands. L'expérience adolescente est alors décrite à travers le déchirement entre les poussées instinctives et les conventions sociales.

La référence au concept de crise est donc complexe et ambiguë. Dans le champ psychopathologique, Marcelli et Braconnier (1999) définissent une crise comme « un moment temporaire de déséquilibre et de substitutions rapides remettant en question l'équilibre normal ou pathologique du sujet. Son évolution est ouverte, variable ; elle dépend tout autant de facteurs internes qu'externes » (p. 40). La notion de crise s'oppose donc à celles de conflit (lutte entre deux positions antagonistes sans limite temporelle définie), de stress (activation de mécanismes régulateurs en réponse à un stimulus pathogène), de catastrophe (qui induit l'idée d'une issue malheureuse) et d'urgence (qui induit l'idée d'une réponse immédiate). Ces notions sont cependant en partie présentes à des degrés variés dans le terme de crise.

Phénomène de société et/ou crise du développement

La question se pose, avant toute réflexion, de savoir qui, en réalité, est en crise (Brusset, 1975). S'agit-il des adolescents ou de la société ? La crise adolescente serait en effet attachée à un changement historique, à la modification des liens parentaux, à l'évolution des familles et à l'émergence de nouvelles cultures et de nouvelles pratiques sociales. La crise de la civilisation donne lieu à des vues imputant les difficultés des jeunes au fait que la société est malade. Mais le propos est un peu rapide car l'analyse trop générale. Il n'en est pas moins vrai qu'il faut prendre en compte l'éventualité d'une relation entre le développement de la société et celui des individus (Marcelli et Braconnier, 1999). C'est ainsi que Brusset relève la convergence entre l'état de l'adolescence postérieure à l'enfance et celui de la civilisation postérieure à l'industrialisation. La société moderne, née au XIXᵉ siècle, connaîtrait en quelque sorte son adolescence. Comme le remarquent Marcelli et Braconnier, cette conception associe étroitement la notion de crise et les facteurs de croissance de la société et de l'homme. La représentation valorisée de l'adolescence permettrait à l'aube du troisième millénaire de donner une image rassurante des transformations de la société qui la conduirait vers un état d'équilibre et de sérénité.

Les auteurs ayant abordé le concept de crise d'adolescence peuvent se regrouper selon différentes perspectives : la première qui s'inspire d'une psychologie de l'enfant imprégnée d'un système d'éthique philosophique est celle de Maurice Debesse (1936, 1941) qui décrit la *crise d'originalité juvénile*. La deuxième est celle de Pierre Mâle (1964) qui parle de *crise juvénile* à l'adolescence, dont il présente une description clinique cohérente. La troisième est celle des psychanalystes. Deux autres perspectives s'interrogent sur l'existence même d'une crise lors de l'adolescence : la théorie focale de Coleman (1980) qui la nie – du moins en ce qui concerne la plupart des adolescents ; la thèse de Delaroche (1992), selon laquelle la crise consisterait en une accélération du processus d'adolescence. Une dernière approche, due à Erikson (1968), prend en compte un ensemble de crises qui marqueraient le développement de l'individu à travers huit stades. Le cinquième stade, l'adolescence, est celui de la crise identitaire.

La crise d'originalité juvénile

Debesse (1936) part du constat que le désir d'originalité de l'adolescent se retrouve dans de nombreuses œuvres littéraires et que ce fait est une observation courante de la part des parents et des éducateurs. Ce désir d'originalité et cette propension à se considérer comme un être d'exception seraient contemporains de la puberté et se manifesteraient particulièrement vers la quinzième année. Ils seraient en partie constitutifs de la *puberté mentale* qui accompagne les transformations physiologiques.

La crise d'originalité correspond à la forme la plus visible de ce désir d'originalité que manifestent les adolescents. Son début coïnciderait souvent avec des événements de vie (mort d'un être cher, chagrin d'amour, etc.). Elle pourrait débuter dans la soudaineté et la violence. Elle présente deux faces :

- l'une individuelle, qui se caractérise par une affirmation exaltée de soi et une découverte du moi comparable, dit Debesse, à la découverte du corps par le bébé ; elle se traduit par un goût de la solitude, des excentricités vestimentaires, comportementales et langagières et par la passion de réformer et de moraliser le monde ;
- l'autre sociale, qui se manifeste par la révolte juvénile à l'égard des adultes et des systèmes valoriels ; les jeunes reprochent alors plus particulièrement aux adultes leur manque de compréhension à leur égard et le fait qu'ils refusent leur indépendance.

Trois phases peuvent être observées, se manifestant de 14 à 16 ans par le besoin d'étonner, de 16 à 17 ans par l'affirmation de soi et après 18 ans par le dénouement de la crise, la prise de recul et la capacité de nuancer ses jugements, tant sur soi que sur les autres.

Cette crise favoriserait, selon Debesse, la construction de la personnalité juvénile et présenterait un fort potentiel constructif ; elle ne varierait pas selon les époques ou les cultures, car ayant pour origine la prise de conscience du moi. Mais son déroulement pourrait être entravé ou favorisé selon l'époque ou la culture. Elle nécessite ce que Debesse appelle une *pédagogie de la crise*, pédagogie d'accompagnement adaptée à chaque adolescent.

L'analyse paraît quelque peu désuète aujourd'hui d'autant plus qu'elle correspond à des jeunes d'un milieu socialement et intellectuellement favorisé, ce que l'auteur ne niait en aucune sorte, puisqu'il précisait qu'elle caractérisait surtout les adolescents manifestant une richesse de vie intérieure et sentimentale (Marcelli et Braconnier, 1999).

La crise juvénile

Se fondant sur son expérience de psychothérapie, Mâle (1964) décrit le tableau de la crise juvénile dont la phase pubertaire marque le début. Deux points essentiels permettent de caractériser la crise pubertaire qui marque le début de la crise juvénile :

- le doute sur l'authenticité de soi et de son corps (besoin de réassurance, crainte d'être observé, stations devant le miroir, etc.),
- l'entrée en jeu de la tension génitale et de la masturbation, et la culpabilité qu'elles entraînent.

De cette crise pubertaire doivent être distinguées les dysharmonies de l'évolution pubertaire, marquées à la fois par l'écart entre un corps encore infantile et des moyens d'expressions génitales presque matures, et par le contraste entre une activité pulsionnelle marquée par la génitalité et des mécanismes de défense encore infantiles.

On est alors en présence d'adolescents dont le développement somato-endocrinien est très précoce ou retardé, et les aspects psychologiques caractérisant le processus d'adolescence sont décalés par rapport au développement physiologique. On peut alors constater des pulsions agressives compensatrices de la sexualité bloquée – Mâle parle de *pulsions latérales*. Ces pulsions peuvent se manifester par une simple attitude caractérielle ou prendre l'aspect de fugues ou de conduites délinquantes. La sphère cognitive peut également être envahie entraînant des troubles scolaires, surtout entre 12 et 14 ans.

La crise juvénile proprement dite suit la crise pubertaire. De durée variable, elle peut aller jusqu'à 25 ans et plus. Elle s'exprime par des attitudes et des comportements (extension des intérêts, goût de l'abstraction, originalité, isolement, opposition au milieu familial), voire la survenue de troubles variés (refus scolaire, échec aux examens, alternance de comportements agressifs et masochistes). Mâle y distingue les crises juvéniles simples des crises sévères. Dans les premières, l'acceptation de l'image de soi est assez facile et les réactions de l'adolescent chargées d'angoisse. Les attitudes d'échec sont réversibles et l'intelligence reste disponible. Les crises sévères sont marquées par une acceptation difficile de l'image de soi et peuvent inclure :

– des névroses d'inhibition (difficultés d'expression, crainte de l'autre sexe, inhibition intellectuelle et sociale, etc.),

– des névroses d'échec (échec scolaire, échec sentimental, pensée perturbée, instable, etc.),

– la morosité, état proche de l'ennui infantile (je ne sais pas quoi faire…), manifestant un refus d'investir le monde, les objets et les personnes et incluant un risque élevé de passage à l'acte (fugue, délinquance, drogue et suicide).

Approches psychanalytiques

Les conceptions psychanalytiques ont particulièrement contribué à caractériser l'adolescence par des perturbations et des inadaptations passagères. Ces perturbations qui s'inscrivent dans l'histoire du sujet seraient nécessaires au bon déroulement de cette période. Ce serait leur absence qui constituerait un pronostic défavorable quant à l'équilibre du futur adulte.

Introduisant une discontinuité dans l'homéostasie antérieure, la puberté conduit à un ensemble de remaniements psychiques atteignant le niveau pulsionnel mais aussi le niveau instantiel. L'adolescence est alors décrite comme une période de tumultes caractérisée par une recherche d'autonomie exacerbée et des manifestations brusques et changeantes. Pour Gutton (1991), il s'avère alors nécessaire de distinguer la puberté et son équivalent psychique, le *pubertaire*, de l'*adolescens* (en d'autres termes, l'adolescence). La canalisation du surcroît pulsionnel, le travail de deuil, les réaménagements défensifs et la quête identitaire constituent alors les principales tâches de l'adolescent dont les préoccupations centrales concernent les transformations corporelles qui bouleversent l'image qu'il avait de son corps. Premier représentant des pulsions sexuelles et agressives, le corps devient l'instrument de référence du jeune par rapport à son environnement et aux possibilités qu'il a de le maîtriser. Ce bouleversement peut induire des représentations négatives de l'image du corps qui peuvent se généraliser à celle de sa personnalité. D'autant plus, que parallèlement aux modifications physiques, s'ajoute un mouvement intrapsychique conduisant l'adolescent à se désengager des relations et des projets qu'il avait construits dans l'enfance. Cette perte des objets infantiles entraîne alors la mise en place de mécanismes de défense vis-à-vis des pulsions sexuelles et agressives, mais aussi vis-à-vis du sentiment de la perte du lien qui l'unissait à ces objets, perte qui amène à un remaniement des identifications, susceptible de déboucher pour certains sur des troubles identitaires (M.J. Mouras, 1999).

L'irruption de la puberté provoque une tension corporelle qui s'exprime à travers la nervosité ou l'anxiété de l'adolescent, mais aussi par la discontinuité dans l'expression de ses émotions. Le manque de « quiétude » corporelle peut se traduire par des plaintes somatiques diffuses accompagnées d'une inquiétude sur la maladie conduisant les jeunes (les filles en particulier) à accroître leur consommation médicale. La fragilisation de l'appareil psychique provoque également des difficultés à résoudre les conflits internes qui sont extériorisés pour fuir une tension douloureuse. La décharge motrice qui en résulte permet alors d'évacuer les tensions liées à l'énergie pulsionnelle à travers des passages à l'acte ou des équivalents manifestant une maîtrise défensive, dans la pratique exagérée d'un sport par exemple, ou à travers des mouvements répétitifs proches des tics. Les tendances à l'agir manifestent aussi l'inadéquation entre les émotions nouvelles que ressent le jeune et la pauvreté du langage qu'il est capable d'utiliser dans le registre émotionnel. Elles sont enfin liées à la nécessité d'expérimenter les tensions internes pour les maîtriser et à la crainte de la passivité associée à l'enfance (Chapelier, 2001).

De nombreux psychanalystes ont ainsi proposé une réflexion relative à l'adolescence en termes de crise. Anna Freud, Laufer, Evelyne Kestemberg, et bien d'autres considèrent que la crise d'adolescence renvoie à un « conflit de développement » qui serait éprouvé par tous les adolescents à un degré plus ou moins grand. L'adolescence est selon eux un moment de réorganisation psychique, débutant par la puberté, dominée par la dépression sous-jacente, par des interrogations sur l'identité et par une idéalisation de la « nouvelle vie » qui s'offre à eux et qu'ils attendaient imaginairement et inconsciemment. Il s'agit bien d'une crise car le jeune vit des conflits, des changements et des contradictions. La symptomatologie de cette crise est cependant diversifiée (passages à l'acte, conduites d'opposition, etc.) et il n'y a pas de parallélisme entre la gravité du comportement et celle de la pathologie sous-jacente (Marcelli et Braconnier, 1999).

Des spécificités sont accentuées selon les auteurs. Pour Anna Freud, la crise serait associée à un certain nombre de fluctuations entre des positions extrêmes, s'avérant pathologiques à toute autre période de la vie : combattre ses pulsions et les accepter, aimer ses parents et les haïr, se révolter contre eux et en être dépendants. Pour Kestemberg, la crise serait liée à l'effet de « surprise » que la puberté présente pour tous les jeunes qui ressentent alors fugacement un moment de gloire auquel succède l'angoisse. L'avenir dépend de la satisfaction ou de la non-satisfaction qu'apporte la puberté après la longue attente de la période de latence, la crise se déroulant en deux étapes : la première est marquée par la déception, voire même la désillusion vis-à-vis de ce qui était attendu ; la seconde est celle du passage de la déception à la conquête, quand l'adolescent n'a plus besoin de tout, tout de suite, lorsqu'il vit ses projets comme des potentialités futures et non comme des réalisations nécessairement immédiates, quand il retrouve le temps d'attendre et donc de fantasmer.

Une *crise pathologique* s'observe lorsque puberté et adolescence ont été traumatiques et que le jeune s'ancre dans des fantasmes, tombe dans la morosité ou dénie les changements provoqués par la puberté. Anorexie mentale et toxicomanies en sont des expressions cliniques. D'autres adolescents vont au contraire exacerber leur sexualité en tombant dans un activisme sexuel souvent accompagné d'inhibition intellectuelle ou créatrice. D'autres enfin peuvent se « disloquer » et, au travers de l'altération pubertaire, découvrir leur altérité, se sentir étrangers à eux-mêmes, une schizophrénie s'instaurant alors.

Crise ou processus ?
La théorie focale de Coleman

Partant de l'existence de deux grandes perspectives relatives à l'approche de l'adolescence, les abords psychanalytiques et sociologiques, et estimant que ces deux perspectives sont mal appuyées empiriquement, Coleman (1980) s'interroge sur l'existence d'une importante crise identitaire à l'adolescence. Il constate que de nombreux travaux conduisent à remettre en question l'existence d'un fossé profond entre les adolescents et leurs parents, mettant plutôt au jour une relation constructive et positive et un notable partage des valeurs de base. Coleman nie également qu'il existerait à l'adolescence une incidence de psychopathologie plus élevée qu'aux autres périodes de la vie. Pour lui, les courants sociologiques et psychanalytiques présentent donc une vision déformée de l'adolescence trop attachée à l'anormalité : le psychanalyste rencontre, dit-il, une population qui n'est pas représentative de la jeunesse, et le sociologue ne fait pas la différence entre les groupes de pression qu'il étudie et les jeunes en général.

Il est vrai que les recherches empiriques sur la crise adolescente apportent peu d'appui à l'idée de la présence d'une crise dans le développement normal adolescent (Claes, 1991). Douvan et Adelson (1966) montrent ainsi, à travers une enquête réalisée auprès de 3 000 sujets, que l'« adolescent moyen » ne se caractérise pas par des désordres de la personnalité, ni par l'abandon des valeurs et des objets d'attachement antérieurs. Chiland (1978) constate l'existence de différences conséquentes entre des adolescents « tout-venant » et des jeunes suivis en psychiatrie. La recension de Coleman et Hendry (1990), l'enquête de Choquet et Ledoux (1994), les recherches de Cloutier, Champoux, Legault et Giroux (1991) et de Cloutier, Champoux, Jacques et Lancop (1994) vont également dans ce sens.

Coleman propose en conséquence une nouvelle théorie – la *théorie focale du développement* – fondée sur le fait que les relations avec les parents, l'attitude à l'égard des pairs et les relations avec l'autre sexe, se modifieraient pendant l'adolescence, mais que ces modifications atteindraient leur apogée à des moments différents. À différents âges, des types de relation précis se focalisent – deviennent plus importants –, mais aucun n'est particulier à un âge donné. Il s'agit là d'une perspective par étapes dominantes, peu différentes de celles qui évoquent l'existence de stades tout en manifestant plus de souplesse. La résolution d'un problème n'est pas essentielle au franchissement d'une étape puisque les jeunes connaissent plusieurs problèmes à la fois : conflits avec la famille, peur d'être rejeté par les pairs, anxiété face aux relations hétérosexuelles, etc. De plus la séquence des événements de l'adolescence n'est pas invariable car elle est influencée par l'environnement. La plupart des adolescents passent sans grandes difficultés à travers les nombreux changements de l'adolescence, ne vivant le plus souvent qu'une de ces modifications à la fois, étalant le processus de changement sur plusieurs années (Cloutier, 1996).

La crise : un processus qui va trop vite

Delaroche (1992) voit dans la crise d'adolescence un moment temporaire de substitutions rapides remettant en question tant l'équilibre physique que l'équilibre psychologique du sujet. Ce qui fait crise, c'est la rapidité des modifications psychologiques dues aux forces en jeu, qui parfois violentes, vont quand même dans le sens de la maturation et, parfois aussi, contrecarrent ce mouvement, freinant pour mieux l'intégrer. « La crise est donc un processus qui va trop vite parce que ses éléments contradictoires sont en décalage les uns par rapport aux autres » (p. 117). La notion de processus correspond à un point de vue développemental, à l'idée de changements progressifs et continus dans différentes lignes du développement, dans différentes dimensions de la vie intra– ct interindividuelle. La notion de crise ne décrirait peut-être alors qu'une partie de l'adolescence, celle où le processus en quelque sorte s'emballerait. La crise aurait alors le mérite de rendre visible le processus qui ne serait pas perceptible car, dit Delaroche, absorbé dans le déroulement du temps.

Les changements

S'introduit alors la question des phases, phases pouvant s'avérer très différentes selon l'âge : besoin d'originalité du pré-adolescent, morosité du jeune pubère, maturité nostalgique du post-adolescent, etc. Mais si disparates soient-elles, ces phases font partie du même processus. De même, les crises d'adolescence peuvent se regrouper par ce qu'elles ont en commun, comme, par exemple, les changements de caractère, d'humeur, de comportement, de goûts et du comportement instinctuel.

Les *changements de caractère* sont les plus visibles. Un jeune devient taciturne alors qu'il était ouvert ; un autre qui était particulièrement réservé devient irritable, renversements qui conduisent bien des parents à « ne plus reconnaître leurs enfants ». Mais il faut prendre en compte que chaque trait de caractère fait partie d'un couple d'opposés et que le trait dominant d'un couple empêchait jusqu'alors l'autre trait de s'exprimer, trait qui prendrait en quelque sorte sa revanche à l'adolescence pour trouver sa place première. Il y aurait alors affirmation du caractère qui, dans l'excès, cherche son image adulte.

Les *changements d'humeur* sont souvent plus inquiétants pour l'entourage de l'adolescent. Ainsi cet adolescent prostré l'instant précédent qui soudain vire à l'hyperactivité exacerbée. Ici encore, l'exagération dans un sens a entraîné la bascule dans l'opposé. Ces états ne sont jamais longs, leur alternance est rapide, et ils sont souvent liés aux circonstances et à l'entourage.

Les *changements de comportement* concernent l'opposition, mais aussi l'indifférence, la pudeur excessive ou le secret confinant parfois à la duplicité.

Les *changements de goûts* se manifestent par rapport aux intérêts professionnels, mais aussi à ceux pour le sport, la musique ou la littérature. Ils peuvent parfois être motivés par l'influence d'un tiers, d'un enseignant, d'une figure héroïque, etc.

Les *changements de comportement instinctuel* sont souvent impérieux et peuvent provoquer l'angoisse de l'entourage. Ils semblent « dépasser » l'individu, échapper à la raison et ont un caractère pulsionnel.

Défi au monde des adultes et deuil de l'enfance

Le processus de l'adolescence peut se définir, pour Delaroche, comme un mélange entre le *défi* lancé au monde des adultes et le *deuil* de l'enfance. L'essentiel des manifestations adolescentes tient en effet en deux mouvements vécus souvent comme contradictoires. L'adolescence est écartelée entre l'attrait d'un monde adulte que l'on veut refaire et la nostalgie de l'enfance que l'on quitte. L'adolescence évolue ainsi selon les âges, visant moins à imiter

les parents qu'à les dépasser. Dépassement qu'ils acceptent d'ailleurs volontiers, vivant eux-mêmes une crise parentale en miroir de celle de leurs enfants.
Les parents d'adolescents sont souvent au milieu de leur propre vie, au temps
de leur bilan, de leurs interrogations, de leur prise en considération de ce
qu'ils ont été, de ce qu'ils seront et de ce qu'ils laisseront derrière eux. Et
aussi de ce qui reste de leurs propres rêves d'adolescents ! Ce mouvement
progressif, ce désir des jeunes de dépasser leurs parents constituent un défi
lancé tant au monde qu'aux parents, défi qui va dans le sens de l'affirmation
de soi, de l'enthousiasme juvénile et... de la mégalomanie. Mais aller de
l'avant conduit aussi au vertige, et le gain d'autonomie coïncide avec la perte
des bienfaits du maternage. Il y a alors un mouvement vers le passé, un mouvement régressif. C'est en quelque sorte le deuil de l'enfance.

Les deux mouvements vont souvent s'équilibrer, les avantages compensant
les pertes. Ils sont parfois décalés et ce décalage explique la pathologie de
l'adolescence. Le défi de l'adolescent, c'est son désir d'affirmation de soi :
penser par soi-même, agir de son propre chef. L'enfant était certes capable de
désirer, mais c'était pour ses parents, ou du moins en référence à leur volonté.
À l'adolescence, il faut exister par soi, ce qui oblige à passer à l'acte. Delaroche dit « à l'acte inaugural ». La première fois a un caractère extraordinaire. Il
y a un avant (tout ce que l'on a imaginé) et un après (on est dans la réalité).
Dans chaque « épreuve », il y a « preuve » : prouver ce dont on est capable,
mais c'est là un vecteur de solitude. La puberté en est un bon exemple. On
peut l'attendre avec impatience comme on peut la subir passivement, selon
qu'elle marque la réalisation d'un désir ou la perte de l'illusion infantile. Le
deuil naît de la contrainte à l'émancipation. Cette contrainte vient de l'environnement, en particulier des parents, qui poussent le jeune à s'éloigner de
l'enfance ; le deuil ne se commande pas, c'est l'adolescent lui-même qui est
obligé d'abandonner certaines positions parce qu'il en choisit d'autres, par
exemple de passer de la vie en groupe à la vie en couple. Cet éloignement de
l'enfance peut le plus souvent se vivre sans la moindre pathologie. Deuil et
défi représentent un état affectif normal dont l'absence poserait problème. Cet
état peut prendre des formes variées, allant de la déprime douloureuse mais
sans suite à un état de tristesse plus ou moins permanent qui s'avère plus problématique, car sortant du processus normal de l'adolescence.

Il faut cependant constater que ce modèle peut présenter certaines anomalies qui participent aussi de l'adolescence. Ce sont des crises qui peuvent être
difficiles mais qui vont s'estomper avec le temps, allant soit dans le sens du
défi – telles les fuites en avant – soit dans celui du deuil – telle la morosité. Il
s'agit là de pathologies du processus qu'il ne faut pas confondre avec les ava-
tars du processus, troubles non spécifiques à l'adolescence : angoisse, inhibition ou dépression. D'autres troubles sont caractéristiques et spécifiques de
l'adolescence, tentant de s'opposer radicalement au processus, troubles ayant
à voir avec la « mort » d'un individu qui ne peut supporter la renaissance qui
s'opère malgré lui : maladie mentale, anorexie, suicide ou toxicomanie.

L'adolescence est un temps d'instabilité car même s'ils sont complémentaires, défi et deuil sont contradictoires. Parfois le jeune pousse le défi avec lui-même jusqu'à jouer avec la mort, présentant des conduites à risque, allant de l'expérience de la drogue aux conduites sexuelles frénétiques, aux fugues ou à la délinquance. D'autres fois, l'adolescent vit une impression de vide et d'ennui. Il y a alors refus d'investir le monde et les objets. Êtres et choses sont sans intérêt. Les projets d'avenir sont refusés. La *fugue* est une épreuve de force, dit Delaroche, car le jeune sait que ses parents finiront par le retrouver et seront forcés de négocier. Elle tient donc en quelque sorte du chantage. Mais il n'y en a pas moins souffrance. C'est une sorte de suicide où l'adolescent croit tout perdre, tout abandonner. C'est aussi une « absence – présence » car, une fois parti, il n'en est que plus présent dans les préoccupations des parents. La *morosité* est une sorte de dépression sans cause, sans objet, car elle n'est pas précédée d'un investissement déçu. La morosité, c'est l'absence de défi et le deuil de l'enfance poussés à l'extrême. La différence entre comportement normal comportant un risque et tentative de suicide inconsciente est parfois difficile à établir. L'adolescent agit en quelque sorte, comme si n'ayant plus de rite initiatique à accomplir, il s'en créait l'équivalent. Cela rappelle l'ordalie du Moyen Âge où des individus subissaient une épreuve physique mettant leur vie en danger et dont le résultat était considéré comme un jugement de Dieu.

La perspective d'Erikson

L'adolescence est une période active de construction identitaire par interaction dialectique entre l'identité personnelle et l'identité sociale. L'identité personnelle correspond à l'ensemble organisé des sentiments, représentations, expériences et projets d'avenir se rapportant à soi-même ; c'est un sentiment d'unité, de continuité et de similitude à soi-même dans le temps et l'espace. L'identité sociale résulte en grande partie des interactions avec les autres, des appartenances à différentes catégories. Certaines sont fondées sur des caractéristiques physiologiques telles que le sexe ou l'âge ; les autres correspondent aux classes et groupes sociaux, comme la profession, la religion ou la nationalité, catégories dont le contenu n'est pas neutre, mais associé aux représentations des rôles et aux normes de conduites (Coslin, 1999).

Erikson (1968) appelle sentiment de l'*identité intérieure* l'intégration qui doit être réalisée à l'adolescence. Pour se sentir intégré et unifié, le jeune doit ressentir une continuité progressive entre ce qu'il est devenu au cours de l'enfance et ce qu'il pense devenir dans le futur ; entre ce qu'il pense être et ce qu'il sait que les autres perçoivent et attendent de lui. L'identité inclut et prolonge l'ensemble des identifications antérieures. Ces identifications renvoient au temps où l'enfant s'assimilait à un modèle par imitation et par intériorisation d'attitudes et de comportements. L'identité est alors une accumulation d'innombrables identifications passées. Pour Erikson, rappelle Cloutier (1996), l'identité à l'adolescence fait donc face à une crise qui ne peut être résolue que par de nouvelles identifications avec les pairs et des modèles extérieurs à la famille. Le développement identitaire dépend alors de l'évolution de trois composantes chez l'adolescent :

- l'émergence d'un sentiment d'unité intérieure qui intègre l'agir en un tout cohérent,
- l'acquisition d'un sentiment de continuité temporelle reliant passé, présent et futur individuel, conduisant l'adolescent à prendre conscience du suivi d'une trajectoire de vie qui a un sens et une direction,
- l'interaction avec les personnes importantes de l'environnement qui guide les choix.

Intégrité, continuité et interactivité sont donc les trois composantes de l'identité dans la perspective d'Erikson.

Mais cette crise adolescente ne peut être isolée des crises rencontrées antérieurement. La théorie d'Erikson propose donc une perspective complète de la vie dans laquelle l'adolescence tient une place cruciale en ce qu'elle a pour rôle de préparer l'adulte en définissant son identité.

Les quatre premiers stades d'Erikson

Il y aurait selon Erikson huit stades du développement pour passer de l'enfant à l'adulte. Chaque stade se caractérise par des tensions et des conflits que le jeune doit surmonter en s'adaptant à son environnement tout en préservant son identité. Ces tensions et ces conflits entre tendances contradictoires sont générateurs de croissance. Chaque stade permet de grandir si les conflits trouvent une solution constructive. Des tendances positives et négatives s'opposent ainsi à chaque stade. S'il y a solution constructive, la tendance positive s'intègre au moi et participe à la construction de l'identité personnelle ; si le conflit n'est pas résolu, c'est la tendance négative qui s'intègre au moi et freine le développement.

Le développement humain est ici décrit dans un contexte socioculturel élargi par rapport au triangle œdipien. À chaque stade, l'identité personnelle est confrontée à l'environnement de l'individu, à ses attentes et aux aspirations qu'il génère. Pour Erikson, chaque stade consiste donc en une crise psychosociale que la personne doit résoudre. Cette crise met en jeu des tendances opposées déjà présentes dans les stades antérieurs mais qui atteignent alors leur apogée. Sa résolution est liée à l'environnement, mais aussi à une contribution active du sujet selon les moyens dont il dispose. Dans l'optique d'Erikson, chaque stade correspond donc à la résolution d'une crise, et à l'adolescence cette crise se manifeste par l'opposition entre cette identité cohérente que le jeune doit développer et cette identité diffuse dont il doit se garder.

On peut, avec Cloutier (1996), résumer chacune de ces étapes.

Le premier stade d'Erikson s'étend sur les deux premières années de l'enfant. C'est celui de la *reconnaissance mutuelle*, où vont s'opposer *méfiance* et *confiance*. Cette période de la petite enfance correspond au stade oral de Freud. Le contact avec le monde se fait par la bouche et le bébé doit faire preuve de confiance pour s'ouvrir au monde et le recevoir en sa bouche. La mère a ainsi un rôle important dans l'élaboration de cette confiance de base. L'enfant intègre alors non seulement le sentiment de pouvoir ou non faire confiance au monde à travers sa relation à la mère, mais encore celui de mériter la confiance des autres. L'enfant a besoin d'un attachement inconditionnel à quelqu'un pour pouvoir explorer le monde. S'il se sent aimé, se développe la confiance ; s'il n'a pas ce sentiment d'amour inconditionnel, il est porté à se méfier et la découverte du monde est source d'anxiété.

Le deuxième stade correspond à l'autonomie, à la *volonté d'être soi-même*. Cette période qui s'étend entre la deuxième et la troisième année correspond au stade anal de Freud caractérisé par l'équilibre entre les fonctions de rétention et d'élimination. On voit là l'antinomie entre insistance hostile et bonne volonté aimante, entre autocontrainte compulsive et obéissance. C'est à ce stade qu'un sentiment d'autocontrôle sans perte d'estime de soi peut être la source d'un futur sentiment de libre arbitre. Au contraire, un sentiment de perte de la maîtrise de soi et d'une domination parentale excessive peut conduire à une future disposition au doute et à la honte. Au cours de ce stade, l'enfant acquiert ainsi la conviction d'être une personne qui peut s'affirmer en disant « oui » ou « non » à son entourage.

Le troisième stade est celui de *l'initiative*, où l'enfant est amené à pouvoir définir ses ambitions, les rôles qu'il désire assumer. C'est une période où la maîtrise du langage et de la locomotion va favoriser le développement du sens de l'initiative. Cette période qui est celle de la quatrième et de la cinquième année correspond à la phase phallique dans la perspective freudienne. C'est le temps des intrusions : intrusion dans l'espace grâce à une motricité vigoureuse ; intrusion dans l'activité des autres par une voix et un langage potentiellement agressifs. Mais ce temps où l'initiative est vive entraîne des rivalités avec l'environnement, en particulier à travers les manifestations du conflit œdipien.

Le quatrième stade est celui de la *compétence* : il s'étend de la sixième à la onzième année. Ce temps qui correspond à la période de latence chez Freud est celui des apprentissages, où le jeune s'intéresse à tout ce qui lui semble apte à l'aider à devenir « quelqu'un ». Il vise alors l'acquisition de savoirs et d'habiletés qui le conduisent à la réussite et à une reconnaissance sociale qui estompe le sentiment d'infériorité préexistant peut-être à ce besoin d'apprendre. Il y a cependant chez certains pré-adolescents le risque de sacrifier l'imagination au conformisme et d'inhiber l'épanouissement intérieur, le risque de se conduire comme un adulte alors qu'on est encore un enfant.

Le cinquième stade : l'adolescence

Erikson appréhende la crise de l'adolescence en prenant en compte son aspect psychosocial. Comme le remarquent Marcelli et Braconnier (1999), l'originalité de son approche réside dans l'intérêt porté au concept d'identité. Cette approche part de la *confusion d'identité* qui caractérise les troubles de certains adolescents incapables d'embrasser les carrières offertes par la société, de partager avec une autre personne l'intimité physique et affective, d'effectuer un choix professionnel ou d'entrer en compétition avec d'autres. Cette confusion se caractérise par l'incapacité de s'engager avec les autres de manière authentique, d'établir une intimité amicale ou amoureuse, d'investir la compétition scolaire ou sportive. Le sentiment d'identité et de continuité intérieure se désagrège, et le jeune s'avère incapable d'éprouver une sensation d'accomplissement à travers une activité. Incapable de concentration, ses tâches sont désorganisées. Il se désintéresse au temps, se sent à la fois très jeune et très vieux, peut avoir des désirs de mort et présente éventuellement des tentatives de suicide. Le tableau peut se compléter par le choix d'une identité négative établie sur les identifications et les rôles jugés indésirables ou dangereux lors des stades antérieurs du développement. Cette identité négative s'exprime à travers le rejet et l'hostilité vis-à-vis des rôles et modèles que propose la famille de l'adolescent. Pour Erikson, cette confusion d'identité ne représenterait que l'aggravation pathologique d'une crise que connaît tout adolescent ou jeune adulte dans son développement. Cette crise est inévitable à une période où l'adolescent rencontre des bouleversements considérables, tant au plan physique qu'aux plans cognitif ou affectif.

Le cinquième stade, l'*adolescence*, s'étend de 12 à 18 ans. C'est celui de la *crise identitaire*, temps de recherche et d'introspection d'où surgira cette identité qui va intégrer les éléments d'identification des stades précédents : confiance, autonomie, initiative et compétence. L'adolescent doit établir une identité personnelle, ce qui implique qu'il établisse un bilan personnel lui permettant de répondre à quelques questions cruciales : Qui suis-je ? D'où est-ce que je viens ? Où vais-je ? Lui seul peut répondre à ces questions. Mais il y est aidé si, dans son environnement, existent des repères qui lui permettent d'établir à la fois quelle est son histoire, quelle est sa lignée et quelles sont les valeurs qui lui sont proposées. C'est là que les perturbations familiales, les difficultés d'insertion sociale et les divers tumultes sociaux peuvent dans certains cas rendre le bilan bien difficile à établir. L'échec se solde alors par la diffusion des rôles, la confusion et un sentiment durable d'aliénation. Certains adolescents changeront ainsi de personnage selon leur environnement : soumis à l'école, obstinés dans la famille, prêts à tout avec les copains, etc. Si ce stade n'est pas dépassé et subsiste à la fin de l'adolescence, le jeune ne parviendra pas à établir de véritables relations intimes. S'il parvient finalement à reconnaître dans son personnage, cette phase n'aura été qu'une expérimentation constructive dans son développement. Ce stade est celui où le groupe des pairs prend toute son importance car c'est en son sein que l'adolescent expérimente des rôles, présente des images différentes et en découvre l'effet social. Les premières amours sont ainsi une étape essentielle pour tester le moi. Ils sont, pour Erikson, beaucoup plus interpersonnels que sexuels.

Tous ne passent pas cependant par la même quête identitaire. Chez certains jeunes survient ainsi sans expérimentation réelle ce qu'Erikson appelle une *identité forclose*. Ainsi ceux qui très rapidement occupent un emploi, jouent un rôle social sans avoir connu autre chose ni s'être questionnés sur leur orientation à venir. Ce n'est généralement pas leur choix délibéré qui les a conduit là, mais plutôt celui de leurs parents ou d'autres intervenants pris en fonction de valeurs religieuses, culturelles ou politiques, choix qu'ils ont accepté par conformisme ou respect de l'autorité, de la tradition ou de la religion.

Enfin, d'autres adolescents se sentent exclus de la culture dominante et, ayant l'impression d'être rejetés par la société, se construisent ce qu'Erikson appelle une *identité négative*. Ils se définissent alors par leur marginalité et valorisent les comportements antisociaux.

L'accès à la maturité

Le sixième stade est celui de l'*intimité*. Il concerne le *jeune adulte*. Pour Erikson, l'intimité réelle qui est fusion de deux identités n'est possible que lorsque l'identité individuelle est formée. Le jeune adulte incapable de nouer des relations intimes s'en tient à des relations interpersonnelles stéréotypées qui peuvent le maintenir dans un vif sentiment d'isolement. L'intimité ne peut exister que si les personnes en relations affirment leurs frontières personnelles, ce qui leur permet de se rapprocher sans fusionner avec les autres, c'est-à-dire sans perdre leur identité comme individu.

Le septième stade – celui de la *descendance* – est atteint lors de la maturité de l'âge adulte. Il se caractérise par le désir d'avoir des enfants et de les guider dans leur propre développement. Créer, perpétuer et s'actualiser sont ainsi pour Erikson la motivation centrale de la vie adulte. Cette motivation n'est pas toujours dirigée vers la procréation mais peut également s'orienter vers des réalisations d'ordre communautaire par lesquelles on peut en quelque sorte se perpétuer, laisser son empreinte. La tendance contraire est le sentiment de stagnation, où l'individu se traite comme s'il était son propre enfant unique, se préoccupe exclusivement de lui-même.

Le huitième et dernier stade correspond à la dernière partie de la vie ou plus exactement à l'attitude adoptée à l'égard de sa vie passée. Elle concerne le sentiment d'avoir fait de son mieux ce que l'on avait à faire, que les membres des générations plus jeunes sont des partenaires à qui l'on peut confier les commandes. Elle concerne aussi le désespoir qui résulte pour certains de leur incapacité d'intégrer leur vie passée, de l'impression que la vie a été trop courte pour permettre de poursuivre leur tâche ou d'en entreprendre d'autres. Ce désespoir peut parfois se masquer derrière l'expression du dégoût ou de l'amertume à l'égard de certaines personnes, de certaines institutions ou de certaines évolutions de société.

Les perspectives ouvertes par Erikson

Parmi les travaux qui visent à préciser les conceptions d'Erikson, Marcia occupe une place prépondérante. Dans la perspective de Marcia (1989), reprise par Cloutier (1996), trois facettes de l'identité sont à distinguer : subjective, comportementale et structurale. L'*identité subjective* correspond à la conscience d'être une personne unifiée, même si l'on joue souvent des rôles variés, et à la conscience que l'on est plus que la somme de ces rôles. Il faut tenir plusieurs rôles pour favoriser l'unification personnelle à condition toutefois que les frontières entre ce que l'on est et ce que l'on n'est pas ne changent pas constamment. L'*identité comportementale*, c'est la continuité dans l'agir, d'où la possibilité de reconnaître la personne par ce qu'elle fait. On est alors identifié par les autres comme ayant des habitudes et des motivations, mais aussi une occupation définie qu'elle soit conformiste ou marginale. La *facette structurale* concerne enfin l'organisation du mode de fonctionnement personnel par rapport au milieu. Elle correspond au style personnel d'adaptation développé par un individu pour interagir sur son environnement. Nous sommes assez proches ici de la notion piagétienne de schème d'adaptation au milieu, mécanisme d'équilibre entre soi (assimilation) et exigence du milieu (accommodation).

Pour Marcia (1966), l'identité à l'adolescence peut ainsi se présenter selon quatre configurations.

– Elle peut être *achevée* lorsque l'adolescent a expérimenté et résolu une crise d'identité ; il est alors engagé du point de vue professionnel et idéologique. Ayant préalablement considéré plusieurs éventualités (phase de moratoire), il est parvenu à se décider selon ses propres critères.
– Elle peut être *diffuse* se situant à l'opposé de l'identité achevée et se définissant de façon négative : l'adolescent n'a pas d'engagement psychosocial, soit que la crise identitaire n'ait pas été expérimentée, ou qu'expérimentée, elle n'ait pas été résolue.
– Elle peut être *forclose* quand l'adolescent s'est engagé sur les plans professionnel ou idéologique mais sans avoir expérimenté de crise identitaire – qui suppose un moratoire. Les choix qu'il a faits ne sont pas les siens mais ceux reflétant les opinions de sa famille ou de son milieu de vie.
– Il peut enfin y avoir une *phase de crise identitaire* qui correspond au *moratoire psychosocial* et concerne la recherche active d'engagement sans qu'une décision définitive ne soit prise. Il s'agit alors pour l'adolescent d'expérimenter des rôles sociaux.

Lehalle (1995) prend pour exemple de ses configurations le type de réponse que donnerait un adolescent à qui l'on demande s'il aurait envie d'abandonner ses études si quelque chose de mieux se présentait à lui. À l'identité achevée, correspond une réponse de type « c'est possible que je change, mais j'en doute ; je ne vois pas ce qui pourrait être mieux pour moi ».

À l'identité diffuse, une réponse de type « oui, c'est certain ; si quelque chose se présentait, je changerais aussitôt ». Au moratoire, correspond « je pense que si j'étais plus informé, je pourrais répondre plus facilement : ce pourrait être quelque chose du même type que ce que je fais actuellement, ou alors d'assez proche ». À l'identité forclose, correspond enfin une réponse de type « non, je n'aurais pas envie de changer ; je fais ce que j'ai toujours voulu faire ; ceux qui le font sont heureux de le faire... je suis comme eux ».

Pour Marcia (1980) l'identité évolue entre 12 et 18/21 ans. Chez l'adolescent très jeune, l'identité est à prédominance diffuse ou forclose, alors qu'à 18 ans il y a eu généralement progression vers une identité achevée ou vers le moratoire. À 21 ans, la plupart des jeunes sont au niveau de l'identité achevée. L'accès à l'identité achevée s'avère donc tardif. Les résultats sont cependant discutables, car les thèmes abordés par Marcia étant surtout d'ordre professionnel, il est évident que ce sont les adolescents les plus âgés qui peuvent manifester un engagement réel. De plus, ces travaux ne concernent le plus souvent que les garçons, les résultats des filles étant plus « ambigus » de l'aveu même de Marcia.

Archer (1982), cité par Lehalle (1995), cherche à élargir les thèmes abordés par Marcia pour cerner l'identité adolescente. Il s'intéresse ainsi à des domaines variés : profession envisagée, croyance religieuse, idéologie politique et rôles sexuels. Il observe alors que :

– la proportion d'identité achevée augmente avec l'âge, mais qu'elle reste assez faible ;
– il y a plus généralement manifestation d'une identité diffuse ou d'une identité forclose ;
– il n'y a pas de différences entre les garçons et les filles ;
– il y a une grande variabilité intra-individuelle ;
– il y a un effet du domaine concerné, l'identité étant particulièrement diffuse dans les domaines idéologique et politique, moins à propos des rôles sexuels où s'observe plutôt une identité forclose ;
– il existe un lien entre le milieu socioculturel et les modalités de l'identité, l'identité achevée étant associée aux milieux les plus éduqués et aux catégories socioprofessionnelles les plus élevées.

La connaissance de soi

Les transformations, tant au niveau physique qu'à celui du statut social, engendrent un remaniement narcissique toujours difficile à gérer. Pour Erikson, se constitue alors l'identité du Moi, qu'il est nécessaire d'affirmer quel qu'en soit le prix, et dont la construction se fait sur des éléments internes et externes. Il y a la façon dont on se juge et celle dont on croit que les autres nous jugent. La représentation qu'un adolescent se fait de lui-même, son

besoin de s'estimer jouent un rôle primordial dans son développement personnel. Les interrogations de l'adolescent sur ce qu'il est sont aussi des questionnements sur sa propre valeur. Chacun éprouve un sentiment de soi plus ou
moins favorable.

L'enfant se définit en faisant référence à des caractéristiques physiques.
Pendant la période des opérations concrètes et formelles, le contenu du concept de soi devient de plus en plus abstrait. À la fin de l'adolescence, il subit
une réorganisation caractérisée par une orientation sur le plan sexuel, professionnel et idéologique. Comme le rappelle Bariaud (1997), le temps des
questionnements existentiels intervient avec les progrès sociocognitifs. L'adolescent éprouve alors plus de difficultés à se définir que n'en éprouvent
l'enfant ou l'adulte. Ces difficultés sont liées aux processus cognitifs qui
poussent à intégrer les images de soi en une vision globale et cohérente. La
perception d'une certaine instabilité de soi prive l'adolescent des repères qui
lui seraient nécessaires pour construire des représentations solides. L'adolescent perçoit l'instabilité de ses conduites, les fluctuations rapides de ses
humeurs et de ses désirs. Il s'essaye à différents rôles, cherchant à répondre
(ou à s'opposer) aux attentes de son environnement. Il peut dès lors difficilement abstraire des régularités observées de ses conduites ou des réactions des
autres à son égard et s'attribuer des traits de personnalité stables. Il se perçoit
différent d'un moment à l'autre, d'une situation à l'autre. De plus, contrairement à l'enfant, l'adolescent est capable d'identifier les contradictions de certaines de ses caractéristiques, lui donnant le sentiment d'être incohérent. Bien
que percevant ces contradictions – il sait qu'il n'est pas le même à la maison
ou au collège, avec ses parents ou ses pairs –, l'adolescent ne vit pas cette
incohérence dans la confusion. Cette impression de difficulté à construire une
image de soi cohérente fait partie du développement normal à l'adolescence.
Au début de l'adolescence, le jeune ne dispose pas des capacités cognitives
qui lui permettent de relier entre elles les abstractions qu'il construit. Ce n'est
que plus tard qu'il parvient à comparer les traits qu'il s'attribue et à évaluer
leurs proximités et divergences. C'est alors que peut naître un sentiment de
confusion à propos de son identité (Harter et Monsour, 1992). Ces contradictions et ces impressions négatives s'observent plus souvent chez les filles que
chez les garçons, résultat d'une socialisation différenciée « qui conduit les
garçons à concevoir leurs rôles en différents contextes et les caractéristiques
personnelles qu'ils y expriment comme plus indépendants les uns des autres,
alors qu'elle amène plutôt les filles à se vivre investies dans un réseau de
relations » (Bariaud, 1997, p 67).

C'est à l'adolescence que se déploient les perspectives temporelles (Rodriguez-
Tomé et Bariaud, 1987). La conception du soi présent le situe alors dans ses
liens avec le passé et le futur. L'adolescent perçoit la permanence de son corps
et la stabilité des reconnaissances venues des autres, perception qui le conduit
à un sentiment de continuité de soi. Le passé est alors centré sur les rapports
affectifs avec l'entourage et l'évaluation positive de sa situation personnelle.

Le présent se caractérise par l'appartenance à des catégories abstraites et existentielles, et se révèle tendu vers l'avenir, nettement marqué par la réflexion sur soi et la quête identitaire. L'avenir est conçu comme le lieu de l'autonomie, de la liberté et de l'accomplissement de soi. Invités à se prononcer sur leur propre évolution, les adolescents ont le plus souvent une vision positive, pensant avoir gagné en capacités intellectuelles et en traits de personnalité positifs et progressé en qualités émotionnelles, en habileté à communiquer et en séduction physique. Ils estiment que leur épanouissement se poursuivra dans les années à venir.

L'estime de soi

L'estime de soi correspond à la dimension évaluative du concept de soi, c'est-à-dire à l'ensemble des représentations dont l'individu dispose à propos de lui-même et à l'approbation ou à la désapprobation qu'un sujet porte sur lui-même. Elle permet d'approcher le sentiment qu'il a de ses propres compétences et de ses qualités dans les différents domaines : l'école, la famille et la société ; mais elle dépasse ces spécificités dans une signification plus extensive. Elle désigne ce sentiment plus ou moins favorable que chacun éprouve à l'égard de ce qu'il pense être (Bariaud et Bourcet, 1994). Elle manifeste dans quelle mesure chacun s'aime, s'accepte et se respecte en tant que personne. Le jugement porté sur soi est associé aux normes sociales de réussite et d'échec, de valeur et de non-valeur.

Le sentiment de valeur de soi se construit dès l'enfance sur la qualité de la relation affective avec les parents et sur les propres réalisations du sujet. L'amour et le soutien des parents confèrent à l'enfant cette « sécurité de base » qui lui permet d'aborder le monde avec confiance. Ses réalisations, ses conquêtes lui permettent d'accomplir ses désirs, de maîtriser son environnement et d'obtenir l'approbation des autres. Les modalités relationnelles changent à l'adolescence ; mais les parents n'en conservent pas moins une place primordiale parmi les sources de valorisation ou de dévalorisation du jeune, au côté de nouvelles personnes significatives, adultes ou pairs (Bariaud, 1997). Les groupes de référence évoluent selon les conditions données à l'adolescent (le collège, le club sportif, le groupe associatif) et selon les choix qu'il effectue (les ami(e) s, l'« ami(e) », les idoles, les substituts parentaux). Les milieux dans lesquels il évolue lui procurent réussites et échecs qui s'avèrent essentiels dans sa progression vers la maturité.

Le collège est ainsi un terrain particulièrement propice à influer sur l'estime de soi, dans la mesure où cette institution conduit l'adolescent à comparer ses performances à celles de ses camarades. L'évaluation formelle des enseignants lui permet de se situer au sein de la classe et par rapport à tel ou tel de ses camarades. Gratifiante pour certains, cette évaluation peut en mener d'autres à se sentir particulièrement dévalorisés, d'autant plus que les étiquetages scolaires tendent à renforcer ces sentiments par le jeu des encouragements et des félicitations, des avertissements et des blâmes.

Ainsi la réussite ou l'échec scolaires vont jouer un rôle considérable dans l'estime de soi. Réussites et difficultés cumulées peuvent en effet conduire à de graves dérèglements du sentiment de la valeur personnelle, que ce soit dans le sens d'une dévalorisation profonde ou d'une exaltation de soi tout aussi désadaptante, dans la mesure où l'estime de soi ne se maintient que si elle est équilibrée par des mécanismes régulateurs (Perron, 1991).

Une dévalorisation particulièrement forte peut alors conduire certains adolescents à une attitude de résignation et de retrait et à l'émergence de conflits internes (Tyszkowa, 1990). Elle peut également induire des réactions émotionnelles pouvant obérer la démarche cognitive, mais aussi engendrer des conduites impulsives, parfois imprévisibles en matière de violence.

L'estime de soi intervient en effet dans les rapports d'un individu avec le monde extérieur. Forgée dès l'enfance, d'une relative stabilité, bien qu'affectée par des événements de vie, elle donne à l'identité personnelle sa tonalité affective (Oubrayrie, de Leonardis et Safont, 1994). Elle s'élabore tant à travers les réussites et les échecs qu'à travers la considération et le jugement des autres et la comparaison à des idéaux. Elle doit être ainsi à la fois rapportée à l'image propre et à l'image sociale d'un individu. L'image propre est la description de soi-même faite par le sujet de son propre point de vue. Cette notion renvoie à la conscience de soi pour soi et peut être opérationalisée à partir de divers attributs que le sujet reconnaît comme le caractérisant. L'image sociale est la description de soi-même donnée par le sujet lorsqu'il se place du point de vue d'un autrui spécifié. C'est une représentation de soi reconnue (ou anticipée) chez un partenaire réel ou virtuel (Rodriguez-Tomé, 1983).

Le soutien parental, l'affection témoignée par ses proches, l'approbation qu'ils lui manifestent dans ses actions, participent hautement à l'estime que se porte l'enfant. L'environnement social s'élargissant considérablement lors de l'adolescence, l'estime de soi trouve d'autres supports, non pas substitutifs mais complémentaires, chez ses pairs et chez d'autres adultes significatifs, les enseignants.

La connaissance d'autrui

Les travaux de Rodriguez-Tomé (1972) ont montré l'évolution, lors de l'adolescence, de concepts de personnes de plus en plus individualisées et différenciées, tant par rapport aux autres que par rapport aux contextes et aux situations dans lesquelles elles se trouvent impliquées. La connaissance de soi fait alors de plus en plus appel à des traits de personnalité, des manières d'être, de faire et de penser. Parallèlement à la connaissance de soi, se développe une connaissance différenciée d'autrui. Comme la description de soi, la description de l'autre use de caractéristiques personnelles spécifiques, particulièrement différenciatrices. Ces caractéristiques portent sur les intérêts, les convictions, les sentiments et les valeurs. Certains de ces traits sont valorisés (honnêteté, générosité, franchise, gentillesse) ; d'autres en revanche s'avèrent dévalorisés (égoïsme, méchanceté, paresse, hypocrisie, bêtise). Il faut relever que si leur usage augmente avec l'âge, il y a prédominance des caractères valorisés après 14 ans, c'est-à-dire après que l'estime de soi se soit affermie. Il est vrai que, si les descriptions des traits de personnalité sont aussi fréquentes s'agissant de soi ou de l'autre, les références aux valeurs et aux sentiments sont moins fréquentes lorsque les adolescents parlent d'autrui. Cette propension à se valoriser peut être rattachée au processus de différenciation dans la connaissance de soi (Winnykamen, 1999).

L'évolution de la reconnaissance de l'individualité d'autrui va de pair avec celle de sa propre individualité et avec la reconnaissance de différences entre la façon dont on se perçoit et dont on perçoit les autres. Ainsi, le développement des connaissances de soi et de l'autre se manifeste surtout à travers la nature des caractéristiques évoquées. L'abstrait se substitue au concret, les références aux attributs physiques s'effaçant progressivement en faveur de celles relatives aux attributs psychologiques. De même, les références à l'identité statutaire (l'âge, le sexe, la nationalité, etc.) tendent à disparaître, bien que le sujet soit conscient de la diversité des appartenances. Mais celles-ci ne lui paraissent plus essentielles.

La quête identitaire des jeunes migrants

La recherche de son identité est au centre de la crise d'adolescence. Pour un jeune placé dans la continuité des traditions culturelles de son milieu, la transition entre enfance et adolescence n'est pas particulièrement problématique. Le cas n'est pas le même pour le jeune migrant qui se trouve confronté à des traditions et modèles divergents, voire même conflictuels. Transplantation du jeune et de sa famille aggravent alors la crise identitaire. L'adhésion aux normes et aux valeurs de ses groupes d'appartenance est une composante essentielle de l'identité sociale et en particulier de ce que l'on pourrait qualifier avec Malewska-Peyre d'*identité culturelle*. L'identité culturelle est corrélative de la situation du groupe d'appartenance par rapport aux autres groupes : statut, économie, couleur de peau, etc. et renvoie à la notion de culture. Ainsi, les jeunes se considèrent à la fois en fonction de ce que sont les autres et de la façon dont ils les considèrent, et la crise identitaire va s'aggraver toutes les fois que les messages reçus des autres seront négatifs ou pour le moins contradictoires ou incohérents (Malewska-Peyre, 1983). Elle sera alors menacée de dévalorisation (Coslin et Vinsonneau, 1992). Ceci s'avère particulièrement vrai pour les jeunes maghrébins issus de familles installées en France depuis vingt ou trente ans, qui se trouvent confrontés à la double représentation d'un père au statut familial culturellement valorisé, mais au statut socio-économique dévalorisé dans la société d'accueil.

Une valeur d'identification culturelle : l'Islam

Les pays du Maghreb sont influencés par la culture musulmane. L'appartenance islamique s'inscrit dans trois dimensions principales : le contrat de foi originel (croyance en une révélation présentée à travers un texte, le Coran) ; les prescriptions culturelles (cinq piliers en matière de culte) ; la conception du sacré (le pur et l'impur sont les deux composantes essentielles qu'aucun musulman ne confond jamais). Des sens connexes s'attachent à la notion de sacré, notamment la bipolarité du monde reposant sur la séparation de l'ordre masculin et féminin. Cette dichotomie sexuelle a été réglementée dans le droit musulman par une série de recommandations pour l'un et l'autre sexe quant à la manière de se regarder, de se vêtir, mais également par l'imposition du voile et de la claustration de la femme (Roche et Coslin, 2000).

Le sexe s'avère ainsi un facteur primordial dans la définition des stratégies identitaires (Camilleri et Vinsonneau, 1996). En ce qui concerne les jeunes Maghrébins vivant en France, les différences entre filles et garçons se marquent à divers niveaux. Par exemple, les jeunes filles semblent tendre vers des choix culturels qui leur accordent plus d'autonomie et un rôle social et économique équivalent à celui des hommes. En revanche, les attitudes des garçons semblent reproduire un schéma plus traditionnel en ce qui concerne le statut des femmes. Parallèlement, le poids du contrôle social pèse lourdement sur les filles désignées comme les gardiennes des traditions familiales.

Ces jeunes sont souvent issus de familles défavorisées, venues en France à partir des années 1960 pour répondre à un besoin de main-d'œuvre non qualifiée. Ces familles sont arrivées en France avec des habitudes spécifiques et une culture différente de la culture française. Leurs difficultés d'adaptation n'ont pu que croître face aux réactions de la population du pays d'accueil. Bien que placés dans un milieu culturel différent, voire hostile, de nombreux migrants ont su cependant développer une dynamique familiale, élément de leur survie psychologique, en fusionnant avec les traditions culturelles de leur peuple. Les enfants ont alors été élevés dans un contexte respectueux de la tradition musulmane. Mais le modèle proposé par les parents se trouve infirmé, sinon combattu, par les nouvelles normes que l'enfant rencontre à l'école et dans la cité, normes qui l'interpellent sur sa propre famille. La révolte contre le père que connaît tout adolescent est alors fortement étayée par la dévalorisation de la culture maghrébine dans le milieu dominant, ce d'autant plus que le père occupe une position subalterne et peu valorisante dans la société d'accueil, par la nature de son travail et par son niveau socio-économique.

Plus les valeurs sont menacées, plus les parents cherchent à les transmettre et à les défendre. Mais ces familles, dans leur transplantation, ont souvent perdu une bonne partie de leur autorité sur leurs enfants. L'autorité parentale repose en effet sur les liens affectifs et sur les savoir-faire. Or les liens affectifs existent, mais les savoir-faire ne sont pas les plus adaptés à la vie en France. Dévalorisé par la société d'accueil, jugé despotique par des enfants pour lesquels il désire mettre en pratique ses propres valeurs, le père se trouve dans une situation difficile : l'enfant lit et parle le français, il connaît mieux la réalité française que lui et s'y adapte plus facilement. Les relations de pouvoir deviennent alors très complexes.

Dans la société musulmane, marquée par la logique de l'honneur, la priorité accordée aux groupes implique un contrôle permanent afin d'assurer la conformité extérieure des comportements individuels. La pureté sexuelle des femmes de la famille entre dans cette logique. Nombre de croyances et de rites ont accompagné la migration et ont été renforcés par le déracinement : c'est le cas en particulier du souci de préserver la pureté des filles, élément le plus vivace du système social qui explique le rigorisme de certains comportements familiaux dès que l'attitude des filles est en jeu. Perdre les filles, c'est disparaître, et il faut donc les préserver, avant le mariage, de tout contact avec les hommes en général, et les non musulmans en particulier. Ainsi les jeunes filles vont être confrontées à la juxtaposition de modèles familiaux et féminins contradictoires (Roche et Coslin, 2000).

Les relations familiales élargies ont été réduites à la cellule nucléaire composée des parents et des enfants. L'installation des familles dans un environnement culturel différent s'est traduite par une profonde transformation des rôles familiaux ; les femmes et les filles exigent de nouveaux rôles, à l'intérieur comme à l'extérieur de la famille. Pour elles, le défi est de concilier les valeurs du système économique et politique français et les valeurs familiales héritées d'un système culturel différent, dont les prescriptions sont de moins en moins adaptées. Selon Cesari (1997), une partie des nouvelles générations résout le dilemme en faisant coexister l'accès aux droits civiques et sociaux et la recherche de biens matériels avec le maintien d'un minimum de valeurs liées à l'arabité et à l'Islam transmis par la famille. L'Islam apparaît alors comme une source de valeurs donnant un sens à leur vie sans pour autant impliquer chez eux un passage à la pratique (Roche et Coslin, 2000). Pour Malewska-Peyre (1985) cependant, les difficultés du développement identitaire des jeunes issus de l'immigration sont particulièrement marquées, et certaines situations engendrées par le fait migratoire leur posent des problèmes qui peuvent être associés :

– aux différences entre l'expérience des parents immigrés et celle des enfants nés dans le pays d'accueil ;
– à la dévalorisation du groupe issu de l'immigration ;
– à l'ambiguïté des rapports à la culture d'origine, décontextualisée par la transplantation et souvent vidée de son sens, idéalisée mais peu propice à proposer des modèles valorisants ;
– et à l'ambiguïté des rapports à la culture du pays d'accueil, hétérogène, éclatée en sous cultures cloisonnées, peu encline à fournir des modèles synthétiques.

Identité, projets et valeurs

L'identité est un ensemble de stratégies, d'opinions et de représentations sociales qui se trouve à la jonction entre projets et valeurs. Les intentions, les pratiques et la personnalisation des individus s'expriment à travers leurs projets. Le projet est la direction qu'une personne, consciemment ou non, souhaite imprimer à sa vie. Les valeurs reflètent ses ressources socioculturelles potentielles. La construction d'une identité psychosociale cohérente implique ainsi pour l'individu de définir son appartenance à un ou plusieurs groupes sociaux et de se projeter dans l'avenir. S'inscrivant dans cette perspective constructiviste, Manço (1998) propose que la combinaison des processus d'acculturation (approchés par l'étude de l'identification à des valeurs) et de personnalisation (approchés par l'étude de l'élaboration de projets) soit considérée comme la définition des identités individuelles et collectives. La projection est alors l'expression plus ou moins forte d'une intentionnalité personnelle et d'une tentative d'autorégulation ou de maîtrise du devenir propre, les valeurs intervenant dans la construction identitaire en tant que principes décisionnels, producteurs de sens et sources d'initiatives. Inscrites dans la trame d'une histoire individuelle et collective, les valeurs véhiculées par la socialisation sont indispensables pour la cohésion des familles et des communautés. Mais ces valeurs correspondent rarement à celles de l'ensemble de la société. Le système de valeurs de la communauté minoritaire s'avère alors en relation concurrentielle avec les autres systèmes de valeurs disponibles dans la société. Cette interaction conduit à l'acceptation, à l'accommodation ou au rejet des valeurs de l'autre.

Selon Claes (1991), c'est l'articulation d'idéaux offerts par la société et la communauté d'origine qui permet aux adolescents de s'engager dans une multitude de tâches, allant du développement d'une perspective future à la construction d'une image convaincante du monde. Les contacts de cultures vécus dans un contexte inégalitaire entraînent souvent une prise de conscience violente d'une identité propre, mettant à nu des contradictions qui auraient été facilement gérées dans le milieu culturel d'origine, mais ne peuvent l'être dans le pays d'accueil. Les personnes issues de l'immigration doivent faire face à de multiples différences dans les conceptions du temps, de l'espace, des rôles sexuels, de la religiosité et de la sociabilité. La « conflictualité culturelle » qui en résulte peut tendre soit vers une issue négative où le conflit devient paralysant, soit vers une issue positive où le conflit peut se muer en « paradoxe » (Manço, 1998). Cette orientation se fait en fonction de la vulnérabilité face aux contradictions, des possibilités d'évitement des conflits, des capacités à les gérer, et du degré de maturité identitaire. La *paradoxalité* des conduites identitaires est alors l'indice, non pas d'une absence de conflits, mais de la capacité à les gérer. Les *identités paradoxales* favorisent l'intégration sociale d'individus soumis à la diversification des référents culturels, leur permettant de dépasser les conflits symboliques (Abou, 1981). Comme le remarque Furter (1983), cette capacité à contrôler les conflits identitaires révèle le potentiel de développement et d'intégration des groupes humains minoritaires. Elle permet à ces groupes de participer au fonctionnement de la société globale, tout en y valorisant leur spécificité culturelle (Roche et Coslin, 2000).

Les stratégies identitaires des jeunes issus de la migration

Si l'on définit avec Tap (1980) et Camilleri *et al.* (1990), les stratégies identitaires comme étant des opérations mentales et des conduites contribuant à la construction d'une identité socialement acceptable et respectueuse des valeurs individuelles, il est possible de définir quatre grandes stratégies identitaires en ce qui concerne les personnes issues de l'immigration. Ces quatre attitudes de base correspondent aux croisements de deux axes : l'identification à des valeurs et la production de projets personnels (Berry, 1992 ; Manço, 1997). Roche et Coslin (2000) les résument ainsi :

- « La *marginalisation* » ou « *assimilation conformante* » : recherche d'une dissolution dans le pays d'accueil afin d'augmenter les chances d'une adaptation socio-économique. Cette attitude identitaire se caractérise par l'abandon des valeurs du groupe d'origine, seule manière de maintenir positive l'image propre. L'individu ne supprime pas totalement ses projets personnels, mais leur attribue un rôle forclos consistant à conformer ses aspirations à ce que ce que le milieu attend de lui. Cela s'accompagne d'un isolement de la communauté d'origine conduisant à une dissociation culturelle : absence de maîtrise de la langue d'origine, non-participation aux pratiques communautaires ou religieuses, dénigrement du groupe d'origine et rupture avec ce groupe (Philip-Asdish, 1995). Une telle attitude permet une gestion au jour le jour des problèmes d'identité mais ne prétend rien construire à long terme.
- « La *ségrégation* » ou « *différenciation conformante* » : tentative de conservation des normes culturelles du groupe d'origine conduisant à maximiser la différence culturelle. La déculturation est ainsi évitée, mais la revendication d'une différence exacerbée conduit à l'isolement et à des attitudes ethnocentriques. Les individus sont alors figés dans une identité « rassurante », mais sans prise réelle sur la société d'accueil, qui s'avère susceptible de les conduire à une situation de repli et de blocage.
- « L'*invisibilisation* » ou « *assimilation individuante* » : distinction au sein de la société d'accueil que l'on enrichit d'éléments empruntés à la culture d'origine. Il y a bien alors intentionnalité formelle de s'inscrire dans le cadre de projets à long terme. Le conflit culturel est dépassé par diverses tentatives : refus d'appartenance à une identité et à une situation sociales dévalorisées, tentatives de mobilité sociale grâce à la réussite scolaire ou au mariage mixte (Abou, 1981).
- « L'*ethnicisation* » ou « *différenciation individuante* » : interprétation de la matrice culturelle d'origine à travers les termes des cultures du pays d'accueil. Les conduites sont alors particulièrement paradoxales. Elles tendent vers une unité à partir de la diversité, visant l'approfondissement de l'articulation entre les expressions culturelles en présence (Abou, 1981 ; Manço, 1997). Les actions et les projets des acteurs conduisent au déploiement d'une éthnicité spécifique et valorisée dans le pays d'accueil.

Le conflit né de la rencontre des codes culturels différents peut être dépassé par divers procédés créatifs : inclusion d'éléments modernes à l'intérieur d'un ensemble de normes et de conduites traditionnelles, acceptation des principes d'un ensemble de normes pouvant être dissociée de leur mise en application, etc. L'individu bénéficie alors d'un double modèle culturel nouveau, nourri tant par la culture du groupe migrant que par celle de la société d'accueil.

Chapitre VII

Adolescence et vie sociale

L a socialisation peut se définir comme le processus d'acquisition des attitudes, des valeurs et des comportements permettant l'adaptation sociale de l'individu. Ce processus s'engage dès la naissance et, comme le remarque Cloutier (1996), se poursuit jusqu'à l'atteinte d'un équilibre adaptatif stable, pouvant en conséquence durer toute une vie. L'adolescence est une phase cruciale de ce processus. C'est principalement alors que se forment les normes, les valeurs et les aspirations. Les transformations physiques, le développement intellectuel et la maturation sexuelle conduisent l'adolescent à redéfinir ses rapports avec les autres et à jouer un rôle sexué. L'environnement social traite le jeune différemment : s'il n'est pas encore un adulte, celui-ci n'est plus un enfant. La famille, les amis, l'école et la société dans son ensemble ne sont plus perçus comme avant. Ils sont d'ailleurs réellement différents du fait de leurs attentes à l'égard du jeune.

Un certain nombre de tâches développementales associées à l'adolescence sont ainsi rapportées par Cloutier à partir des travaux de Havighurst. Certaines sont relatives à l'accès à l'autonomie (indépendance émotionnelle et comportementale face aux adultes, indépendance économique). D'autres visent à accepter son corps tel qu'il est et à l'utiliser efficacement, à assumer son rôle social masculin ou féminin, à établir de nouvelles relations avec les pairs et à se préparer à l'insertion professionnelle et à la vie en couple. D'autres, enfin, consistent en l'acquisition des rôles civiques, l'élaboration d'un système de valeurs et de règles éthiques et l'acquisition d'un comportement social responsable.

La socialisation résulte d'une interaction complexe de facteurs psychosociaux mettant en jeu des mécanismes de renforcement, d'identification, d'éveil cognitif et d'adoption réciproque des rôles et de réactivité psychologique (Baumrind, 1975 ; Cloutier, 1996). Les récompenses offertes et les sanctions subies orientent les acquisitions sociales de l'adolescent. Les modèles

rencontrés dans son environnement influencent ses attitudes et ses comportements. Le développement cognitif permet de nouvelles stratégies sociales
conduisant le jeune à modifier ses relations interpersonnelles. L'adoption réciproque des rôles l'amène à établir un certain équilibre dans les échanges qu'il
opère avec les personnes de son entourage. La réactivité psychologique augmente sa motivation face à une liberté ou à un privilège qu'il se sait (ou se
croit) refusés : l'adolescent est ainsi incité à agir selon ses propres idées
lorsqu'il ressent une restriction de son autonomie d'action.

Processus progressif et cumulatif par lequel les individus apprennent et
intériorisent les normes et les valeurs dominantes de leur environnement, la
socialisation implique donc à la fois une appropriation active et intériorisée, et
l'intégration sociale de l'adolescent au sein de groupes familiaux et amicaux,
scolaires et professionnels.

Les relations familiales : les parents, la fratrie

Bien que l'influence familiale ne soit plus aussi importante que pendant
l'enfance, bien qu'il y ait désinvestissement des objets parentaux pour pouvoir
investir de nouveaux objets, bien que le jeune marque ses distances par rapport à ses parents, la famille joue encore un rôle primordial à l'adolescence.
C'est en son sein que se sont transmis pendant l'enfance, et se transmettent
encore en partie lors de l'adolescence, bon nombre de règles et de modèles,
tant par inculcation des modes de penser, de sentir et d'agir, que par intériorisation inconsciente à travers l'imitation de ces agents socialisateurs privilégiés
(Galland, 1991).

Les parents

Les rapports familiaux sont le prototype des relations ultérieures. Il n'en est
pas moins vrai qu'un dépassement social de la famille s'avère nécessaire à
l'adolescence. Ce dépassement peut parfois constituer une expérience pénible
conduisant au conflit ouvert, mais se traduit beaucoup plus souvent par une
expérience positive d'accession consentie et graduelle à une autonomie
sociale personnelle. Le passage de l'enfance à l'âge adulte se traduit, dans la
famille, par une diminution de l'asymétrie des relations et par l'accès à une
certaine autonomie du jeune, associée à la reconnaissance mutuelle des statuts. Réciprocité et coopération tendent ainsi à se substituer dans la relation
parents/adolescents à l'autorité unilatérale qui caractérisait leurs rapports pendant l'enfance. À l'adolescence, le jeune prend conscience des limites de ses
parents, parallèlement à la découverte de ses propres limites. Une bonne communication au sein de la famille nécessite alors qu'il y ait compréhension réciproque (Cloutier, 1996). Dans l'ensemble, les jeunes restent d'ailleurs assez

bien intégrés au sein de la famille si l'on se réfère à l'enquête nationale réalisée par Choquet et Ledoux (1994). Pour sept adolescents sur dix, la vie familiale est agréablement vécue. Elle s'avère plutôt détendue et généralement recherchée : 71 % des jeunes perçoivent l'intérêt de leur père et 67 % celui de leur mère. L'ambiance familiale apparaît cependant plus positive pour les garçons (74 %) que pour les filles (67 %). Autant de garçons que de filles (15 %) souffrent du manque d'intérêt de leur mère ou, au contraire, d'un surplus d'intérêt (14 %). Le père est jugé moins disponible et 24 % des garçons et 28 % des filles se plaignent du peu ou de l'absence d'intérêt paternel, tandis que 7 % lui reprochent un intérêt trop marqué. En revanche, si 41 % des adolescents sortent encore souvent avec leurs parents, les filles le font plus volontiers (44 %) que les garçons (39 %). La famille apparaît ainsi pour de nombreux jeunes, garçons et filles, comme étant un lieu d'échanges et de discussion. Les parents sont, selon eux, des interlocuteurs privilégiés en ce qui concerne les difficultés scolaires (68 %, soit 67 % des garçons et 69 % des filles), mais aussi pour les problèmes de santé (65 %), respectivement 63 et 66 %. Ils ont un rôle dans l'éducation à la santé : 51 % des jeunes parlent du SIDA en famille, 49 % du tabac, 41 % de la consommation d'alcool et 41 % de la drogue, garçons et filles étant également concernés. Ce sont en revanche surtout les filles qui parlent avec leurs parents du corps (40 %), de sexualité (33 %) ou de grossesse (40 %).

On observe peu de différences selon l'âge quant aux relations au sein de la famille : sept jeunes sur dix, collégiens ou lycéens trouvent la vie de famille agréable, pensent que leur père leur porte de l'intérêt et que leur mère s'intéresse à eux. La vie familiale apparaît plus pesante pour les adolescents scolarisés en LP, surtout les filles dont 12 % estiment très négativement l'ambiance de leur famille. Ces dernières sont aussi plus nombreuses à évoquer le trop d'intérêt parental. Les relations au sein de la famille se modifient peu au cours de l'adolescence sauf en ce qui concerne les sorties avec les parents qui diminuent entre 11 et 18 ans. De même, les parents s'avèrent de moins en moins des interlocuteurs privilégiés lorsque les adolescents grandissent, quel que soit le domaine.

La fratrie

Le terme de fratrie désigne l'ensemble des enfants issus d'un même couple. L'existence de rivalités fraternelles au sein d'une famille est d'observation courante et il est normal qu'entre frères (et sœurs) existe un certain degré d'agressivité tempérée par des sentiments mutuels d'affection. Les relations fraternelles comportent cependant nettement plus d'aspects positifs que d'aspects négatifs lors de l'adolescence. D'une part, selon une enquête réalisée par Cloutier (1994), la majorité des enfants uniques souhaiterait avoir une sœur ou un frère, 85 % des filles et 67 % des garçons ; d'autre part, plus de huit jeunes sur dix paraissent satisfaits de leur relation avec leurs frères et sœurs et se disent fiers de leur fratrie. De même, frères et sœurs semblent s'apporter du réconfort et un soutien moral, et avoir des activités communes, ce qui n'empêche pas les disputes et les « mouchardages » auprès des parents. Mais la coopération et l'entraide restent les caractéristiques dominantes des relations fraternelles. Frères et sœurs accèdent enfin à une relative individualité au sein de la famille, en particulier à travers l'expérience qu'ils ont de leurs parents, mais aussi au regard des groupes amicaux auxquels ils participent.

Mais l'existence ou non d'une fratrie influence également les relations parents/adolescents. Le processus de séparation-individuation peut ainsi s'avérer plus difficile chez l'enfant unique, rendant la relation aux parents plus conflictuelle. De même, rappellent Marcelli et Braconnier (1999), l'enfant unique peut connaître des difficultés accrues liées à un surinvestissement affectif des parents lorsqu'il doit désinvestir ses anciens objets d'amour au profit de nouveaux investissements. Il faut également prendre en compte, selon ces auteurs, les motifs qui ont conduit les parents à n'avoir qu'un seul enfant, motivations susceptibles de ressurgir au moment où l'adolescent devient autonome et risque à plus ou moins brève échéance de vouloir quitter le foyer familial. S'agissait-il d'un enfant trop difficile à « élever » – signifiant l'existence de distorsions précoces dans les interactions familiales ? Existait-il une mésentente chronique du couple, l'enfant étant le prétexte au maintien du lien conjugal ? L'enfant était-il malade ? Quels que soient ces motifs, la séparation de l'enfant unique ne peut se compenser par un réaménagement des investissements parentaux qui compenserait sur les autres membres d'une fratrie l'éloignement de l'un de ses membres.

Les « nouvelles familles »

Traditionnellement, la famille est composée d'une triade – père, mère et enfant – dans laquelle les parents sont investis de fonctions nourricières et sociales, se trouvant à la fois géniteurs et responsables de l'éducation de leurs enfants. Certes la mort d'un parent est devenue aujourd'hui exceptionnelle, et la rupture du couple familial s'est avérée assez rare jusqu'aux années 1970. Mais on a, depuis trente ans, observé à la fois une diminution du nombre de mariages et un délitement progressif et rapide des structures familiales qui ne sont plus considérées par un nombre croissant de personnes comme le nécessaire creuset de la vie sociale mais plutôt comme un élément aliénant pour le sujet (Desplanques, 1993) :

- le nombre de mariages est passé de 417 000 en 1972 à 288 000 en 1990 pour remonter légèrement à à 304 000 en l'an 2000 ;
- la montée des séparations et des divorces a conduit à de fréquentes recompositions des familles, la mère se voyant le plus souvent confier la garde des enfants.

La famille est donc aujourd'hui une notion éclatée (Fize, 1994 ; Gaillard, 2001). En vingt ans, de 1970 à 1992, le nombre de divorces est passé, en

France, de 43 000 à 106 000. Il dépasse 150 000 au début du troisième millénaire. On en compte 39 pour 100 mariages et les enfants du divorce représentent environ 10 % de la jeunesse. La moitié des divorcés se remarient, les autres vivant le plus souvent en union libre. De même les familles monoparentales (neuf fois sur dix, des mères célibataires) sont de plus en plus nombreuses, passant de 660 000 en 1968 à plus d'un million en 1995. Il faut encore relever l'existence de 1 600 000 couples non mariés dont 400 000 avec enfants. Trente pour-cent des enfants naissent ainsi hors mariage.

La dissociation familiale

Historiquement, la dissociation familiale était généralement associée à des troubles du comportement des enfants et des adolescents. Les travaux relatifs à la délinquance juvénile en sont un excellent indicateur (Coslin, 1998). L'intégration sociale implique la création de liens affectifs au sein de la famille et l'adhésion aux valeurs du milieu familial. Un mauvais climat obère lourdement l'adaptation juvénile et on relève souvent chez les jeunes devenus délinquants une impossibilité de s'identifier à un modèle adulte. La mésentente retentit sur le climat familial, et particulièrement sur l'enfant quand il est *utilisé* par l'un des parents comme moyen de pression sur l'autre. L'absence du père, qu'elle soit ou non physique, constitue aussi pour l'enfant une modification notable de ses liens avec l'autorité.

En fait, ce seraient moins les divorces et autres séparations qui corréleraient avec les difficultés rencontrées par les jeunes que les modalités de ces dissociations, les mésententes plus ou moins vives qui les accompagnent ou les précèdent, et ce en interaction avec d'autres facteurs tels que le sexe, les traits de caractère ou l'environnement (Rutter, 1974). Il n'en est pas moins vrai que le père, gardien des valeurs et image de la Loi, représente cette Loi en faisant respecter règles et interdictions. Son affrontement avec l'enfant est nécessaire, et s'il est absent ou indifférent, si son autorité est diminuée ou remise en question par la mère, sa relation à l'enfant risque de renforcer une orientation dissociale.

Le divorce

Le divorce, rappelle Bourguignon (1985), est moins un événement dans son unicité, qu'une suite d'expériences entraînant des transitions dans la vie de l'enfant : « faille de l'avant-divorce, déséquilibre et désorganisation lors de la séparation, chacun développant des moyens variés pour affronter cette crise, puis réorganisation en vue d'un nouvel équilibre avec introduction éventuelle d'un beau-parent » (p. 138). Certes la séparation s'avère bien souvent la seule solution permettant aux enfants d'échapper à des relations familiales destructrices. Cette séparation n'en est pas moins douloureuse, le divorce les confrontant à une triple source d'anxiété :

- le conflit parental,
- la séparation qui provoque la détresse,
- et les changements de vie qui s'ensuivent, consécutifs à la situation monoparentale ou à l'intrusion d'une tierce personne auprès du père ou de la mère.

Cette expérience, dit Bourguignon, entraîne des réponses individuelles
d'une grande diversité. Certains jeunes s'en tirent à moindre mal, mais ceux
qui présentaient des difficultés antérieures au divorce s'adaptent difficilement
aux changements qui en résultent, et peuvent présenter des troubles émotionnels plus durables.

L'âge auquel survient le divorce importe également. Dans la toute première
enfance, il influence indirectement l'enfant à travers ce que ressent la mère.
Le « ballottement » qu'il peut vivre entre les domiciles de ses géniteurs peut
aussi être source de troubles. Quelques mois plus tard, l'enfant ne saisit pas
vraiment les motifs conduisant ses parents à se séparer. Percevant mal les
émotions et les comportements de ses parents, souvent confronté au départ du
père, l'enfant connaît des difficultés à propos de l'identification de genre et de
la construction de l'estime de soi. À l'âge scolaire puis à l'adolescence, les
sentiments de perte et de rejet qu'il ressent peuvent le conduire à la dépression, ce d'autant plus si la haine et les critiques de l'un des parents vis-à-vis de
l'autre compliquent la situation. Garçons et filles réagissent différemment.
Les premiers s'avèrent agressifs et désobéissants, et connaissent des problèmes relationnels durables au sein de l'école. Les secondes présentent des troubles moins visibles (anxiété, évitement, sagesse extrême) s'estompant assez
vite mais réapparaissant lors de l'adolescence dans la difficulté à nouer des
relations avec l'autre sexe. De plus, l'adolescent peut parfois remplir certaines
fonctions d'un père absent dans son soutien émotionnel à la mère et dans son
assistance dans la vie quotidienne, mais il ne peut en aucun cas le remplacer.

La monoparentalité

L'entrée dans une phase monoparentale est souvent le terme d'une période de
vie antérieure caractérisée par la biparentalité : tel est le cas des veufs, des
séparés, des divorcés ou de certains célibataires qui connaissent une désunion
(Coslin, 1998). Elle entraîne toujours pour le jeune une rupture dans son mode
de vie qui sera différemment vécue selon les conditions qui en sont à l'origine.
La rupture d'un couple entraîne souvent une insécurité des liens de filiation se
manifestant par une dilution du lien père/enfant et par l'accroissement des difficultés rencontrées par la mère-gardienne, tant au plan économique qu'au
plan éducatif. La dilution du lien unissant le père et l'enfant est parfois associée à l'éviction paternelle par la mère. Elle peut aussi être liée à l'abandon
par le père de ses responsabilités financière et éducative à l'égard de l'enfant.
Deux dangers sont alors à même d'affecter leur relation. Le premier consiste
en ce que l'enfant soit perçu par la mère comme la seule « chose qui lui
reste », comme le dernier rempart contre sa solitude. Il peut alors devenir

l'objet de son surinvestissement affectif et les interactions en résultant sont susceptibles de modifier les rapports de génération : l'enfant et surtout l'adolescent sont traités en adultes capables de tout entendre et de tout partager. Le fils aîné qui vit seul avec sa mère devient en quelque sorte « l'homme de la maison ». Ce surinvestissement peut également être mal vécu par la mère qui se sent coupable d'imposer à l'enfant ce nouveau mode de vie. Le second danger a trait à ce que l'enfant apparaisse à sa mère comme une contrainte, sa présence lui semblant à la fois une nécessité pour survivre, mais aussi une entrave par le simple fait qu'il soit là. L'enfant est alors perçu comme un repère structurant et comme l'obstacle empêchant certains actes de la vie quotidienne dont, en particulier, la reconstitution d'un couple et peut-être d'une famille.

Le décès d'un parent

Le décès de l'un des parents doit également être pris en compte. Deux pourcent des enfants français ont perdu l'un de leurs parents ; près de 12 % des enfants séparés d'un parent le doivent à son décès. Lorsqu'il y a mort de l'un des parents, chaque membre de la famille doit prendre conscience de ce que signifie pour lui cette perte, en particulier le parent survivant qui doit faire face à son chagrin.

L'enfant doit également affronter son deuil. Il ressent alors un sentiment de différence, celui d'avoir une famille incomplète lorsqu'il est en présence d'enfants dont la famille est intacte, mais aussi la peur de perdre le parent survivant, voire des sentiments de culpabilité plus ou moins accompagnés de l'illusion d'avoir causé le décès. Il peut présenter également un sentiment de colère à l'égard du survivant qui s'avère incapable de rendre à la famille le père ou la mère disparus, se livrer à une recherche avide d'un adulte du sexe du parent décédé, régresser à un stade antérieur du développement lorsqu'il faut affronter des tensions, et présenter des comportements possessifs à l'égard du parent survivant et hostiles à l'encontre des relations qui l'approchent (Brazelton, 1989 ; Coslin, 1998).

Si le parent survivant rencontre lui-même de grandes difficultés dans son deuil, l'enfant risque de ressentir un manque affectif sévère. Ayant peur de perdre à son tour le survivant, il rencontre des difficultés pour trouver l'assurance qui lui permette d'accéder à sa propre autonomie. Le fait de parler ou non du défunt est alors d'importance dans la mesure où le jeune a besoin de partager son chagrin.

La recomposition familiale

La notion de famille recomposée rend compte d'un type d'organisation familiale. Il n'en est pas moins vrai que se rencontrent au cœur des recompositions familiales des processus psychologiques complexes liés à la mise en place de liens de parenté entre des adultes et des enfants, et entre des fratries que n'unit

aucun lien biologique ou légal. La recomposition familiale entraîne une relative fragilité des structures de parenté, les enfants s'y retrouvant à la fois avec
plusieurs « pères » ou « mères », avec de « fausses » fratries et avec plusieurs
« grands-parents », les uns légaux, les autres non. L'ambivalence qui en
résulte et l'anomie des réseaux familiaux peuvent conduire à une confusion
imaginaire des relations familiales et à des difficultés de différenciation des
places généalogiques. Lors d'une recomposition familiale, l'enfant est confronté
à une succession de transformations inaugurée par la séparation des parents. Il
connaît successivement une période plus ou moins longue passée avec un seul
des géniteurs, une phase qui voit l'intrusion d'un tiers auprès du parent-gar-
dien, un temps de rencontre et de recomposition de fratries, suivi éventuellement du mariage des nouveaux partenaires et de la naissance d'un enfant du
couple recomposé, marque irréversible de l'existence d'une nouvelle famille.
Wallerstein et Kelly (1980), Hetherington, Cox et Cox (1985) ont montré
l'importance du temps dans l'adaptation des enfants aux situations créées par
le divorce, et mis en évidence l'existence de problèmes psychologiques et
relationnels susceptibles d'advenir au sein des familles recomposées. Ils constatent ainsi que, si le divorce des parents a des effets immédiats sur les garçons, c'est plutôt le remariage de la mère qui est associé à la survenue de
troubles du comportement chez les filles lors de la période de latence ou de la
préadolescence. Les problèmes rencontrés par le jeune seraient cependant
moins imputables à la structure de leur seconde famille qu'aux incidents du
parcours temporel de redéfinition des liens familiaux et aux événements de
vie qui ne respecteraient pas suffisamment l'identité et l'histoire personnelle
des protagonistes.

Les familles homoparentales

Les familles « homoparentales » peuvent enfin être évoquées. La représentation de l'homosexualité a évolué au cours de la seconde moitié du XXᵉ siècle,
passant d'une image efféminée, puis « super-virile » à celle d'un individu sans
signe particulier. Si le thème de l'homoparentalité est peu abordé en France, il
faut reconnaître que, depuis les années 1970, de nombreuses études lui ont été
consacrées par les psychiatres et les psychologues américains (Patterson,
1995). Trois dimensions sont abordées dans leurs travaux :

– l'intégration sociale des enfants de familles homoparentales,
– leur identité sexuelle,
– et leur développement personnel.

Il semblerait selon Dubreuil (1998) que les rares études relatives à l'insertion sociale ne font pas ressortir d'anormalité particulière dans les relations
entretenues par ces enfants avec leurs pairs. Ni marginalisés, ni isolés au sein
de communautés gay ou lesbiennes, ils ne seraient pas plus souvent victimes
que les autres enfants de maltraitance ou d'abus sexuels. Ils ne s'en distingueraient

pas par leur niveau intellectuel ou leur jugement moral, leur conscience de soi ou leur personnalité. Les enfants de mères lesbiennes ne présenteraient pas de difficultés particulières quant à la différenciation sexuelle, leurs comportements entrant dans le cadre des rôles sexués conventionnels. Et Dubreuil de conclure que « les préjugés selon lesquels les enfants de mères lesbiennes ou de pères gay souffriraient de déficits dans leur développement personnel ne reposent sur aucune base expérimentale » (p. 293). Il faut toutefois considérer que les enfants sur lesquels portent ces travaux sont le plus souvent issus d'un contexte hétérosexuel et que ce n'est que bien après leur naissance que l'un ou les deux parents ont assumé leur identité homosexuelle. Il faut aussi prendre en compte qu'aux problèmes spécifiques que pourraient rencontrer ces enfants, se surajoutent les difficultés évoquées à propos de la recomposition familiale. La question est complexe, d'autant plus que, consciemment ou non, s'y agrègent d'autres interrogations, telles que « *Peut-on être à la fois homosexuel et parent ?* » ou encore « *Quelle conception socio-morale a-t-on de ce que doit être une famille ?* » (Coslin, 1998).

Les relations amicales

Le groupe des pairs a un rôle important dans la socialisation adolescente. Le mouvement d'émancipation des influences familiales est en effet parallèle aux investissements dans des activités sociales impliquant des partenaires semblables à eux. L'influence des pairs ne commence pas avec l'adolescence et s'exerce dès le début de la vie sociale où elle assume les mêmes fonctions : développer des habiletés permettant des interactions sociales adéquates et partager intérêts, préoccupations et sentiments. Ce qui est nouveau chez l'adolescent, c'est son implication dans des groupes différents, se chevauchant et se différenciant par leur taille et le niveau d'intégration des membres. Au départ informels, liés au quartier ou à la classe, ne regroupant que des jeunes de même sexe, les groupes se structurent dès la dixième année et révèlent alors des amitiés qui s'avéreront durables dans l'avenir. Pour Coleman (1980), vers 10/12 ans, ces relations se fondent plus sur les activités et les jeux que sur les relations en soi ou sur les sentiments. Vers 13/15 ans, prévaut plutôt un affect de confiance réciproque. Les qualités attendues sont alors la sincérité, la loyauté et la confiance ; rejet et trahison sont ce qui est le plus craint. Vers 17/18 ans, l'accent est mis sur la recherche d'expériences communes et le partage des intérêts. La tolérance face aux différences individuelles s'accroît et la crainte d'être trahi s'estompe.

Investir d'autres jeunes

Dans l'enfance et dans la préadolescence, les groupes sont nettement séparés sur le plan sexuel : les garçons ont de nombreuses activités avec d'autres garçons, et les filles des liens plus resserrés avec d'autres filles. L'investissement affectif est alors nettement plus marqué chez les filles : tensions, jalousies et conflits s'expriment fréquemment. Cet investissement est lié à une survalorisation de l'intimité et de la dépendance dans les procédures de socialisation. Le réseau relationnel peut alors être figuré par deux cercles concentriques : le groupe des amis occasionnels (de quartier, de collège) comprenant jusqu'à 20 ou 30 membres, le cercle des amis comprenant de deux à neuf membres avec cinq ou six en moyenne. Le premier correspond aux activités sociales occasionnelles (sorties, boums, etc.), le second est quasi permanent et correspond à un lieu de rencontre et d'échange. On voit que ce dernier nombre n'est pas sans rappeler celui correspondant à la composition d'une famille, dont le jeune cherche justement à se sortir.

La plupart des adolescents ont une vie sociale hors de leur famille. Comme le montre une enquête réalisée par l'INSERM (Choquet *et al.*, 1986), cette vie est souvent très active : les jeunes sortent entre eux (68 % des garçons et 64 % des filles), s'invitent entre eux (vont chez leurs amis, 74 % des garçons et 62 % des filles ; les reçoivent, respectivement 59 % et 55 %) ou font la fête entre amis (59 % des garçons et 47 % des filles). Il y a donc prédominance de la vie amicale, bien que celle-ci soit légèrement plus marquée pour les garçons que pour les filles.

De même, un jeune sur deux admet avoir beaucoup de copains dans sa classe, deux sur cinq également dans d'autres classes et trois sur cinq à l'extérieur de l'école. Les filles ont cependant moins de copains dans la classe que n'en ont les garçons (46 contre 56 %), dans d'autres classes (34 contre 45 %) ou à l'extérieur (58 contre 67 %). Mais comme les garçons, les filles sont rares (moins de 1 %) à déclarer n'avoir aucun copain.

Il n'en faut pas moins signaler que près d'un adolescent sur quatre (23 %) reste isolé : 23 % ne sortent pratiquement pas avec d'autres jeunes, 28 % ne vont jamais chez les autres, 38 % ne reçoivent jamais d'amis, etc. Dans un cas sur deux, c'est par manque d'envie, dans un cas sur cinq par manque de temps, mais aussi dans un cas sur cinq par interdiction parentale. Il n'en est pas moins vrai que 18 % des garçons, et 22 % des filles n'aiment pas sortir avec des amis, et que 5 % des garçons et 14 % des filles aimeraient sortir mais ne le peuvent du fait d'interdits parentaux.

L'amitié

La plupart des adolescents s'intéressent donc aux autres jeunes. Il faut y voir le poids des amitiés adolescentes. L'adolescent est certes préoccupé de lui-même. La prise de conscience de soi s'exprime par un effort de différenciation avec ses semblables. Mais l'adolescence ouvre aussi une ère nouvelle de sociabilité : celle de l'amitié. À la fin de la période œdipienne, l'enfant choisit le parent de même sexe pour modèle. Par le processus d'identification, le moi tend alors vers sa référence, et le sujet se constitue. L'abandon de ses anciennes identifications et la rupture qu'il entraîne, obèrent le sentiment d'identité de l'adolescent. Désinvestissant les objets parentaux, l'adolescent fait un travail de deuil et doit investir ailleurs. Pour se trouver lui-même, pour combler ce besoin d'une image proche de lui, il cherche de nouveaux modèles chez ses pairs. Le déplacement de la libido peut alors s'opérer sur des pairs : copains, amis, relations amoureuses, etc. L'adolescent est souvent persuadé que ses parents ne le comprennent pas, ne peuvent le comprendre dans sa singularité ; il se sent malheureux et désinvesti de leur amour, projetant ses propres sentiments et subissant également un éventuel retour de sa propre agressivité. Qui dès lors mieux que ses pairs, qui sont dans la même situation que lui, seraient capables de le comprendre ?

Ses nouvelles activités hors du champ familial, ses nouvelles rencontres, ses multiples et interminables discussions sont propices à la création de relations amicales. Elles sont à la fois préludes aux relations hétérosexuelles et à des relations non plus hiérarchiques mais démocratiques qui manifestent la conquête de l'indépendance. Il y a d'ailleurs progrès dans le développement psycho-sexuel sous l'influence des relations amicales, dans la mesure où ces dernières permettent à l'adolescent d'aborder la sexualité en en discutant avec les copains et en échangeant avec eux impressions et craintes éventuelles, même si cet échange est encore obéré par les mécanismes de défense.

En outre, l'amitié protège contre le risque de se mésestimer, de se sentir dévalorisé ; elle est narcissiquement rassurante, sécurisante. Les amis donnent un sens nouveau à la vie du jeune et l'aident à construire un nouvel univers de valeurs. C'est à travers ce nouveau type de relations qu'il peut pénétrer ce monde des adultes auquel il aspire, mais qu'en même temps il redoute. Ayant perdu le soutien du groupe familial, ou du moins le croyant, c'est auprès d'eux qu'il trouve soutien et réconfort. L'amitié permet à l'adolescent de se reconstruire, de se restructurer après les bouleversements qu'il a subis. Les amis, avec leur qualité d'écoute, leur présence, leur compréhension et leur disponibilité, vont apporter au jeune l'étayage qu'il ne trouve plus chez ses parents.

L'amitié est un sentiment réciproque d'affection et de sympathie. Elle implique une nécessaire complémentarité entre deux personnes mais aussi une certaine ressemblance. L'adolescent cherche à se retrouver dans l'autre et à y puiser gratification : choisir un ami, c'est aussi être choisi comme ami, être préféré, donc reconnu dans sa valeur et sa personne, ce qui est primordial dans la quête identitaire. Comme le dit B. Zazzo (1966), l'ami présente deux fonctions d'inégale importance : il est le miroir dans lequel le jeune cherche à se reconnaître, le reflet qui tend à fixer sa propre réalité ; mais c'est aussi le partenaire issu du monde extérieur dont on ne redoute pas le regard, puisqu'il forme également bloc avec soi contre les autres. L'ami est « désiré parce que semblable et parce que différent ». Il est le moyen de se mieux définir, de se mieux « connaître ». L'adolescent cherche un double de lui-même, un *alter ego* qui participera à la réussite de cette quête identitaire qui se fait en soi-même et en autrui (Rodriguez-Tomé, 1972). Ces deux fonctions de l'amitié se retrouvent particulièrement chez des jeunes dont la différence d'âge n'est pas trop importante. L'adolescent cherche alors chez l'ami ce à quoi il aspire. Il espère trouver une image idéalisée à laquelle s'identifier et qui lui permette de s'estimer et de s'aimer lui-même. L'ami doit présenter les qualités que l'on aimerait posséder. Il incarne l'idéal du moi, c'est-à-dire les attributs que l'adolescent cherche à atteindre.

Des amis différents

Dans le cas de différences plus marquées, d'autres faits peuvent intervenir. Il peut s'agir, par exemple, d'une homosexualité latente permettant de retarder l'approche du sexe opposé vectrice d'angoisses. Elle permet en quelque sorte d'apprivoiser son « semblable » avant de (et pour) se confronter à l'autre sexe. Les réelles amitiés entre filles et garçons s'avèrent d'ailleurs assez tardives, réservées à la seconde moitié de l'adolescence, vers la quatorzième ou quinzième année. Les choix d'amis d'âges différents peuvent aussi manifester l'occasion de développer des qualités que l'adolescent souhaite sentir s'affermir, qui lui donnent confiance en lui-même. Un rôle protecteur permet en effet de s'affirmer. On a ainsi rencontré il y a quelques années, une manifestation voisine dans ce mouvement contre le racisme symbolisé par un badge représentant une petite main et où l'on pouvait lire « touche pas à mon pote », symbole résumant bien la problématique du jeune Maghrébin vivant en France. Car si la *Main de Fatima* est le symbole de la félicité chez les musulmans, elle est aussi celui de l'interdit chez l'occidental. « *Touche pas à mon pote* » implique ainsi une seconde proposition : « *sinon je te touche !* ». Le « pote », c'est le Maghrébin ; le « je », c'est le Français en position de protecteur, position de double lien qui ne trouve de résolution que si le jeune migrant a recours à l'étayage anaclitique[1] de ses pairs d'accueil.

L'adolescent peut enfin ressentir de l'amitié pour un adulte. La différence d'âge est alors variable mais toujours sensible. C'est le cas d'un sentiment mêlé d'admiration pour un enseignant, par exemple. Ce que recherche alors l'adolescent, c'est quelqu'un *qui montre le chemin, qui rassure*. L'adolescent considère alors que seul cet adulte peut le comprendre, sentiment susceptible d'entraîner le risque de se maintenir en une sorte d'infantilisme affectif.

Ce qui caractérise l'amitié

Les amitiés adolescentes possèdent un certain nombre de caractéristiques particulières : l'intimité, la sensibilité, le degré de similitude ou de complémentarité et la stabilité (Berndt, 1982 ; Mallet, 1997).

---

1. Freud distingue deux types de choix d'objet : le type narcissique et le type anaclitique. Le choix d'objet narcissique se produit lorsqu'une personne choisit un objet sur la base de quelque similitude réelle ou imaginaire avec elle même, alors que le choix d'objet anaclitique se produit lorsque le choix se fait sur le modèle de la dépendance infantile à l'égard de quelqu'un de différent de soi.

L'*intimité*, c'est la connaissance profonde de l'autre (sa personnalité, ses inquiétudes, ses angoisses, ce qui fait sa vie). Les amis adolescents renforcent leur estime de soi à travers ce que leur renvoie l'autre. L'influence de ces échanges sur leur vécu respectif est un fait nouveau que l'on ne rencontrait pas dans l'enfance. Le concept d'intimité renvoie au partage réciproque des sentiments (chacun ne cachant rien à l'autre) et au fait que chacun est informé de tout ce qui est relatif à son ami (Sullivan, 1953). L'accès à l'intimité n'est vraiment marqué qu'à l'adolescence dans la mesure où il requiert un certain niveau de développement cognitif : l'accès à l'abstraction et à la formalisation qui entraîne, selon Erikson, une relation beaucoup plus profonde impliquant une identité à peu près constituée.

La *sensibilité* aux besoins et désirs de l'autre est à l'origine de l'écoute mais aussi du partage, tous deux caractéristiques des amitiés adolescentes. Elle est l'un des fondements de l'intimité. L'adolescence conduit à substituer une « égalité avec l'autre » à la compétition observée pendant l'enfance.

La *similitude* et la *complémentarité* s'observent dans les goûts et dans les attitudes que les jeunes ont en commun : vêtements, musique, langages, etc. Elles permettent de se retrouver et de se reconnaître dans l'autre, induisant ce climat de confiance et de sécurité auquel le jeune aspire.

La *stabilité* permet enfin de distinguer l'amitié du simple copinage. Elle est beaucoup plus marquée chez la fille que chez le garçon, allant de pair avec la restriction du cercle des amis.

Une question se pose toutefois sur ce qui, au départ, motive l'amitié, et plus particulièrement l'intimité. Dans quelle mesure correspond-elle à la recherche d'un *autre spéculaire* ou d'un *autre complémentaire* ? (Lehalle, 1995). La plupart des travaux mettent en évidence la similitude des attitudes des « amis adolescents », qu'il s'agisse de musique, de mode vestimentaire, de loisirs, voire de conduites plus marginales : prise de drogue, alcoolisation toxicomaniaque, etc. S'agit-il cependant d'influences réciproques consécutives à la relation privilégiée, ou de faits qui seraient à l'origine de cette relation ? Peut-être y aurait-il là manifestation d'une identification réciproque – en particulier au début de l'adolescence.

Les groupes et les bandes

La participation à un ou plusieurs groupes est également primordiale à l'adolescence. Comme le remarque Deutsch, l'adolescent se sent perdu s'il est seul ; avec d'autres, il se sent « fort ». Le jeune vit en effet difficilement l'abandon nécessaire de ses anciens objets d'amour. L'un des mécanismes de défense mis en jeu peut alors consister en l'adhésion à un groupe où, tous les membres s'identifiant les uns aux autres, il en résulte un idéal du moi collectif. Le jeune ne rentre pas dans le groupe dans le but premier d'y rencontrer les autres, mais plutôt pour tenter d'y faire à plusieurs ce qu'il a des difficultés à faire seul, à savoir « se trouver », découvrir ce qu'il est et qui il est. S'élabore alors une image de groupe, des signes d'appartenance qui nient la singularité de l'individu pour valoriser le « nous » source de sécurité, de protection devant l'angoisse existentielle. S'identifier au groupe confère de plus un moi supposé tout puissant qui ne peut que donner confiance en soi-même. Les jeunes se fondent alors dans le groupe pour épanouir leur personnalité et construire leur image de soi à travers une personnalité collective requérant l'égalité de tous et la systématisation des comportements et des attitudes.

Il y a toutefois quelque chose de paradoxal dans ce phénomène car les jeunes veulent à la fois se sentir différents des autres et prôner leur originalité, tout en se calquant sur un modèle unique et en se noyant dans la masse. C'est qu'il y a là possibilité de projeter sa libido sur un ensemble d'individus, et donc sur personne de précis, ce qui peut paraître sécurisant pour un temps, car permettant une décharge de l'angoisse existentielle et procurant l'illusion de ne pas être seul. On voit alors le poids de ce paramètre soulevé par Berndt à propos de l'amitié : la similitude qui prend ici toute son importance. Les groupes se forment en effet sur une communauté de normes, sur des indices de reconnaissance, et le fait d'y adhérer est payé en retour d'une reconnaissance, et donc d'une existence, ce qui renforce bien évidemment l'estime de soi. À l'opposé, un rejet du groupe est vécu comme une preuve de sa non-valeur.

Le jeune adopte dans le groupe une communauté de conduites à travers lesquelles il s'affirme tout en prenant en apparence un masque commun à plusieurs. Qu'il y fume ou s'y drogue, qu'il s'y adonne à certaines activités et croyances comme au sein des sectes, il vise à démontrer qu'il n'est plus un enfant et qu'il conquiert l'état d'adulte (ou pour certains groupes qu'il croit le conquérir). S'émancipant de sa famille, il marche vers l'autonomie et l'indépendance.

On peut reprendre la terminologie de Winnicott (1971) pour assimiler le groupe des pairs à un phénomène transitionnel. Aux premiers temps de la vie, la mère conforte son petit dans la toute puissance magique, s'adaptant à l'ensemble de ses désirs et de ses besoins. Elle est alors « suffisamment bonne », dans une relation que l'on peut qualifier de fusionnelle, l'enfant ne se différenciant pas encore de sa mère. Dans un second temps, ne s'adaptant plus totalement à ses demandes, la mère permet à l'enfant de s'adapter au réel et de prendre conscience de leur séparation, ce qui n'est pas sans entraîner angoisses et frustrations. Il y a alors investissement par l'enfant d'un ours en peluches, d'un vêtement, d'une couche, etc. qui est sa première possession « non-moi » ou *objet transitionnel* permettant la transition entre la relation fusionnelle et la future relation objectale. Cet objet va permettre à l'enfant de supporter l'angoisse d'une situation nouvelle vécue comme un abandon et une perte, car il devient pour lui une représentation de la mère. De même, l'adolescent devant le vide causé par le désinvestissement des objets parentaux va investir sa libido dans un groupe pour remédier à l'angoisse résultante. Le groupe des pairs procure ainsi une tutelle temporaire, substitut des objets d'amour. On parle ici de second processus de séparation-individuation (Laufer, 1975 ; Blos, 1962, 1979), étape vers l'indépendance, l'autonomie et l'émergence de l'identité personnelle.

Il faut cependant distinguer plusieurs groupes selon les fonctions qu'ils remplissent spécifiquement. Des groupes d'apparences voisines peuvent correspondre à des fonctions diversifiées, alors que des groupes apparemment différenciés peuvent satisfaire à des fonctions voisines. Il y a ainsi, selon Dunphy (1963), deux niveaux d'organisation des groupes d'adolescents : les groupes primaires (ou cliques) composés d'un petit nombre de jeunes (une dizaine au plus) où se manifestent au mieux les relations amicales, et les groupes secondaires (ou bandes) qui apparaissent comme des associations de cliques, et où se manifeste la dialectique du « faire » et de « l'interdit », les adolescents y expérimentant les rôles et les situations sociales. De telles activités contribuent à l'émergence de l'identité personnelle et constituent une manière de faire sa place au sein de la société, d'y exister. Cela rappelle quelque peu le « faire et faisant se faire » des philosophes. En découvrant limites [1] et interdits et en se heurtant à l'opposition des parents ou à celle du corps social, les adolescents peuvent encore affirmer leur originalité et leur identité.

Il existe cependant pour Robert et Lascoumes (1974) une sorte de continuum entre les formes de groupement adolescent. Les groupes à support institutionnel (école, organisations de jeunes, etc.), les groupes spontanés (noyau de quatre ou cinq amis entourés d'un halo plus important), les quasi-groupes (rassemblements de jeunes par juxtaposition de personnes physiques) et les bandes structurées peuvent être ainsi rapprochés. Groupes spontanés et bandes, par exemple, sont homogènes quant à l'âge, au sexe et à l'origine sociale. Ces divers groupes restent cependant le plus souvent informels, même si certains ont une base formelle (l'école par exemple), et leurs fonctions sont voisines : occuper le temps libre, être ensemble, expérimenter le monde, la vie, en un mot... « exister ».

La jeunesse des banlieues

Il n'est pas sans intérêt d'aborder certains regroupements spécifiques de jeunes vivant dans les banlieues des villes. Les conditions de vie au sein de ces cités, en particulier les conditions de logement, sont loin d'être satisfaisantes : croissance illimitée des espaces urbains, production d'un parc d'habitations adapté à la demande des plus pauvres, allant de la conservation de bâtiments anciens mal entretenus, pouvant aller jusqu'au taudis, à la construction de

---

1. Il faut noter le rapport dialectique existant entre la notion d'interdit et la rencontre de limites qui peuvent être de deux natures, à la fois différentes et complémentaires, d'une part les propres limites de l'individu, ne pas savoir, ne pas avoir les capacités de, être *trop petit* pour..., d'autre part les limites morales et sociales.

bâtiments collectifs à prix minimum, grâce à l'utilisation des techniques les plus économiques et au choix de terrains bon marché. Ce type d'habitat conduit à un phénomène de ségrégation de certaines catégories sociales. Il concentre en un même lieu des logements dits *sociaux* qui s'avèrent d'autant plus fragiles qu'ils sont peu investis par ceux qui y vivent. Au bas niveau des prix correspond le bas statut socio-économique des habitants. Ainsi les grands ensembles qui présentent le plus de difficultés dans la banlieue parisienne ont généralement plus de 3 000 logements, comptent plus de 40 % de jeunes de moins de 20 ans (contre 27 % en Île-de-France) et plus de 80 % d'employés et d'ouvriers. Le taux de chômage y est très élevé et la population d'origine étrangère trois fois supérieure à la moyenne nationale. Se forment alors des noyaux qui se trouvent enclavés dans le tissu général, ce qui donne lieu aux rivalités et aux affrontements de bandes de jeunes se réclamant d'une cité, d'un quartier ou d'un groupe ethnique (Beaujeu-Garnier, 1995).

Les jeunes des cités

Les « jeunes de la cité », pour reprendre l'expression de Bordet (1998) sont des adolescents produisant une microsociété de survie et de défense contre l'exclusion sociale dans les quartiers d'habitat social des banlieues. Ce sont très majoritairement des garçons, les filles trouvant refuge dans leur microsociété pour se protéger de leurs difficultés sociales et personnelles. Elles n'y sont pas reconnues à parité avec les garçons. Garçons et filles nouent difficilement des relations amoureuses et intimes. Ils ne peuvent exprimer de telles relations au sein de leur famille ; ils se conforment à ce statut d'adolescent qui n'évoluerait au sein de leur famille que s'ils s'y installaient en couple. Or, ils ne s'avèrent pas capables de nouer une relation basée sur l'affection, la sexualité et un devenir partagé. Ces difficultés obèrent l'individuation en ce qu'elles les empêchent de se reconnaître dans une lignée intergénérationnelle. C'est là que peut intervenir pour des jeunes d'origine maghrébine la revendication de la culture d'origine pour justifier les attitudes de surveillance envers les sœurs et reporter sur elles les agressions dont ils sont eux-mêmes l'objet. La sortie de cette indifférenciation au sein de leur microsociété est empêchée par le rapport de ces adolescents à eux-mêmes et aux autres.

Deux processus peuvent être relevés. Ainsi, ces jeunes ont le sentiment d'être dominants à l'intérieur de la cité, mais ils éprouvent aussi un sentiment de rejet et d'exclusion, ce qui fait d'eux des « dominés », non des « dominateurs ». Leurs rapports à l'espace illustrent bien ce double mouvement : ils dominent certains espaces de la cité (placettes, cages d'escaliers, caves, etc.) mais jugent inaccessibles les espaces extérieurs à la cité, invoquant le coût des transports, les contrôles de police, mais manifestant aussi leur sentiment d'y être des « étrangers ». Ce mouvement de toute puissance-impuissance ne leur permet pas de placer leurs limites et celles d'autrui. Les essais et les erreurs, ce tâtonnement caractéristique du moratoire psychosocial est impossible (Erikson, 1978). Face à la stigmatisation, ces jeunes sont en quelque sorte réduits à ne pouvoir s'affirmer qu'en tant que « jeunes de la cité ». Le sentiment d'identité négative limite leurs capacités à se reconnaître comme sujets inscrits dans des rapports sociaux. Les difficultés d'investissement du langage qu'ils présentent, peuvent être associées à un sentiment de dévalorisation pouvant parfois conduire à des formes de dépersonnalisation. Le discours collectif masque alors la difficulté de nomination personnelle pourtant essentielle pour se reconnaître en tant que personne.

La cité constitue le milieu de vie des jeunes où se tissent les liens primaires, proches de l'enfance et de la famille. Il s'agit pour Bordet (1998) d'une micro-société de survie. Il est difficile pour ces jeunes de se reconnaître comme sujets ayant leur propre identité, tant au cours qu'à la sortie de l'adolescence, de se construire un regard réflexif, leur permettant de se voir comme sujets pouvant porter leur devenir d'adultes. Cette microsociété ne constitue pas un espace transitionnel où l'adolescent peut s'individualiser, mais plutôt un lieu d'inclusion qu'il lui est difficile de quitter. La mobilité apparente des déplacements, leurs relations établies en réseaux ne sont pas associées à la prise d'autonomie, mais peuvent plutôt se comparer au parcours d'un labyrinthe dont la sortie serait inaccessible et qui interdirait la formation d'une identité adulte. C'est cependant un milieu de survie qui les protège du risque de l'errance et de la perte d'identité. Car être « jeunes de la cité » permet quand même d'être situés dans un réseau de relations sociales, d'être protégés de l'anonymat, fut ce au sein d'un univers fusionnel, clos et stigmatisé.

Identité et cité

Il est vrai qu'il faut nuancer le terme de « jeunes de la cité », rappelle Bordet, car le processus d'individuation de ces adolescents est spécifique à chacun d'eux. Chacun occupe une place différente au sein de la microsociété : « leaders internes-externes » ayant développé des possibilités de sortir de la cité, référents pédagogiques pour les plus jeunes, « galériens » inclus au sein des murs de la cité, etc. Les difficultés qu'ils rencontrent pour exercer des rôles sociaux reconnus contribuent à leur retrait dans leur microsociété. Aux difficultés scolaires ont succédé le temps de la galère, puis la confrontation à l'absence de sens. Ce ne sont pas les petits boulots qu'ils ont parfois exercés qui leur permettent d'être reconnus socialement mais plutôt cette apparte-nance à la microsociété des jeunes de la cité. Il faut alors affirmer celle-ci, y jouer un rôle, y exercer des responsabilités, seul moyen d'accéder à une iden-tité sociale – fut-elle très dépendante de l'ancrage initial. Il s'agit cependant d'un enjeu très difficile à réaliser pour nombre de ces adolescents. Certains tentent d'y remédier en choisissant de présenter les conduites attendues par leurs interlocuteurs, jouant le jeu de leur stigmatisation. Se trouvant dans de *faux-selfs*, ils ne peuvent se constituer de noyau identitaire identifiable par eux-mêmes ou les autres. La transformation de ces morcellements identitaires est cependant nécessaire pour qu'ils puissent se reconnaître comme sujets, exercer des rôles sociaux utiles et établir un sentiment d'appartenance à la société. Se reconnaître et être reconnu en tant que « jeunes de la cité » permet en effet une prise de distance sur le sentiment de dévalorisation et d'identité négative qui pourrait les submerger individuellement. Lieu symbolique, la microsociété des jeunes de la cité est au cœur d'un rapport fusionnel qui les pétrifie dans les murs de la cité. Une attitude réflexive ne leur est pas possible. Comme l'écrit Bordet : « Cette impossibilité de se parler à soi-même, de poursuivre ses propres enjeux constitue un risque de perte pour les adolescents ; confusément ils ressentent cette angoisse et l'expriment à travers ces paroles : "Je ne sais pas ce qu'elle me fait cette cité, mais je ne peux pas la quitter" » (p. 205).

Le processus d'individuation de ces jeunes et leur reconnaissance comme sujet nécessitent que l'on identifie ce processus fusionnel et ce rôle joué par la microsociété pour tenir à distance les sentiments dépréciateurs. Retrouver ce qui fait sens pour ces jeunes est une des conditions permettant de transformer ce processus. Le fait de vivre au sein de cette microsociété permet aux jeunes de trouver place dans une histoire collective, à la fois réelle et fantasmatique. S'identifier à cette histoire leur permet de contenir les difficultés qu'ils rencontrent pour accéder à leur propre historicité. Être « jeune de la cité », c'est aussi s'inscrire dans une filiation. Ce phénomène banal à l'adolescence perdure chez ces jeunes après l'adolescence, les empêchant parfois de se situer dans leur filiation personnelle.

Tchatche et cité

Dans les cités cohabitent des communautés d'origines diverses, de cultures et de langues différentes. Cette cohabitation a favorisé l'émergence d'une interlangue entre le français et les vernaculaires composant la mosaïque linguistique des banlieues (Goudaillier, 1998). Cette interlangue est devenue un outil de communication d'adolescents qui se considèrent au ban de la société et en marge de la langue française circulante. Ce parler véhiculaire interethnique, résultat de la déstructuration de la langue circulante, caractérise la culture interstitielle des jeunes des cités. La forme identitaire de cette langue est construite à partir du français et d'autres langues qui y instillent leurs mots. Se développe ainsi la volonté de créer une diglossie, manifestation langagière d'une révolte sociale. D'autres manifestations existent parallèlement à travers la musique, le graphisme ou les vêtements. La forme identitaire devient alors, dit Goudaillier, l'expression des maux vécus : le « dire des maux ». Répercussion sur le plan linguistique des échecs rencontrés par ces jeunes et de leur profond sentiment d'exclusion, ce dire des maux conduit inexorablement aux « maux du dire », c'est-à-dire à une langue française déstructurée et marquée par l'identité de ces adolescents. Grâce à cette langue, les jeunes des cités vont se fédérer et résister aux tentatives de tutelles sociétales. Cette langue a plusieurs fonctions. La fonction cryptique n'est pas négligeable, mais la fonction ludique s'avère également importante. La déstructuration linguistique fait d'ailleurs partie d'un jeu, la fonction ludique s'exprimant à travers une accumulation de procédés tels la troncation, la suffixation parasitaire, la mise en forme *verlanesque* et la profusion de figures métaphoriques et métonymique.

La socialisation politique

L'accès des adolescents aux idéologies politiques a surtout été abordé à travers deux directions principales : l'identification des principaux agents de la socialisation politique, et la mise au jour des grandes étapes de l'évolution des attitudes politiques (Claes, 1991). Traditionnellement, l'adolescent semble peu intéressé par la politique, désintérêt associé par Adelson (1975) à l'absence de compétences cognitives permettant la maîtrise des réalités politiques. Ainsi, à 10/12 ans, l'enfant serait incapable de saisir des notions telles que celle de « représentativité des citoyens », de « porte-parole » et donc de syndicat ou de parti, alors qu'il est accessible, comme le montre Kohlberg, aux notions de justice, de culpabilité ou de sanction. Cette position est remise en question par Percheron (1978) et plus récemment par Muxel (1996). Percheron relève ainsi la politisation du langage enfantin, constatant la connotation politique de certains termes (droite, gauche, rouge, etc.) et le rejet par les jeunes des termes qui expriment la partisanerie. Et Muxel de constater que la jeunesse est un temps fort dans la construction de l'identité politique, dans la mesure où s'y confrontent l'expérience personnelle de la société et les exemples perçus au sein de l'environnement lors de l'enfance et de l'adolescence. Il faut voir que les faits ont évolué depuis un quart de siècle et que les jeunesses américaine et française peuvent avoir des appréhensions différentes de la politique.

Citoyen à part entière, le jeune acquiert la reconnaissance de ses droits d'expression politique. Il doit négocier son inscription dans une réalité historique et sociale. Les adolescents de l'an 2000 sont nés à l'époque où venait d'être élu un président de gauche attendu par la moitié des Français depuis près d'un demi-siècle. Ils ont connu dans leurs premières années des gouvernements de gauche, et ont vu leurs parents faire l'expérience du socialisme au pouvoir, oscillant de l'Union de la gauche à la cohabitation. Certains sont nés en 1986 avec l'irruption du mouvement lycéen et étudiant sur la scène politique. D'autres entraient alors au collège ; ils ont entre 15 et 20 ans en l'an 2000. Ce mouvement a permis à bon nombre d'entre eux de faire leurs premiers pas en politique. Plutôt à gauche – en 1988, 69 % des 18/24 ans votèrent pour François Mitterrand, contre 54 % de l'ensemble des Français – ces jeunes qui constituèrent la *Génération Mitterrand* persistèrent dans leurs choix aux élections de 1995, alors que les jeunes nés dans les années 1970 étaient plutôt orientés vers la droite (Muxel, 1996).

Origine des choix politiques

Le jeu des influences sociales construisant graduellement une personnalité politiquement orientée est complexe. Les premiers choix politiques reposent sur plusieurs repères.

Le *poids de la famille* est d'importance. C'est elle qui fournit les premiers jalons politiques à l'enfant, elle qui influence le développement de ses choix ultérieurs, le conduisant à leur reproduction ou à leur rejet lors de l'adolescence. Majoritairement, les choix politiques sont proches de ceux des parents, 64 % des jeunes partageant ces choix en 1989 (Percheron, 1993). Les valeurs des parents et des enfants divergent moins que par le passé. Nous sommes loin de « mai 1968 » et de l'expression d'un profond fossé séparant les générations. Les travaux entrepris auprès de fratries soumises au même climat familial de socialisation politique vont d'ailleurs dans le même sens.

L'*école* joue également un rôle au niveau de l'intériorisation des règles et des normes politiques. Il est vrai cependant que les enseignements d'éducation civique semblent s'avérer de peu de poids dans la formation des jeunes et dans la lutte contre l'incivilité. L'école pourrait en revanche jouer un rôle central sur le plan de la confiance témoignée par l'adolescent à l'égard des institutions politiques et sur l'adhésion à un modèle politique comme la démocratie. Elle influencerait également les jeunes en ce qui concerne leur représentation de la place du citoyen au sein des institutions. Mais ce serait d'autres instances, et en particulier la famille, qui transmettraient les orientations politiques partisanes et les choix fondamentaux (Claes, 1991).

Le *brouillage de l'opposition gauche/droite* influence également les premiers choix politiques. Les constats relatifs à la crise de la représentation politique, à la demande croissante d'une nouvelle politique, de recomposition du système politique tendent à obérer la légitimité et le crédit des institutions politiques et de ceux et celles qui les animent. Pour certains jeunes, ce n'est plus l'adhésion aux idées véhiculées par un parti, mais une volonté de démarcation d'une politique qui conduit les choix.

Le *rôle des médias*, et particulièrement celui de la *télévision*, peut être également évoqué. La lecture des *journaux* est à l'origine d'une information politique et les jeunes qui se sont engagés dans un parti mettent souvent cette source en avant pour expliquer leurs positions. Mais les jeunes non politisés manifestent rarement leur intérêt pour cette presse. Présente dans tous les foyers, la *télévision* assure, au contraire, la restitution de l'actualité politique et s'avère le relais privilégié de l'information de tous et des jeunes en particulier. Elle joue, en ce sens, un rôle certain dans la constitution des représentations de la politique. L'influence des médias n'est cependant pas primordiale dans la mesure où elle concernerait moins les comportements que le renforcement de processus initiés par d'autres instances : la famille et l'école. Comme le rappelle Claes, cette position n'en est pas moins controversée, certains chercheurs accordant aux médias une place privilégiée où, dépassant le rôle d'informateurs, ils modèleraient la conscience politique des jeunes (Chafee, Ward and Tipton, 1970 ; Prisuta, 1978). Cette influence n'en serait pas moins indirecte, car elle serait non pas véhiculée par les émissions d'information politique, mais par d'autres émissions, comme le sport, voire les feuilletons, qui favorisent l'intériorisation de valeurs conservatrices.

Le *groupe des pairs* participe aussi à la socialisation politique des adolescents. Agissant comme lieu d'appartenance et de référence politique, il serait susceptible de justifier certains comportements comme la participation ou l'abstention lors des élections. Ces groupes étant souvent homogènes quant à l'origine socio-économique et culturelle de ses membres, ils contribueraient également aux clivages politiques et culturels qui existent au niveau des classes dont ils sont issus (Claes, 1991).

La *sensibilité mondiale* n'est pas sans influer sur les choix politiques de la jeunesse. Il est vrai que l'Europe est un espace peu investi, que les jeunes se tiennent en retrait de la politique européenne, mais leur rapport aux cultures du monde est quotidien et il définit un espace de reconnaissance où l'acceptation des différences devient une valeur primordiale.

Enfin, les *préoccupations locales* sont souvent à l'origine des revendications politiques. Il faut voir que les difficultés d'insertion sociale sont grandes pour certains jeunes, que la cohabitation familiale imposée par le contexte économique est difficile à supporter. Il s'ensuit une volonté d'intégration locale, régionale qui favorise les mouvements locaux. Les territoires de la banlieue constituent un espace identitaire stigmatisé politiquement et socialement, conduisant à l'organisation de nouvelles formes du lien social ou de l'expression des revendications politiques.

Les orientations politiques

L'évolution de la pensée politique des adolescents a été particulièrement abordée à partir du milieu des années 1970, c'est-à-dire quelques années après mai 1968. Percheron (1975) relève ainsi que 16 % des adolescents âgés de 13 à 18 ans se situeraient à droite et que 20 % d'entre eux seraient déterminés à gauche de l'échiquier politique français. Deux tiers des jeunes ne parviendraient pas à se situer sur l'axe droite-gauche. La majorité de ces adolescents en apparence indéterminés aurait cependant des préférences idéologiques allant dans le même sens et dans les mêmes proportions que celles de leurs camarades plus déterminés. Seuls 15 % des adolescents rejetteraient aussi bien les valeurs de la droite que celles de la gauche, comme ils refuseraient les mécanismes du jeu parlementaire. Ces *désenchantés de la politique* constitueraient, selon Percheron, le vivier des futurs électeurs écologistes et/ou d'extrême-gauche. Adhérant ou non à un parti, la majorité des adolescents manifesterait donc des préférences idéologiques marquées selon la dimension droite/gauche. Ce serait donc un monde idéologiquement structuré qui se construirait lors de l'adolescence.

Qu'en est-il aujourd'hui, alors que 25 ans se sont écoulés depuis ces travaux ? Quatre types de comportements, quatre groupes de jeunes peuvent, semble-t-il, être distingués pour l'entrée en politique : les *déterminés*, les *hésitants*, les *retardataires* et les *instables* (Muxel, 1996).

— Les *déterminés* sont les plus nombreux (48 %). Ils se caractérisent par un choix précoce et stable (à droite comme à gauche). Ils s'intéressent à la politique, participent aux élections, et ont des choix affirmés en faveur des grands partis politiques. Ils sont plutôt issus d'un milieu socio-économique et culturel favorisé sans que ce soit là le déterminant principal, le contexte de la socialisation familiale étant décisif : près de trois quarts des jeunes se disant de gauche situent leurs parents à gauche, 85 % des jeunes déterminés à droite situent leurs parents à droite.

– Les *hésitants*, caractérisés par le flottement des positions, correspondent au tiers de la population (35 %). Ici encore, le contexte familial prévaut, mais il agit *a contrario*. Ils n'ont pas de filiation politique, leurs parents leur semblant eux-mêmes politiquement indéterminés. Les choix politiques sont peu affirmés, peu stables. Le refus d'affiliation à un parti est fréquent.

– Les *retardataires* sont une minorité (12 %). Ils se distinguent des *hésitants* par un report de leurs choix politiques. Ils sont en quelque sorte des *déterminés* en retard. Ils n'ont pas de filiation politique. Ils sont souvent issus de classes défavorisées et connaissent souvent des difficultés d'insertion sociale. Manifestant peu d'intérêt pour la politique, ils sont nombreux à ne pas s'inscrire sur les listes électorales ou à être abstentionnistes.

– Les *instables* passent de gauche à droite et réciproquement. Ils sont peu nombreux (4 %). Ils ne sont pas en retrait du jeu politique, ils participent aux élections. Aucune caractéristique sociologique ou familiale ne permet de les caractériser.

Développement idéologique

Les préférences idéologiques constituent un facteur primordial de la différenciation progressive de l'univers politique adolescent. D'autres facteurs sont cependant à prendre en compte comme le sexe, le lieu de résidence, le niveau socio-économique, la culture d'origine et la pratique religieuse ; mais il faut avant tout considérer l'âge qui agit sur le plan du développement des compétences cognitives en permettant l'accroissement des capacités d'abstraction et l'élargissement des perspectives temporelles (Claes, 1991).

Plus précisément, comme le rappelle Lehalle (1995), Adelson (1975) identifie cinq aspects principaux des transformations idéologiques à l'adolescence. Le premier d'entre eux est l'*abstraction*. Le maniement des idées abstraites est difficile avant l'adolescence. L'enfant s'avère capable d'imaginer *une* religion mais pas *la* religion, l'école mais pas l'éducation, le juge mais pas la loi, et le politicien mais pas la politique. C'est au cours de l'adolescence que se développe la capacité de raisonner sur les idées abstraites et non plus seulement sur leurs représentations concrètes. À l'adolescence se développe aussi la possibilité de situer les déterminations sociales dans le *temps* et de concevoir que l'état d'une question dépend à un moment donné de ses états antérieurs. La notion de *changement* est également essentielle. Au moment de l'adolescence, les jeunes abandonnent l'idée d'un univers politique statique pour concevoir que toute organisation sociale résulte d'une décision qui peut elle-même être remise en cause et que des changements sont donc possibles. La prise en compte d'*avantages* et d'*inconvénients* associés à toute décision vient également nuancer le jugement des adolescents qui deviennent capables d'estimer en termes de coûts et de gains ce qui résulte d'une décision politique, de prendre en compte leurs effets sur les différentes catégories sociales et ce en fonction d'un horizon temporel à court, moyen ou long terme. Des *principes généraux* susceptibles de gouverner les opinions individuelles s'élaborent lors de l'adolescence, conduisant l'adolescent à raisonner en termes d'universaux.

L'accès au stade du raisonnement formel permet ainsi l'élargissement des représentations politiques. Prenant conscience du déroulement historique, l'adolescent se situe dans une perspective historique. Mettant en cause le monde qui l'entoure, il envisage d'y changer le cours des choses. De plus, parallèlement au développement moral, les positions politiques normatives tendent à s'estomper, alors que les jugements négatifs et positifs sur les réalités politiques tendent à augmenter. Les représentations et les attitudes politiques se diversifient et les préférences idéologiques en faveur de la droite ou de la gauche s'affirment.

Adolescence et religion

Les adolescents désirent chaleur humaine et fraternité. Cela s'est manifesté dans le passé par de grands rassemblements, tels Woodstock, ou par la naissance des communautés hippies. Pour d'autres jeunes, la crise métaphysique se résolvait par l'entrée dans la vie professionnelle et l'accès aux responsabilités. Cela apparaît plus difficile aujourd'hui. D'autres voies s'avèrent, semble-t-il, nécessaires. Quelles sont ces voies ? La culture occidentale est marquée par le christianisme. Certains psychologues, certains pédagogues affirmaient il y a un demi siècle qu'un élan du sentiment religieux correspondait à la crise pubertaire. Cet élan se produisait, selon eux, vers les âges de 17/18 ans, et la crise menait, soit à la perte de la foi, soit à son renforcement, mais nul n'était indifférent. De tels propos font penser à un problème personnel, individuel. Ce ne semble plus être le cas aujourd'hui. Déjà en 1969, un sondage IFOP, auprès de jeunes de 15 à 25 ans, révélait que 94 % des sujets avaient une religion, que 81 % d'entre eux croyaient en Dieu (contre 73 % en 1958), mais que la foi baissait chez les intellectuels, alors qu'elle grandissait chez les ouvriers. Ce sondage montrait aussi que la pratique était en baisse chez les jeunes où elle passait de 32 % en 1958 à 24 % en 1969, et de même chez les 20/30 ans, respectivement de 37 % à 23 %.

Les jeunes catholiques

Un sondage réalisé par la SOFRES, auprès de 2 000 personnes âgées de 15 ans et plus, confirmait ces tendances en juillet 1981 : 79 % se déclaraient catholiques, dont 26 % de catholiques pratiquants et 53 % de catholiques non pratiquants, tandis que 20 % adhéraient à d'autres religions. Les résultats semblaient stables en 1986 avec 81 % de personnes se disant catholiques, mais paraissaient en forte diminution en 1994 avec 67 %. Les faits ont encore évolué de nos jours comme le montre une enquête réalisée pour le journal *la Croix* par l'institut CSA sur un échantillon de 27 810 Français âgés de plus de 18 ans. Plus des trois quarts des Français (78 %) déclarent une appartenance religieuse, plus des deux tiers (69 %) se disent catholiques et plus de la moitié (59 %) affirment une pratique occasionnelle, fréquentation qui tendrait à augmenter au sein des catholiques, passant de 60 % en 1990 à près de 72 % en 2001.

Mais les données recueillies nous révèlent également l'apparition d'une forme nouvelle du catholicisme dont les adeptes sont des pratiquants épisodiques vivant parfaitement une distance au quotidien avec la religion tout en revendiquant l'appartenance à cette famille d'esprit qu'est l'univers catholique, forme qui s'exprime particulièrement dans ces manifestations de type Jubilé ou JMJ (Journées Mondiales de la Jeunesse), liées à des moments particuliers de l'année ou de la vie[1]. Elles nous révèlent également que l'appartenance religieuse varie selon le milieu d'origine, le niveau atteint dans les études, et surtout l'âge, puisque si 69 % des Français, tous âges confondus, se disent catholiques, ils ne sont que 46 % chez les 18/25 ans. Parmi les jeunes élevés dans la religion catholique, seuls 13,5 % des garçons et 20 % des filles ont une pratique régulière[2], la majorité d'entre eux (80 % des garçons et 75 % des filles n'assistant à la messe que pour les grandes fêtes ou pour des cérémonies (Lambert, 1992 : Lagrange, 1997).

Les jeunes musulmans

Les pays du Maghreb sont influencés par la culture musulmane (de l'arabe *muslim*, qui signifie *le fidèle*, *celui qui a la foi*). L'islam – qui signifie en arabe *soumission à la volonté divine* – peut être considéré à la fois comme un mouvement politique et religieux édifié sur le livre sacré écrit par Mahomet au VIIe siècle. On peut interpréter l'islam comme une *valeur d'identification culturelle*, voire nationale. Cette religion transmise de générations en générations sert de ferment social. Le code moral est très strict : la *Tarbya* est la méthode qui dirige l'éducation de l'enfant musulman selon la Loi du Prophète.

La religion musulmane est la seconde religion pratiquée en France. Le niveau de pratique religieuse s'avère relativement faible chez les jeunes musulmans issus de l'immigration maghrébine des années 1960, ce en contradiction avec l'impression ressentie d'une emprise croissante de l'islam chez les jeunes. La pratique requise pour les musulmans consiste en prières indivi-

---

1. *La Croix*, n° 36108 des 24 et 25 décembre 2001.
2. On entend par « pratique régulière » le fait d'assister à la messe au moins une fois par mois.

duelles quotidiennes, prière collective le vendredi et respect du ramadan et d'interdits alimentaires. Les jeunes sont loin de cette pratique : un sur huit d'entre eux ne pratique au plus qu'une fois par mois. Cette désaffection est un phénomène nouveau, comparée à la floraison des mosquées accompagnant la vague islamique (et islamiste...) des années 1980, qui vit centupler le nombre de lieux de culte (Lagrange, 1997).

Vie adolescente et religion

Concernant les jeunes, il est donc possible de tirer certaines conclusions de l'ensemble de ces enquêtes :

- plus les jeunes ont fait d'études, moins la croyance en Dieu est solide ;
- le progrès de la foi concerne surtout les milieux populaires ;
- la pratique tend à baisser.

Un tel décalage entre croyance et pratique est à rapprocher de la contestation du monde adulte, de l'affrontement de deux mentalités. C'est d'ailleurs plus ce monde adulte que la religion que les adolescents rejettent. De même recherchent-ils dans la musique, voire dans la drogue, une transcendance commune à l'univers religieux.

Les enquêtes montrent enfin que les jeunes refusent de séparer religion et vie et mettent en avant certaines valeurs : *l'authenticité* manifestée par le témoignage et l'engagement vécu, *la fraternité* manifestée par le partage, *la spontanéité* manifestée par la créativité et *la liberté* manifestée par la contestation. Ainsi s'expliquent à la fois la baisse de la pratique et l'accroissement de la religiosité : on discute entre copains des valeurs comparées de diverses religions, de philosophies expliquant le monde et le sens de la vie. Ainsi s'expliquerait l'engouement d'hier pour des mouvements tels que ceux des hippies, qui manifestaient bien l'aspiration religieuse de l'adolescence, la communication avec l'absolu et la recherche des religions orientales. Ainsi est également né le problème des sectes.

Chapitre VIII

Les troubles de la socialisation

Les problèmes d'intégration sociale et les difficultés d'adaptation relationnelles et institutionnelles peuvent être considérés comme des troubles du processus de socialisation. Ces troubles, fréquents à l'adolescence, peuvent être associés à des facteurs internes ou externes, mais émergent le plus souvent de l'articulation de ces diverses causes et concomitances. Il est difficile de distinguer la limite où commencent les troubles chez les adolescents, la difficulté s'avérant plus grande du fait qu'il s'agit d'êtres jeunes, en devenir et en situation de transition pour lesquels les prises de risque font partie intégrante de la vie.

Le développement économique et ses diverses incidences, mais aussi le malaise de la société contemporaine, portent atteinte à la stabilité des groupes de vie, influençant la cohésion des familles et perturbant l'insertion de l'enfant dans la vie et le travail scolaires. La société de consommation véhicule des valeurs provoquant une généralisation des besoins individuels accentués par les médias. La complexification de la vie active et l'élévation des seuils d'adaptation entraînent l'augmentation du nombre de ceux qui, s'avérant incapables d'atteindre le niveau requis, se voient alors rejeter, et développent des sentiments d'injustice vecteurs de passages à des actes violents et/ou délinquants. La délinquance qui en résulte est certaine et elle devient particulièrement préoccupante lorsque les banlieues s'enflamment.

Une autre source de préoccupation concerne les jeux très violents qui se sont d'abord développés au sein des écoles et s'affichent depuis les années deux-mille à la télévision et sur les sites internet.

La consommation des drogues illicites et l'abus des boissons alcoolisées manifestent enfin l'existence d'un mal de vivre de plus en plus fréquent. L'accroissement notable de la consommation régulière de boissons alcoolisées par les adolescents et l'augmentation du nombre annuel de leurs ivresses sont également à relever.

Les prises de risque

L'expérience adolescente et sa durée sont déterminées par les aménagements culturels. L'adolescence apparaît et se cristallise lorsque les rites initiatiques dépérissent ou disparaissent et lorsqu'il n'y a plus rupture avec l'enfance et mort symbolique pour renaître à l'état d'adulte. Comme nous le rappelons à la suite de Le Breton (2002), les temps modernes ont rendu les jeunes des sociétés développées relativement libres de leur devenir, autonomes et en sécurité, non soumis aux contraintes qui donnaient autrefois un sens à la vie. En quête de sens à donner à leur existence, les adolescents interrogent le signifiant ultime qu'est la mort pour savoir si vivre a encore une signification, d'où leur recherche délibérée de prises de risque pouvant s'actualiser à travers des comportements socialement valorisés comme les pratiques corporelles, mais aussi se manifester à travers des comportements déviants tels que la délinquance, la prise de drogues ou la consommation d'alcool (Coslin, 2003). Qu'elles expriment un sentiment d'invulnérabilité ou soient un exutoire, ces conduites sont indissociables de l'univers des jeunes, contribuant même à la construction de leur personnalité. Elles n'en sont pas moins destructrices pour soi-même et les autres (MAIF, 2003). Ainsi, selon un rapport de l'Académie nationale de médecine, les jeunes Français se distinguent des autres Européens par leurs comportements dangereux : ils fument plus, sont plus nombreux à tenter de se suicider, consomment plus de tranquillisants et de cannabis, boivent plus de boissons alcoolisées, sont plus fréquemment contaminés par le VIH (virus de l'immunodéficience humaine) et meurent plus souvent d'accidents de la route. C'est également à l'adolescence que les risques de délinquance augmentent nettement.

Les conduites à risque se situent à l'interface du connu et de l'inconnu, du permis et de l'interdit, du licite et de l'illicite. S'opposant fréquemment aux normes et transgressant les règles, elles permettent d'apprécier la signification des conduites sociales et individuelles. Elles vont souvent de pair avec la quête d'autonomie et la recherche d'indépendance. Étape de construction personnelle, cet engagement dans le risque manifeste la volonté du jeune de contrôler son environnement mais aussi son propre comportement. Il exprime également le conflit des jeunes, tant avec les normes prescrites par la société qu'avec les contraintes imposées par les parents, dans la mesure où elles leur semblent aller à l'encontre de leur désir d'indépendance. Les adolescents ont besoin d'expériences nouvelles et intenses, de sensations fortes et singulières. D'où leur quête de vertige, le besoin de passer outre (d'outrepasser ?), d'éprouver cette invincibilité, voire cette immortalité, qui leur prouve qu'ils sont vivants. L'un des moyens d'être sûr que l'on est « vivant », c'est de « se rapprocher d'une mortalité possible ». Mais cette quête peut aussi traduire l'extériorisation du stress et de l'angoisse de jeunes confrontés aux multiples difficultés sociales, scolaires et/ou familiales. Pour Valleur (2002), la prise de risque a ainsi le sens implicite ou explicite d'une épreuve que le jeune s'impose pour se prouver ou prouver aux autres sa capacité à l'autonomie. C'est ainsi que beaucoup de tentatives de suicides adolescentes sont à la fois autodestructrices et appel à une vie libérée, manifestant peut-être un désir de mort, mais plus encore le désir d'une autre vie.

Le risque et la recherche de sensation

La compréhension d'une conduite à risque conduit à prendre en compte la sensation éprouvée et recherchée qui lui est attachée. Il faut démarquer ce qui tient du processus en cause et ce qui relève des modalités d'expression du risque. Il faut s'intéresser à la structure biopsychopathologique caractérisant le sujet, mais aussi analyser les moyens offerts par la société pour manifester ce risque. On voit alors que les conduites à risque se révèlent d'autant plus dans les sociétés qui visent à institutionnaliser la réduction des dangers.

La recherche de sensation (Zuckerman, 1994) est l'une des dimensions constitutives de la personnalité. Elle caractérise certaines formes d'interaction d'un sujet et de son environnement, se manifestant à travers quatre symptômes fondamentaux qui sont l'intolérance à l'ennui, le besoin d'expériences nouvelles, la désinhibition et la recherche de dangers et d'aventures.

Ces conduites impliquent un risque vital objectif et la recherche répétée d'états émotionnels intenses associés à ce danger. Il s'ensuit chez certains jeunes une accentuation progressive des comportements risqués. Cet accroissement peut être mis en relation avec la survenue d'un état de tolérance progressif. C'est dans cette perspective que l'on peut faire entrer les conduites à risque dans le champ des addictions (overdose, ivresse, maigreur anorexique, vitesse en moto, sports de l'extrême, etc.) Les conduites ordaliques en sont l'exemple : l'adolescent s'en remet à quelque puissance extrême et absolue qui décide de l'issue d'un comportement dont la mort est l'enjeu explicite ou implicite.

Le risque, l'interdit, l'ordalie

Si l'on prend l'exemple des drogues, dit Valleur (2002), en interdisant certaines substances, la société crée un moyen privilégié pour les adolescents de s'imposer une ordalie. Fumer un joint permet de transgresser la Loi et de défier parents et société. La prise de risque est faible, mais la reconnaissance sociale n'en est pas moins assurée chez les pairs. L'usage de drogues par l'adolescent peut donc avoir plusieurs sens : craintes et aspirations s'y condensent, ainsi que la quête d'accéder au secret et au sacré du groupe. Mais la dépendance s'instaure, vient obérer ce passage et isole le sujet sur le plan affectif et social.

D'autres comportements, tels que l'anorexie ou la boulimie, montrent de même comment des jeunes filles refusent la sexualisation de leurs relations affectives et se mettent à l'abri du désir. Chez les toxicomanes, la dépendance joue un rôle semblable pendant les mois que dure la *lune de miel*, où ils trouvent le compromis leur permettant de mettre entre parenthèses les difficultés internes entraînées par l'accès au monde des adultes. C'est seulement après avoir pris conscience de leur dépendance que réapparaissent des conduites à risque exacerbées, où ils essayent de maîtriser le produit pour reprendre leur vie en main.

Le terme « ordalie » vient du droit médiéval. C'est une épreuve judiciaire par les éléments naturels, équivalent du jugement de Dieu par l'eau et par le feu, dont l'issue, réputée dépendre d'une puissance surnaturelle, permet d'établir l'innocence ou la culpabilité d'un individu sur qui pèse un soupçon. Dans l'ordalie médiévale, c'est le pouvoir souverain qui faisait appel au Jugement de Dieu. Dans la conduite ordalique, c'est le sujet qui se pose en maître de son destin au travers d'un enjeu de vie ou de mort. Comme l'ordalie, les conduites à risque permettent à un individu de défier les limites à travers des rituels et de demander à la mort si son existence a encore de la valeur. En jouant avec sa vie, l'adolescent peut prouver à lui-même et aux autres qu'il mérite d'exister. La société ne proposant plus aux jeunes de rites initiatiques où ils peuvent affirmer leur valeur, ils fabriquent leurs propres outils d'expérience. Lors des relations sexuelles, le refus de préservatif est ainsi une manière de se prouver que l'on est plus fort que la mort. Jouant avec la mort, la défiant, certains jeunes accèdent à des niveaux d'excitation intense, le risque d'être contaminé étant un excitant supplémentaire dans la dynamique érotique. Les états modifiés de conscience associés à l'activité sexuelle seraient alors renforcés par le plaisir de jouer avec le sort lorsqu'on ignore si le ou la partenaire est ou non séropositif.

C'est ainsi également que les suicidants ou les toxicomanes, et plus généralement bon nombre de jeunes délinquants, font appel à une puissance extérieure dont ils attendent un jugement absolu qui les situe en dehors et au-delà de la dépendance, de la loi symbolique et de la justice humaine. Certaines prises de risque mortel articulent ainsi « *un désir et une quête de régénération et d'indépendance avec un espoir de renaissance et d'auto-engendrement* ». Il s'agit bien là d'un fantasme ordalique de désir et d'espoir de tout recommencer en revenant à la vie. La « survie » permet alors à l'adolescent de prouver sa valeur intrinsèque en la faisant reconnaître par les puissances transcendantes du destin. La conduite ordalique consistant à risquer la mort afin de vivre est une défense contre les pulsions destructrices et auto-destructrices, où l'on s'adresse à l'autre pour décider de son propre droit à la vie. On y fonde également son existence dans une démarche solitaire hors des formes de « passage » et d'intégration admises par la société. La conduite ordalique a ici une dimension transgressive. Dans un monde où la jeunesse et la santé sont considérées comme des valeurs dominantes, où la maladie et la mort sont perçues comme le mal absolu, les conduites de risque sont mises hors la loi. L'interdit fondamental auquel se heurte l'ordalique est celui qu'impose l'instinct de vie : défense de céder à la pulsion de mort. S'adosser à la mort, c'est ce que fait le toxicomane dans ses prises répétées. Son appétence, sa passion pour la poudre nécessitent une répétition sans cesse renouvelée, jusqu'au jour où la souffrance et le manque ne lui permettront plus de se détourner de la réalité, où l'ivresse ne sera plus divine et où le toxique perdra son caractère sacré.

Adolescence, violence et délinquance

L'adolescence connaît des crises, ce que certains qualifient même « d'état pathologique normal ». Une adolescence sans crise n'est-elle pas une adolescence différée, une adolescence manquée ? C'est au cours de ces crises que d'anciens vécus conflictuels d'ordre purement violent, mais aussi des vécus d'ordre œdipien ou agressif, se trouvent réactivés. L'exacerbation de ces conflits et leur intégration se posent souvent de façon aiguë, voire même désordonnée. Il peut alors s'agir d'une violence instinctuelle primitive mal élaborée ; il peut aussi s'agir d'une agressivité qui risque de compromettre tout ou partie de l'évolution affective de l'adolescent (Bergeret, 2000). La violence prend ainsi place dans les expérimentations émotionnelles et affectives de l'adolescent, qui participent à sa quête d'identité et de limites corporelles et sociales. Conduites symptomatiques des conflits, des pulsions et de l'imaginaire juvénile, les mises en acte sont alors à aborder dans la problématique de l'insertion des jeunes au sein de la société (Selosse, 1990).

Ces conduites sont influencées par des *facteurs développementaux* (passage de l'enfance à l'âge adulte, nature d'un nouveau statut qui procure plus de liberté et d'autonomie), par des *facteurs environnementaux* (changement de milieu de vie, stéréotypes sociaux auxquels le jeune désire se conformer, comportements rigides de l'entourage) ou encore *émanant du sujet lui-même* (remaniement des pulsions et des défenses, peur de la passivité renvoyant aux soumissions de l'enfance et conduisant à l'action pour la nier). Ces mises en acte sont diversifiées allant des colères aux agressions d'autrui, aux fugues, aux suicides ou à la consommation de drogues, certaines s'avérant franchement délictueuses, d'autres plus banales illustrant le tableau de la crise identitaire (Coslin, 2000).

Il faut prendre en compte que l'adolescence peut être perçue par l'adolescent comme une violence interne déferlant soudain, sans qu'il sache de quoi il s'agit et sans qu'il ait pu le prévoir (Courtecuisse, 1996). Envahi physiquement par sa métamorphose, ses pulsions l'angoissent et le questionnent sur la maîtrise de son corps, conduisant à la nécessité de nouveaux équilibres, de nouvelles relations entre soi et les autres, entre corps et sujet, entre le monde de son narcissisme primaire et les relations objectales. Peuvent alors émerger des conflits en relation avec la problématique de la dépendance et avec ces remaniements physiques et psychiques qui sont susceptibles d'entraîner des comportements violents.

Il faut distinguer ce qui tient de la violence fondamentale, pulsion conservatrice à visée défensive, instinct de survie exempt de haine ou de sadisme, de cette agressivité plus élaborée qui se satisfait de la souffrance de l'autre. Si la violence primitive s'intègre dans le courant libidinal sous l'influence d'un environnement familial et social bénéfique, tout se passe au mieux. Mais, si elle a été exacerbée ou mal canalisée par cet environnement, elle peut dominer la situation et conduire à des formes perversifiées de la libido qui associent haine et agressivité, sadisme et masochisme (Settelen, 1996 ; Coslin, 2000).

La délinquance juvénile

La délinquance juvénile s'est considérablement accrue pendant les dernières décennies : le nombre de mineurs concernés a plus que septuplé depuis les années cinquante et correspond aujourd'hui à quelque 15 à 30 % de la délinquance générale selon la nature des délits. Et encore, ces données ne concernent-elles que les individus connus des services de police. On constate également que 200 000 mineurs ont été présentés en 1999 à des juges au titre de l'Ordonnance de 1945 ou de l'article 375 du Code Civil. On sait aussi que 120 000 adolescents ont « bénéficié » d'une mesure de justice, et que plus de 4 000 ont été incarcérés, alors qu'ils n'étaient que 1 900 à connaître la prison en 1995.

Une telle évolution peut être rattachée à l'augmentation notable du nombre d'agressions sexuelles, à l'accroissement du nombre d'enfants de 11 à 15 ans qui se trouvent impliqués dans des activités délictueuses en rapport avec des réseaux de toxicomanie ou de prostitution et enfin au développement de plus en plus fréquent d'une structuration délictiogène chez certains jeunes de 13 à 14 ans, structure qui se manifeste par une vive agitation psychomotrice et pourrait s'avérer prédictrice d'un avenir engagé dans la délinquance (Coslin, 2000).

Il faut de plus constater que des populations qui paraissaient jusqu'alors quelque peu protégées de ces mises en acte semblent aujourd'hui atteintes. Il s'agit, d'une part des jeunes filles, d'autre part des élèves du second degré. On relève en effet la féminisation d'une partie de la population délinquante, un certain nombre d'affaires ayant récemment défrayé la chronique à propos de « filles » qui se conduisaient « comme des garçons », en agressant très violemment d'autres filles ou en instiguant des actes d'agressions sexuelles commis avec la complicité d'éléments masculins. On constate également la présence d'une violence parfois exacerbée au sein d'un nombre de plus en plus important de collèges et de lycées professionnels. Il s'agit tantôt de véritables infractions à la loi, délits et crimes qualifiés par le code pénal dont sont victimes enseignants et élèves, tantôt de comportements incivils, d'insultes, ou de menaces, qui perturbent grandement la vie scolaire.

Nécessité d'une analyse pluridimensionnelle

De tels comportements illustrent bien en quoi troubles oppositionnels et troubles de conduite, agressivité et violences observées, ne peuvent plus aujourd'hui se suffire d'une interprétation en termes de psychopathologie classique. Ils requièrent une analyse plus complexe relevant d'approches pluridimensionnelles et multimodales qu'il s'avérerait dangereux de réduire à quelque dimension opératoire, qu'elle soit dynamique, cognitive, comportementale, interpersonnelle, sociale, éthique ou valorielle. Cette analyse nous conduit à l'interrogation fondamentale de savoir quelle peut être la nature des limites qui seraient susceptibles d'intervenir sur l'inhibition des passages à l'acte. Telle n'est peut-être pas la bonne question cependant, car ces limites sont multiformes, et toutes ont leur importance. Aucune n'est absolue, dans la mesure où les adolescents sont moins normés que normatifs, qu'ils choisissent et créent leurs propres valeurs, leurs propres normes. L'essentiel, c'est qu'elles soient là et qu'ils puissent progresser à travers leurs transgressions et leurs interpellations qui les conduisent vers l'autonomie. Le problème réside en ce que certains vont trop loin, bien au-delà de ces limites (Coslin, 1999).

Violence ou sentiment de violence ?

Ainsi la violence des jeunes semble envahir la société. Mais alors, la question se pose : s'agit-il vraiment d'une augmentation de la violence adolescente ou ne serait-ce pas plutôt l'accroissement d'un sentiment de violence ? La violence est-elle réellement un phénomène si récent ? Nous avons déjà évoqué l'existence au cours du siècle passé des apaches ou des blousons noirs. Nous pourrions également nous rappeler ces cachots si « fréquentés » au sein des lycées parisiens, à Louis-le-Grand et à Henri IV, par exemple, cachots qui ne furent supprimés que par la Loi de 1854 ; penser à ces bagnes d'enfants qui, au siècle dernier, défigurèrent la France. Nous pourrions évoquer cette insécurité des rues parisiennes que nous narrent Émile Zola ou Eugène Sue ; retracer l'histoire des États-Unis ou de l'Europe, celle de la répression sanglante des particularismes, des persécutions religieuses ou de la répression sauvage de la criminalité, voire du vagabondage (Michaud, 1999 ; Chesnais, 1981). Il faut savoir que toute définition de la violence est associée aux mœurs et valeurs de la société. Ainsi au XIXᵉ siècle, l'homicide au cours d'une rixe entre des ouvriers était généralement moins sanctionné que le vol d'un domestique au préjudice de ses maîtres. De même, il n'y a pas si longtemps, certains bizutages commis par l'élite des plus grandes écoles n'entraînaient pas systématiquement de poursuites, quand bien même ils dépassaient en horreur les violences des banlieues.

Ne faut-il pas dès lors ne considérer la violence que dans un rapport à la violence ? La considérer non pas comme un *en soi* conceptualisé, mais comme un *ressenti* comme tel par la société (Debarbieux, 1994). La notion d'attente sociale est ici primordiale dans la mesure où elle permet la définition de ce qui est conforme et de ce qui ne l'est pas, de ce qui est violence et de ce qui ne l'est pas. Il y a alors une zone correspondant à cette attente qui, à une variance près, définit ce que le corps social prescrit, ou pour le moins tolère ; au-delà des frontières de cette zone se trouvent les déviances, se rencontrent les violences. Au-delà des marges de l'admis, le modèle est toutefois plus complexe : plusieurs registres succèdent à celui de la tolérance, et il faut passer successivement du toléré au subi, puis au réprouvé avant de parvenir au réprimé. Chaque limite a son importance, la dernière étant particulièrement cruciale, dans la mesure où elle délimite le moment où non seulement il y a rejet mais aussi sanction (Coslin, 1999).

Les normes, les valeurs et les modèles proposés aux adolescents

Il faut ainsi considérer normes, valeurs et modèles à travers les technologies qui les portent. La culture des jeunes est substantiellement une culture du son, de l'image et du signe, si l'on observe la place éminente des « musiques amplifiées » dans l'univers juvénile où deux adolescents sur trois écoutent quotidiennement des disques, des cassettes ou des émissions en modulation de fréquence. Les programmes qui ont les faveurs des adolescents sont souvent des programmes musicaux variés que l'on peut en partie rattacher à la culture *hip-hop*, au *rap*, au *hard-rock*, au *skate-rock*, au *punk*, au *funk*, à la *dance music*, etc. Et certains sont empreints de violence (Fize, 1994).

La place de la télévision s'avère plus importante encore, en particulier celle des films et téléfilms qui prônent tant la violence qu'une vie centrée sur la consommation facile et une sexualité libérée, quand elle n'atteint pas la pornographie. La télévision, mais plus encore peut-être les jeux vidéo, peuvent alors conduire certains jeunes à ne plus être acteurs de leurs pensées mais de celles des autres, à ne plus différencier le réel du fictionnel, du virtuel ou de l'imaginaire. Ils ne cherchent plus alors à raccorder ce qu'ils voient à la réalité et se satisfont d'un monde d'apparences, leurs réactions émotionnelles se mêlant à leurs représentations télévisuelles ou virtuelles. Ils sont alors susceptibles de passer de ce qu'ils ont perçu à ce qu'ils ont vécu et à ce qu'ils se sont représentés, ne pouvant maîtriser simultanément tous les aspects des situations télévisuelles ou virtuelles. Si des repères clairs ne sont pas posés pour distinguer le réel de l'imaginaire, ils peuvent s'enfermer dans un monde d'apparence. Le risque s'avère élevé. D'autant plus que l'image est souvent porteuse de violence, qu'il s'agisse de son fond ou qu'il s'agisse de sa forme. Quatre mécanismes sont aisément identifiables : l'*imitation*, l'*imprégnation*, la *désinhibition* et la *désensibilisation*. Le premier conduit à la reproduction des comportements de personnages auxquels on s'identifie ; le deuxième à l'assimilation, à l'imitation inconsciente du modèle ; le troisième à une levée des défenses s'opposant à la mise en acte ; le dernier à banaliser des conduites devenues naturelles par leur répétitivité. L'*imprégnation* constitue certainement le risque majeur, car non seulement les jeunes s'imprègnent des violences contenues dans les images, mais aussi de l'ensemble des idéologies qu'elles véhiculent, en particulier quant aux facilités offertes par la société de consommation.

Les violences scolaires

Une illustration de ces réflexions peut être proposée à propos des violences scolaires. Il y a en effet un malaise grandissant au sein des écoles, tant au niveau des enseignants qu'à celui des élèves. Ce malaise ne passe pas par l'action comme à la fin des années soixante mais consiste plutôt en un manque de confiance réciproque. Les jeunes refusent de parler, d'exprimer leurs craintes et leurs angoisses aux enseignants comme aux parents. Devant la violence scolaire, ils se taisent, comme s'il existait une solidarité entre eux contre l'adulte, avec assimilation à de la « délation » le fait de se confier à lui. Mais en même temps, il y a un appel qui se manifeste tant chez le jeune qui passe à l'acte que chez celui qui le subit en silence. Les faits mettent d'ailleurs en évidence qu'il s'agit fréquemment des mêmes adolescents qui commettent et supportent tour à tour la plupart des exactions. Ces violences se situent alors dans un contexte de communication, même si celle-ci s'avère déviée. Elles sont perlocutoires au sens où elles correspondent souvent à d'autres finalités que celles observables au niveau manifeste. Elles interpellent les systèmes de signification des pratiques sociales (Coslin, 1997).

L'adolescence est le temps des remises en cause. C'est le temps du désinvestissement des objets parentaux destiné à permettre de nouveaux investissements. Il s'ensuit un rejet plus ou moins marqué des parents, mais surtout des valeurs socialement admises, entraînant des passages à l'acte chez les jeunes les plus fragiles. Certains adolescents présentent ainsi des fragilités qui les conduisent à la mise en acte de violences. L'on constate alors chez eux une quasi-absence d'inhibiteurs de la vie instinctuelle, une négation ou, pour le moins, une confusion des limites intergénérationnelles, particulièrement déstructurantes du point de vue psychologique.

Il est vrai que les circonstances favorisant les passages à l'acte sont multiples. La démocratisation de l'éducation est certes louable au plan des principes, mais elle a eu pour effet pervers d'entraîner la massification de l'enseignement sans tenir compte des différences individuelles les plus évidentes. La création d'établissements à grande capacité, regroupant dans des conditions difficiles de nombreux jeunes issus de milieux en difficulté, a mis en place des situations explosives. D'autant plus que la société a connu un climat de récession économique n'accordant pas d'espoir aux jeunes les plus démunis. Arrivent ainsi au collège des enfants qui n'ont pas pu ou pas su profiter de l'enseignement élémentaire, qui ne savent pour certains ni lire, ni écrire, ni compter correctement ; des jeunes qui s'ennuient devant la perspective de longues années de classe ne correspondant pas à leur demande ni à celle de leur famille. Ces adolescents qui ont connu l'échec scolaire, qui s'enferrent dans cet échec et l'intègrent au plus profond d'eux-mêmes, ne trouvent dans l'école aucun moyen de se valoriser. Ils doivent trouver d'autres sources pour alimenter leur estime de soi à l'heure où la relation aux parents est mise en question. La violence en est une car elle inspire la crainte et, croient-ils, le respect. Mais la croyance est fausse, le respect n'est que peur, peur qu'ils inspirent et peur qui les motive.

Il ne faut pas pour autant tomber dans un déterminisme social qui nierait le poids des capacités cognitives d'un individu à résister à de telles influences. Ainsi face aux violences, comme face à d'autres délits, à la drogue ou l'alcool, d'autres garçons et d'autres filles sont capables de moduler tout autant leurs jugements que leurs actions, par la prise en compte des circonstances, des caractéristiques des victimes, ou par la mise en cause du contexte social. Les violences n'en restent pas moins, pour certains jeunes, le moyen d'expression privilégié de leurs angoisses et de leurs conflits quotidiens. Le corps social en les désignant, décide de leur catégorisation mais aussi de leur gestion. Interviennent alors non seulement la notion de justice, mais peut-être plus encore celle de morale. Ces conduites portent en effet atteinte à la loi républicaine, mais elles manquent également à la morale. Ce fait devrait inciter chacun à s'interroger sur les relations entre faire mal et faire le mal, et donc sur la prise en charge de l'illégal et de l'amoral.

Les jeunes qui brûlent les banlieues

En novembre 2005, des émeutes ont embrasé la périphérie des villes. Elles étaient le plus souvent le fait de jeunes agissant selon une logique « déni-défi-délit » sans pour autant correspondre à une communauté ou à un groupe déterminé. Ils présentent cependant certaines caractéristiques telles qu'une scolarité chaotique, des parents dépassés sinon démissionnaires et souvent eux-mêmes en grande difficulté, un décrochage social en relation avec une absence de repères et de sensibilité aux sanctions encourues, le tout paradoxalement associé à un appétit de consommation effréné. Livrés à eux-mêmes, ces adolescents sont constitués non en bandes permanentes et organisées mais en « meute », pour reprendre l'expression la plus proche de celle utilisée par les sociologues américains (*posse*[1]). Ils sont issus de cadres familiaux déstructurés et se regroupent autour d'un noyau dur délinquant peu nombreux mais très actif. Pour les pouvoirs publics, ce sont des « sauvageons » ; pour l'homme de la rue, la « racaille » (ou s'il se veut « branché », la *caillera*). Ce sont des jeunes qui « tiennent les murs », des *hitistes*[2].

Ces jeunes sont très attachés à leur cité, à leur territoire. Plus qu'une quelconque appartenance ethnique, c'est leur appartenance territoriale qui est à l'origine de leur regroupement. Ils sont solidaires et motivés par l'appât du gain, lui-même en relation avec les frustrations ressenties ou vécues. Ils se sont

---

1. Le terme *posse* renvoie à l'époque de la « Frontière » aux États-Unis, où des hordes de cow-boys se formaient dans le but de contrôler les villes nouvelles. Ces *posses* (que les scénaristes de western ont immortalisés) employaient exclusivement le langage de la poudre et contribuèrent à forger une iconographie violente de la ville.
2. Ce terme, emprunté aux Algériens, désigne les jeunes qui paraissent passer leurs journées à soutenir les murs des bâtiments de leur cité ; adossés aux murs, ils semblent contempler la vie sociale pour toute activité.

connus au collège et ont des goûts communs, par exemple en ce qui concerne certains sites internet ou les téléphones portables. Ils vivent en relative autarcie, commettant des délits s'étendant du vol à l'arraché au vol à main armée, allant parfois jusqu'à des crimes tels l'assassinat d'Ilan Halimi. Violences urbaines et délinquance sont en effet le plus souvent concomitantes chez les mêmes jeunes. Les agressions entre bandes, également. C'est ainsi qu'en 2005, le journal *Le Monde* recense 435 affrontements graves, dont la moitié en Île-de-France, alors qu'il n'y en avait eu que 225 en 2004, les nombres de morts étant respectivement de 8 et de 14. La plupart des meneurs sont de nationalité française (87 %), d'origine maghrébine (67 %) ou africaine (17 %), les Français d'origine non immigrée représentant moins de 10 %. La moitié d'entre eux sont de jeunes adultes entre 19 et 25 ans ; 80 % ont déjà été mis en cause dans des délits de droit commun, le plus souvent pour trafic et usage de stupéfiants. La violence de certains est extrême, les policiers parlant de « barbarie », de sauvagerie et d'acharnement. En groupe, le dérapage peut survenir à tout moment, le fait de donner la mort étant perçu par certains comme un rite initiatique permettant d'être reconnu par les autres, l'excuse d'une provocation, d'un « regard » valant en quelque sorte absolution.

Les constats

Quatre constats relatifs à ces jeunes s'avèrent très préoccupants :

- nombre d'entre eux consomment des drogues poussant le plus souvent à la violence, en particulier des amphétamines (présentées parfois comme de l'ecstasy) et de la cocaïne[1] ;
- la déscolarisation et la violence scolaire sont fréquentes et parfois très graves dans les secteurs les plus défavorisés, surtout au sein des collèges et des lycées professionnels ;
- la délinquance dans les transports publics connaît un accroissement considérable : vol de caisse sous menace d'une arme, racket des passagers, destructions diverses, agressions de conducteur, de contrôleurs et de passagers ;
- la dégradation et la destruction de véhicules sur la voie publique deviennent un moyen d'expression banal de la révolte et de la violence gratuite ou sont utilisées dans le but de monter un guet-apens contre la police ou les pompiers.

Pourquoi ces violences ?

Cette violence des banlieues a de multiples origines.

---

1. Certains sniffent également avant d'affronter des groupes rivaux afin de se rendre insensibles à la douleur.

Les unes sont liées aux handicaps sociaux des habitants de certains quartiers : taux de chômage des jeunes pouvant atteindre 50 %, populations non francophones dans leur très grande majorité, pouvant atteindre jusqu'à 75 ou 80 %, échec scolaire massif, toxicomanies pouvant toucher un jeune sur trois (généralement maghrébins et africains), minorité très agissante considérant que la cité est « leur » territoire, sous-équipement en matière de service public, etc.

D'autres sont associées aux structures familiales : familles dont le fonctionnement est perturbé par les contraintes sociales et les violences institutionnelles, autorité des parents remise en cause du fait des écarts culturels et des statuts des parents d'origine étrangère au sein d'une société d'accueil.

D'autres enfin sont en relation avec les rapports sociaux qu'entretiennent les habitants avec l'extérieur : sentiment d'exclusion, de ségrégation, de stigmatisation, de rejet. La « distance » qui sépare les banlieues sensibles du centre ville élargit en effet le fossé entre les populations. Il ne s'agit pas de la distance géométrique qui tend à régresser grâce aux développements des transports publics, favorisant ainsi, du moins en théorie, l'intégration physique des jeunes des banlieues, mais de la « distance mentale ». Les quartiers sensibles sont en effet devenus pour certains des refuges ultimes. Depuis une génération, la mise à distance des jeunes qui les habitent a induit une culture de « *rouilleur-de-pied-d'immeuble* ». Ces jeunes se jouent des distances. Tout ce qui n'est pas de leur cité, de leur quartier leur semble loin, et finit par être rejeté : bus caillassés et incendiés, écoles vandalisées, pompiers agressés, etc. Même les offres d'emploi sont jugées sans intérêt si elles impliquent l'éloignement de la cité-refuge[1]. Leur distance vis-à-vis des règles de la société les place « hors jeu », car ils sont nés et ont grandi à distance de la ville, entre semblables (Begad et Rossini, 1999).

Pour ces jeunes, il y a une double rupture entre leur quartier et le centre ville. La première est associée à la mémoire de l'exclusion, la ville étant vue comme un lieu de discrimination. La seconde est liée à ce que la ville est perçue comme un lieu de consommation, espace où se concentrent toutes les frustrations. La ville peut être un lieu d'opération, mais le refuge reste la cité : on vole ainsi une voiture dans les « beaux quartiers » mais le véhicule est exhibé dans un rodéo au sein de la banlieue.

Les comportements qui « mettent le feu » aux banlieues sont de l'ordre d'une délinquance collective de jeunes qui s'associent et se reconnaissent, qui s'identifient les uns aux autres. C'est une délinquance de proximité motivée

---

1. Désintérêt qui est tout à fait accepté par les éventuels employeurs qui ne souhaitent généralement pas engager des jeunes issus de certains quartiers. De même, ces jeunes lorsqu'ils passent leurs « frontières » pour gagner la « ville » se voient fréquemment l'objet de stigmatisation (contrôles d'identité, refus d'accès à certains lieux), en particulier lorsqu'ils sont issus de l'immigration, même à la énième génération alors qu'ils sont de nationalité française, restant perçus comme des immigrés, ce qui n'est pas sans apparenter les sorties de la cité à une humiliante immigration symbolique.

par une volonté de conquête du pouvoir urbain et par l'oppression quotidienne de ceux qui ne voudraient pas respecter ce pouvoir, les conduisant à l'isolement et au retrait. Les violences observées sont généralement spontanées et ont une amplitude médiatique affirmée. Elles conduisent à des réactions de ras-le-bol de la population, de mise en accusation des parents perçus comme démissionnaires et laxistes, voire comme bénéficiaires des délits de leurs enfants, et d'une vive critique des autorités qui ne feraient pas leur travail de maintien de l'ordre républicain.

Des jeux stupides et dangereux

L'engouement pour le risque est patent chez les jeunes. De tout temps, les adolescents ont apprécié les conduites à risque. Certaines présentent aujourd'hui un caractère très alarmant car elles peuvent être mortelles. Un exemple en est flagrant, celui du succès de jeux très violents prisés par les jeunes de 6 à 18 ans et qui ont plus particulièrement lieu dans les cours de récréation des collèges ou aux abords de ces établissements. La situation est grave : plusieurs dizaines de jeunes sont morts à la suite d'une cinquantaine de formes de ces jeux au cours des dix dernières années. On citera, par exemple, le *guet-apens*, le *petit pont massacreur*, l'*aérosol*, la *machine à laver* et le *foulard*.

Au sein des établissements scolaires

Le *guet-apens* est bien vu comme un « jeu » par la plupart des jeunes, jeu qui consiste à attaquer un élève désigné comme victime afin de le rouer de coups. Le degré de violence d'une telle pratique n'est généralement pas perçu par les protagonistes alors que les personnels administratifs et enseignants y voient un véritable massacre en réunion. Le *petit pont massacreur* se déroule comme une partie de ballon, celui qui prend la balle entre ses jambes étant alors frappé par tous les autres joueurs. Ici encore, le lynchage est de règle et le degré de violence nié par les « joueurs ». Une variante consiste à utiliser en guise de ballon une canette vide, d'où l'appellation de *jeu de la canette*. Le *jeu de l'aérosol* consiste à inhaler des bombes en tous genres pour transformer sa voix et faire rire les copains. Le *jeu de la machine à laver* est du même ordre. Un jeune est repéré et les autres se précipitent sur lui et le battent. Ces jeux ont fait récemment un mort en Grande-Bretagne.

Enfin, le *foulard* ou *rêve indien* ou *jeu de la tomate* se joue généralement en groupe, au début du moins. Il peut également se jouer en solitaire, s'avérant alors beaucoup plus dangereux. Le jeu du foulard consiste à se déclencher ou provoquer chez autrui une syncope par une strangulation diminuant l'oxygénation cérébrale. Il en résulte des sensations de picotement et de tournoiement, voire même des hallucinations. Il s'agit cependant bien d'un jeu dans l'esprit des enfants. Les règles en sont simples : après une hyperventilation obtenue par de grandes inspirations et quelques flexions rapides des genoux, on procède à une compression des carotides[1] (par pression des doigts ou avec un foulard) pour couper la circulation sanguine cérébrale. Il n'en est pas moins vrai qu'il y a alors risques de spasmes et de convulsions avec perte de conscience. Le joueur est alors « réveillé » par ses camarades et peut raconter aux autres ses « visions ». Les effets ressentis dans ces derniers jeux paraissent assez semblables à ceux procurés par la consommation de produits psychotropes : impression de planer, perte de conscience, création d'un nouvel état psychique, etc. On retrouve bien là un attrait dévié pour le risque. D'autant plus que si, pour certains, l'expérience est unique, elle se répète pour d'autres adolescents, certains les réitérant deux ou trois fois par jours pendant plusieurs mois. Le risque est d'autant accru lorsque l'on ne joue pas à plusieurs mais en solitaire et que c'est un foulard ou tout autre lien qui sert à la strangulation et non les pouces d'un partenaire. Ce jeu peut entraîner la mort, une mort qui peut apparaître *a posteriori* comme un suicide. Il se pratique surtout lors de la préadolescence ou de l'adolescence, entre 8 et 18 ans. Il faut toutefois signaler le cas d'un enfant de cinq ans scolarisé en école maternelle qui avait été initié par des « grands » du primaire. Ni le sexe, ni les origines sociales ne permettent de différencier les victimes. Dans certains établissements, la pratique de ces jeux touche parfois plus de la moitié des élèves.

Jouer, mais aussi filmer et diffuser ses images

Différent des précédents, car il ne se joue pas forcément au sein d'un groupe, le *jeu de vidéo baffes* est des plus stupides. Il lui arrive aussi d'être mortel. Il a commencé dans le sud de Londres pour connaître ensuite un grand succès en Angleterre, en Allemagne et aux Pays-Bas. Il est arrivé plus récemment en France. Il consiste à gifler (ou à frapper plus violemment encore, voire à rouer de coups) quelqu'un qui ne s'y attend pas pendant qu'un acolyte filme la scène, le plus souvent à l'aide d'un téléphone portable. La séquence est jugée d'autant plus « drôle » que la victime est prise au dépourvu et n'a pas le temps de réagir. Une fois filmée, les copains se repassent la scène de téléphone en téléphone ou, mieux, la diffusent sur leur *blog*. La victime connaît ainsi une double humiliation : d'abord dans la cour du collège lors de la gifle, puis dans les jours qui suivent du fait de la diffusion. Le jeu s'est étendu de la cour de l'école à la rue et aux transports en commun, les simples gifles pouvant parallèlement devenir des tabassages en règle d'un passant ou d'un promeneur choisi au hasard. C'est ainsi qu'un homme de 37 ans est décédé en Angleterre suite aux blessures infligées par un groupe de quatre jeunes, trois garçons et une fille de 15 ans[2]. Très récemment, en avril 2006 un enseignant en a

---

1. Une variante consiste en la compression du sternum jusqu'à la perte de conscience.
2. Les trois garçons ont été condamnés à 12 ans de prison ferme et la jeune fille à huit ans.

été victime au sein même de son lieu d'enseignement en région parisienne. Ce « jeu » n'est pas sans évoquer cette inquiétante escalade dans la violence manifestée ces dernières années aux États-Unis à travers ce que les Américains appellent le « catch de jardin », qui consiste pour les protagonistes à se battre avec tout ce qui leur tombe sous la main, de la tondeuse à gazon à la paire de ciseaux, combats filmés et également diffusés sur le net.

De tels comportements ne sont pas sans rappeler certaines émissions de télévision. Les unes, beaucoup moins violentes, s'adressent à tout public comme *Vidéo-Gag*. D'autres à un public plus restreint comme *Jackass*. Le principe des premières consiste à envoyer des films d'amateurs présentant des scènes qu'ils jugent « comiques », le plus souvent des chutes et accidents divers. Si la réalité n'est pas assez drôle, les accidents sont provoqués. L'imagination est au pouvoir ! Si le film passe à la télévision, son auteur reçoit une récompense… Les producteurs de l'émission censurent toutefois les scènes les plus difficiles, par exemple celles où « il y a du sang ». On garde surtout les chutes, surtout quand elles sont spectaculaires. Avec *Jackass*, les choses vont beaucoup plus loin.

Le phénomène *Jackass*

Le phénomène *Jackass* n'est pas sans rappeler les jeux violents. *Jackass* signifie « abruti » en jargon californien. C'est à l'origine le nom de scène d'un groupe d'une dizaine de jeunes de 18 à 34 ans qui jouent à tester sur eux-mêmes les limites de la violence et de la douleur tout en filmant leurs actions afin de les diffuser ensuite par le truchement de la télévision ou d'internet. C'est un phénomène récent, né aux États-Unis à la fin des années quatre-vingt-dix mais également présent en Grande-Bretagne avec le groupe *Dirty Sanchez*[1] et en France avec *Michael Youn*[2]. Il s'agit au départ de programmes de télévision ou de films particulièrement controversés qui scandalisent et font réagir les associations familiales et de nombreux parents : des jeunes dévalent, par exemple, un escalier ou une pente abrupte dans un chariot d'hypermarché, se lâchent un marteau sur les pieds, se frappent violemment la tête avec une planche ou s'agrafent les testicules à une table, sous l'œil d'une caméra. Les séquences – perçues comme des gags – sont multiples et diversifiées, allant de la « tarte à la crème » aux cascades, et des plaisanteries sanglantes,

---

1. *Dirty Sanchez* regroupe trois Gallois et un Anglais, émules des *Jackass* mais aux comportements encore plus provocants dont les images ont été à l'origine diffusées sur MTV.
2. Michael Youn et deux autres acteurs (Vincent Desagnat et Benjamin Morgaine) sont des trentenaires dont les films s'avèrent particulièrement exhibitionnistes mais moins sado-masochistes et scatologiques que ceux des deux autres groupes. Sa carrière décolle en 2000 avec le *Morning Live* : *M6* voulant dynamiser et innover ses programmes matinaux fait appel à Youn dont l'émission deviendra un véritable phénomène de société où le rire « *pipi-caca* » est élevé au rang de « grand art »…

scatologiques ou vandales aux tortures les plus violentes. C'est ainsi que l'on voit des jeunes se rouler dans le purin, manger des omelettes au vomi ou se faire administrer des chocs électriques dans les parties du corps les plus sensibles. Les scènes proposées sont à la fois stupides et dangereuses, jouent sur la dérision et la provocation, alliant exhibitionnisme et masochisme.

Qu'en est-il en France ?

En France, le CSA (Conseil supérieur de l'audiovisuel) ne peut que difficilement intervenir à leur encontre car ces images sont le plus souvent diffusées par satellite depuis l'étranger. Les messages d'alerte qui signalent que ces émissions sont réservées aux plus de dix-huit ans et que les actions présentées ne doivent en aucun cas être reproduites par les spectateurs ne sont souvent, au contraire, qu'une incitation à les regarder et à les imiter par les adolescents. Des jeunes reproduisent en effet ces séquences, se filmant avec des caméscopes, voire avec des téléphones portables. Ce sont pour reprendre l'expression utilisée par *Canal+* dans un film de Valentine Gay et Ariel Wizman, réalisé par Bernard Faroux, les « nouveaux ados masos », émules de la « *Trash TV* » (la « télé-poubelle »), qui se filment dans l'accomplissement de défis absurdes et le plus souvent dangereux. Ces comportements, apparus dans un premier temps aux États-Unis au sein de la classe moyenne caucasienne, trouvent depuis les années 2000 de nombreux adeptes en France. Ces adolescents sont des fans de *Jackass*, l'émission culte de la chaîne MTV diffusée en France sur câble et satellite depuis 2001. Il faut noter que cette émission a rencontré un vif succès bien que diffusée à une heure tardive doublant pratiquement l'audience de la chaîne musicale.

Ce ne sont pourtant pas des adolescents qui sont les héros des séquences présentées mais des adultes issus de la « culture *skateboard* » et du cirque. Le problème, c'est que ce sont des adolescents qui les imitent. Les auteurs du reportage réalisé par *Canal+* ont ainsi rencontré à Chalon-sur-Saône quatre jeunes lycéens âgés de 15 à 17 ans, de bons élèves vivant dans des familles sans histoire, qui, comme d'autres groupes d'adolescents, imitent leurs idoles devant le caméscope puis diffusent leurs images sur internet. Leur enthousiasme est grand, même si, comme le rappelle le documentaire, l'argumentaire développé pour l'expliquer s'avère plutôt attristant : « on peut avoir honte, mais on est tellement contents de montrer aux autres qu'on est débiles et cons que l'enthousiasme l'emporte ».

Le regard et le ressenti

Outre les cascades, les comportements présentés par ces jeunes peuvent se regrouper selon deux axes, l'un relatif au regard et l'autre au ressenti. Le premier regroupe ce qui tient à l'exhibitionnisme, au voyeurisme et à la provocation, le second au sado-masochisme, à l'automutilation, à l'humiliation et à la scatologie. Ces adolescents cherchent ainsi à se donner en spectacle dans des situations dangereuses et/ou scatologiques, parfois à la limite du supportable et se complaisent face à la douleur des autres et à leur propre souffrance. De tels comportements se rattachent en partie aux conduites à risque fréquentes à l'adolescence, et qui associent l'expression du mal-être à la recherche de sensations. Elles permettent de s'éprouver et de s'assurer que l'on vit à travers la mise en danger. Mais c'est aussi montrer aux autres que l'on existe, que l'on est déterminé, que l'on est capable de braver la peur et de jouer avec la mort, gagnant ainsi la légitimité de vivre. C'est bien là une manière symbolique de manifester que l'on n'est plus un enfant dans une société qui ne propose plus de rites initiatiques pour passer de l'enfance à l'âge adulte. De telles conduites nécessitent la présence d'un auditoire, d'abord celle des pairs qui participent aux actions, qui stimulent la compétition et le défi et obligent à aller toujours plus loin. Ensuite celle d'un vaste public via l'internet.

Ces comportements ont plusieurs dimensions : provocation, inconscience, besoin de défis, nécessité d'éprouver ses limites corporelles et psychiques, besoin de défouler ses angoisses et ses craintes, peur d'avoir peur, comportements suicidaires, etc. Ils ne sont pas seulement le fait de jeunes présentant des pathologies mais concernent de nombreux adolescents. Ils manifestent cette recherche de reconnaissance de la part des autres, de la part du groupe. Les victimes acceptent leur supplice car c'est aussi une façon d'être accepté par les autres, de s'intégrer au groupe. C'est l'une des manifestations de la quête identitaire. C'est dire que l'on existe et le manifester à n'importe quel prix, fût-ce à travers une culture empreinte de masochisme puisque la souffrance que l'on s'inflige est en quelque sorte la garantie du plaisir d'être intégré dans le groupe, intégration résultant du plaisir que l'on donne à ce groupe à travers la souffrance que l'on subit.

L'adolescent et l'alcool

L'importance de l'alcoolisation des adolescents est difficile à apprécier car ce phénomène ne peut être approché sans tenir compte de la place de l'alcool dans la société française. La consommation de boissons alcoolisées est en effet étroitement intégrée au patrimoine socioculturel des pays latins, où elle concerne plus particulièrement les adultes du sexe masculin. L'alcoolisme est d'ailleurs la première toxicomanie en France si l'on considère son coût social.

Les faits de consommation

La consommation de boissons alcoolisées présente une fréquence notable à l'adolescence et ce quelle que soit la population de jeunes concernée. Choquet et Ledoux (1994) relèvent ainsi que si 48 % des 11/19 ans ne boivent jamais d'alcool, 39 % en consomment occasionnellement et/ou ont été ivres une ou deux fois dans l'année et plus de 12 % prennent une boisson alcoolique au moins deux fois par semaine et/ou ont été ivres au moins trois fois dans l'année. Ces consommations sont généralement occasionnelles. La consommation régulière est nettement plus fréquente chez le garçon (11 %) que chez la fille (3 %) et elle augmente entre 11 et 18 ans de 4 à 22 % pour les garçons et de 1 à 5 % pour les filles. Un jeune sur trois a déjà été ivre au moins une fois, 22 % l'ont été dans l'année et 9 % l'ont été au moins trois fois. La recherche répétée d'ivresse est plus fréquente chez les garçons. Elle augmente cependant avec l'âge pour les deux sexes, passant entre 11 et 18 ans de 1 à 33 % pour les garçons et de 1 à 9 % pour les filles. Il existe une corrélation entre la consommation régulière et la recherche d'ivresse puisque la moitié des consommateurs bihebdomadaires a connu trois ivresses dans l'année contre seulement 12 % des autres consommateurs. La consommation se banalise avec l'âge : à 18 ans, 80 % des garçons et 66 % des filles consomment épisodiquement, et 10 % des garçons et 12 % des filles consomment régulièrement.

Le temps des rencontres festives s'avère privilégié puisque 66 % boivent de l'alcool lors des fêtes de famille et 46 % entre copains. Les jeunes ruraux consomment plus de boissons alcooliques que les citadins, avec 59 % de consommation occasionnelle et 15 % de consommation régulière, contre respectivement 50 et 11 %. Les jeunes issus de la migration semblent avoir une moindre consommation.

Un certain nombre de points ressortent également d'une enquête présentée par Coslin (1999), en particulier, en ce qui concerne l'importance des premières relations à l'alcool. Le premier contact avec l'alcool est primordial. Quand il existe, ce premier contact a généralement eu lieu, chez les adolescentes comme chez les garçons, avant la 16e année. Sa précocité varie selon l'âge des jeunes interrogés : ce sont les adolescentes qui ont entre 14 et 17 ans qui ont découvert précocement l'alcool, alors que ce sont les garçons plus jeunes qui ont rencontré l'alcool le plus tôt. L'âge de première consommation semble ainsi s'élever chez la jeune fille, alors qu'il paraît s'abaisser chez le garçon. Un tel constat permet-il de présager une diminution de la consommation féminine des boissons alcoolisées ou préfigure-t-il, au contraire, une évolution des circonstances de cette initiation qui, comme chez le garçon, quitterait peu à peu le domaine festif familial pour gagner un autre domaine festif, celui des amis ?

Traditionnellement, en effet, les premières prises d'alcool présentent un caractère festif et/ou familial, caractère tout autant confirmé par les circonstances que par la nature des initiations qui s'effectuent souvent à l'occasion d'un repas de famille pour les filles, lors de « fêtes » entre copains pour les garçons. Le champagne est alors la première boisson alcoolisée pour plus de la moitié des jeunes filles. Il est même l'objet du premier contact avec l'alcool pour neuf adolescentes sur dix.

À ce premier contact, succède le plus souvent une consommation à caractère épisodique et exceptionnel. Il peut aussi s'ensuivre une consommation d'habitude. Celle-ci s'effectue dans les cafés, les bals et les discothèques et est souvent en relation avec les ressources locales (vin, bière et cidre).

Il faut signaler qu'il est cependant difficile de parler d'*alcoolisme* à l'adolescence et que, si nombre de travaux cliniques et étiopathologiques ont été consacrés à l'adulte, peu l'ont été à l'adolescence (Marcelli et Braconnier, 1999). Il est en revanche intéressant de distinguer la consommation d'habitude de l'ivresse. Si la première ne concerne qu'un petit nombre d'adolescents, le fait d'avoir connu des états d'ébriété est assez fréquent, puisqu'on le rencontre chez un adolescent sur trois, et ce aussi bien dans la population masculine que dans la population féminine. Ce ratio ne diffère pas entre Paris et la province mais est, lui aussi, très inférieur chez les adolescents d'origine étrangère.

Les images et les représentations de l'alcool

Les images de l'alcool, de sa consommation et de ses consommateurs diffèrent selon le sexe et l'âge. Ainsi, les garçons se croient plus sobres que ne les perçoivent les jeunes filles, et ce dès l'âge le plus jeune. Celles-ci supposent que les garçons préfèrent les boissons alcooliques aux boissons sans alcool, en particulier la bière. Elles se considèrent elles-mêmes moins sobres que ne les croient les adolescents, et ce tant par les choix qu'elles affichent de boissons alcoolisées, que par les rejets des boissons sans alcool.

Les opinions manifestées par les adolescentes vis-à-vis de l'alcool et de sa consommation sont plus nuancées que celles des garçons. On retrouve de telles différences dans les appréciations de diverses conduites hédonistes, qu'elles soient ou non associées à l'alcoolisation. Les appréciations féminines restent cependant, le plus souvent, hautement défavorables aux comportements alcooliques, quelle que soit leur issue : « tenir l'alcool » et « s'enivrer » bénéficient ainsi d'un important rejet. Adolescents et adolescentes font toutefois montre d'une attitude compréhensive devant le consommateur d'alcool. Ils accordent une relative importance à la plupart des motivations « positives » susceptibles de conduire à la consommation d'alcool et tendent à rejeter celles qui font allusion au conformisme, à l'imitation passive ou à la provocation. Ils mettent non seulement en avant la recherche de situations plaisantes, mais aussi la fuite de situations désagréables.

Le sens de l'alcoolisation

L'alcool procure aux adolescents détente ou ivresse avec, comme le relève Féline (1982), tous les états intermédiaires au gré des circonstances et des exigences instinctuelles et pulsionnelles. L'alcoolisation des jeunes, plus particulièrement celle des garçons, prend cependant deux formes bien distinctes. L'une est relativement traditionnelle et ressemble fort à l'alcoolisme d'habitude des pays latins. La seconde est plus inquiétante. Elle concerne des prises sporadiques, où l'alcool est utilisé en tant que produit permettant de parvenir à un état d'ivresse, de « défonce » ; l'ébriété n'est plus alors fortuite, mais recherchée pour ce qu'elle permet de faire ou illusoirement d'être. Il s'agit alors d'une ivresse aiguë qui conduit à se sentir délivré des limites du corps et de celles du langage, qui permet de plonger dans une sensation de bien-être, hors du temps et donc des dangers et soucis quotidiens. Comme l'alcool s'avère peu coûteux comparativement aux autres drogues, il devient le produit d'une véritable toxicomanie, quand bien même il ne participe pas à une poly-toxicomanie au tabac, aux médicaments psychotropes et/ou aux drogues illici-tes dont il accroît et accélère les effets. Certains adolescents vont ainsi utiliser l'alcool comme modificateur de la pensée ; d'autres, l'associer aux tranquilli-sants pour exacerber leurs effets ou le substituer aux psychotropes devant des difficultés d'approvisionnement passagères ou croyant y trouver une possibi-lité de désengagement. Ces formes d'alcoolisme entraînent une réaction du corps social, car contrairement aux pratiques traditionnelles, elles s'associent en général à la marginalisation et aux déviances.

Les jeunes et la drogue

Le problème de la drogue ne fait plus partie du domaine restreint du spécia-liste, qu'il soit médecin, juge ou policier, et chacun se trouve *a priori* concerné par le phénomène. D'autant plus que celui-ci évolue considérablement. La consommation occasionnelle est quasiment devenue l'un des traits sociologi-ques caractérisant une partie de la jeunesse contemporaine, dans la mesure où bon nombre des lycéens ont aujourd'hui consommé, ne serait-ce qu'une fois, un produit qualifiable de drogue, qu'il s'agisse de substances illicites ou de produits détournés de leur usage habituel.

Ainsi 15 % des adolescents de 11 à 19 ans, mais 39 % des garçons et 22 % des filles à 18 ans ont pris une drogue illicite au moins une fois dans leur vie (Choquet et Ledoux, 1994). L'origine de telles consommations – qui par esca-lade risquent de conduire à la toxicomanie – est à la fois d'ordre individuel et sociologique. Tantôt, la prise d'une drogue est à interpréter en tant que symp-tôme d'un mal à vivre personnel et c'est alors en quelque sorte un mécanisme de défense contre la dépression et l'anxiété, tantôt elle est à considérer comme une conduite de groupe. Dans un cas comme dans l'autre, le rôle du milieu est incontestable et c'est tant à travers la problématique familiale, qu'à travers l'adaptation à la société, qu'il faut chercher à comprendre ce phénomène.

Jusqu'à il y a une trentaine d'années, le problème posé par la consomma-tion de drogues n'était pas en France d'une importance considérable, et il faut attendre 1966, avec la venue dans notre pays de jeunes américains consomma-teurs d'hallucinogènes, et le succès rencontré par ces substances auprès de certaines *idoles* de la chanson, pour constater un accroissement sensible du nombre de toxicomanes. Des phénomènes nouveaux apparaissent alors : d'une part, marginaux et étudiants découvrent les dérivés du cannabis et l'ivresse à laquelle ils permettent d'accéder ; d'autre part, de très jeunes adolescents, voire des enfants passent à la consommation de drogues stupéfiantes.

Définitions

Aborder le problème de la drogue entraîne l'emploi d'un certain nombre de termes aux significations multiples. C'est entre autres, d'ailleurs, le cas même du mot *drogue*, auquel on associe le plus souvent des épithètes ; il est question, par exemple, de *drogues douces* (il s'agit alors certainement de haschich), de *drogues dures*, (probablement de l'héroïne), voire de *drogues idéologiques* (il est également question de haschich, ou peut-être de L.S.D. 25...). On oublie alors, il est vrai, de nombreuses substances parfois tout aussi nocives, les médicaments par exemple, ou encore certains produits ménagers dont le bon usage est détourné : les colles, les détachants, etc. Il faut donc préciser ce que l'on entend par « drogues » et définir un certain nombre de termes qui leur sont associés.

Le mot *drogue* est employé pour désigner diverses substances recherchées pour leurs effets psychiques, et dont l'usage habituel conduit à la *toxicomanie*. Cet état se manifeste par une *dépendance physique et/ou psychique*, caractérisée par des modifications comportementales, par une appétence pulsionnelle envers un produit, visant soit à retrouver des effets psychiques jugés satisfaisants, soit à éviter la souffrance liée à la privation, en augmentant éventuellement les prises du fait de la *tolérance*.

La *dépendance psychique* correspond à la tendance à user d'un produit du fait de l'agrément lié à son usage et/ou du désagrément lié à sa privation. Elle apparaît à travers le désir et le besoin de consommer de la drogue. La *dépendance physique* est celle des tissus et des cellules de l'organisme à la présence de la drogue. Elle se manifeste quand il y a interruption de la consommation. La *tolérance* est enfin la résistance progressive du corps aux effets de certains produits, résistance qui entraîne la nécessité d'augmenter les doses consommées pour tenter de reproduire la satisfaction initiale (Marcelli et Braconnier, 1999).

L'abord du phénomène drogue nécessite alors sa saisie à partir d'une équation en trois termes : le produit utilisé, la personnalité du consommateur et le contexte socioculturel de consommation.

Le produit

Différentes classifications des drogues s'avèrent possibles. Les plus simples ne tiennent compte que de la nature du produit envisagé, laissant de côté toute considération sociologique ou psychologique du consommateur. Ainsi, par exemple, la distinction des substances inscrites au tableau B d'une part, du L.S.D., de l'héroïne et du chanvre d'autre part. D'autres, au contraire, mettent l'accent sur les effets séparant les drogues dites « dures » (héroïne, cocaïne, morphine) de celles dites « douces » (haschich, marijuana, L.S.D.).

Plus logiques peuvent paraître les classifications inspirées de Lewin (1927) qui distinguent :

- les *euphorisants (Euphorica)*, opium et dérivés (morphine, héroïne, codéine, etc.),
- les *excitants (Excitantia)*, stimulants psychiques divers, tels que café, thé, cola, mathé, amphétamines à mi-chemin entre euphorisants et excitants,
- la *cocaïne*, tantôt rattachée aux premiers, tantôt aux seconds,
- les *hallucinogènes (Phantastica)*, L.S.D., peyotl, mescaline, chanvre, psilocybine, solanées (datura, jusquiame, atropine, scopolamine),
- les *inébriants (Inebriantia)*, alcool, éther, chloroforme, détachants et colles divers,
- les *sédatifs (Hypnotica)*, chloral, veronal, bromure, tranquillisants, barbituriques.

Les facteurs de consommation

De nombreux facteurs peuvent être associés à l'expansion de l'usage des drogues chez l'adolescent. Les uns sont liés à sa psychologie propre. Ce sont :

- l'affaiblissement de la cellule familiale dont certaines valeurs sont refusées par les jeunes,
- la disparition des freins à la curiosité que l'adolescent ne veut plus se voir imposer,
- la révolte des jeunes contre un monde adulte qu'ils jugent absurde et dont ils récusent les valeurs,
- le désir croissant d'imiter certaines « idoles » mises à la mode par la presse, la littérature ou le spectacle,
- enfin, le désir d'échapper à l'angoisse d'une société contemporaine à la fois technicisée et orientée vers une productivité dans laquelle ils refusent ou ne peuvent parvenir à s'insérer.

Ces facteurs sont corrélatifs dans l'ensemble à l'inadaptation sociale des jeunes, et à leur besoin d'échapper artificiellement aux problèmes concrets qui se posent à eux. D'autres facteurs sont plus caractéristiques du phénomène. Ce sont :

- la contagion et l'émulation dans des groupes de jeunes qui sont souvent à l'origine d'une initiation ou d'une consommation occasionnelle,
- la publicité donnée à l'ensemble de ces substances par une certaine littérature et certaines œuvres cinématographiques[1],

---

1. Relevons qu'en ce domaine, un film tel que *More*, ou tel que *Moi, Christiane F., 13 ans, droguée, prostituée*, bien que relevant de philosophies différentes, présentent des dangers du même ordre.

- mais aussi la facilité de l'approvisionnement favorisé par des individus peu scrupuleux,
- la pharmacodépendance créée légalement dès la première enfance et accentuée tout au long de la vie par l'abus de médicaments,
- et, surtout, la méconnaissance des effets réels des drogues.

Le consommateur

Comme le rappelle Bergeret (1984), la tentation est grande de s'interroger sur l'existence d'une *personnalité spécifique* de la situation de dépendance, interrogation conduisant d'ailleurs à se demander s'il existe sur le plan structurel une *personnalité toxicomaniaque*. Le sujet dépendant paraît en effet chercher à réguler un conflit interne lié aux exigences de besoins affectifs exacerbés et à l'impossibilité de trouver satisfaction autrement que dans le comportement.

Il est nécessaire pour comprendre au mieux la dépendance de distinguer ce qui est besoin lié à l'objet, ce qui est demande liée au but et ce qui est désir lié à une opération mentale mettant en relations le sujet, l'objet et le but. Lorsqu'il y a dépendance, dit Bergeret, le désir est réduit au besoin, suite à des déceptions précoces, continues et répétées dans la prime enfance et aux carences qui en résultent, obérant les capacités imaginaires. Devant la difficulté d'une véritable élaboration fantasmatique du désir, le sujet dépendant ne peut faire confiance qu'au comportement. La précarité des interactions précoces ne permet pas l'hallucination négative normale de l'objet absent, lorsque le sujet perd la présence affective de l'autre, et l'*enfant futur dépendant* ramène à lui une surcharge d'éléments angoissants qui renforcent les tendances violentes fondamentales alors indifférenciées vers ce qui sera plus tard agressivité, voire même auto-agressivité.

Trois types de sujets dépendants coexistent selon Bergeret. Les uns – ce ne sont pas les plus nombreux mais ce sont les toxicomanes les plus classiques depuis 30 ans et peut-être les cas les plus graves – correspondent à un fonctionnement mental placé sous primat du génital, de l'œdipien et du névrotique. Ils sont caractérisés par la dépendance d'un objet substitutif, créant magiquement l'atmosphère nécessaire au désir. Un autre groupe – composé de sujets plus nombreux – correspond à un mode de fonctionnement de type psychotique qui évolue d'une *dépendance-défense par le comportement* contre l'évolution délirante, vers une *dépendance-justification* des aberrances comportementales liées au délire. Les derniers constituent la catégorie la plus vaste, celle des adolescents ayant mal intégré les régressions vécues lors de la crise d'adolescence ; en proie à une *interminable latence* dont ils sont incapables d'émerger, ces jeunes se trouvent en difficulté pour articuler violence et libido et entrent dans le cadre de ce que Bergeret qualifie de *dépression essentielle*, voire du fait de la dépendance au produit, de *dépendance essentielle*. Il n'existe donc pas de structure spécifique de la situation de dépendance. Cette dernière ne modifie pas la structure profonde de la personnalité, n'opérant que sur son fonctionnement apparent. Mais n'existe-t-il pas alors indépendamment des structures profondes de la personnalité des aménagements communs aux diverses formes de dépendance ? Bergeret répond positivement à cette question, relevant l'existence de quatre facteurs. L'un, *comportemental*, est commun à toutes les formes cliniques de toxicomanies ; contrairement aux autres individus, ce n'est pas le registre mental qui est le plus élaboré chez eux mais le registre comportemental qui est le plus investi. Un deuxième facteur a trait à la *régression pulsionnelle* de la libido vers l'agressivité et vers la violence fondamentale. Un troisième correspond aux *difficultés identificatoires* aux images parentales et aux imitations des pairs, dues entre autres à l'absence de représentations parentales valables. Un quatrième tient à la *carence de l'imaginaire*, bien illustrée par Olievenstein quand il déclare qu'*il n'y a pas de drogués heureux*.

Olievenstein (1983) introduit également une distinction entre drogués et toxicomanes. Il s'insurge contre les tenants d'une définition faisant unique référence au produit, telle qu'*est drogué, celui qui prend de la drogue*. Il rejoint ainsi les positions du *National Institute of Drug Abuse* des États-Unis qui distinguent l'usager récréatif du toxicomane profond. Pour Olievenstein, certaines personnalités seraient prédisposées à se laisser *enfermer* dans la drogue, du fait de leur contentieux psychologique. Se référant à Lacan, il rappelle qu'à l'abord de sa vie, le nouveau né forme un tout fusionnel avec sa mère. En un temps de son développement, l'enfant se regarde dans un miroir (réel ou symbolique) et se sépare de la fusion d'avec la mère pour être lui-même, avoir sa propre personnalité. Ce *stade du miroir* est d'une importance considérable pour le devenir de l'individu. S'il ne se réalise pas, l'enfant restant fusionné à la mère deviendra psychotique. Tel n'est pas le cas du futur toxicomane. Tout se passe pour lui, à ce moment, plutôt comme si le miroir se brisait, comme s'il pouvait entr'apercevoir une identité qui lui est ravie dans l'instant même. Sa vie n'est alors que démesure, dit Olievenstein, qu'il s'agisse de ses jeux, de son excitation, de ses tendances sexuelles ou de ses rapports avec la psychose. Un jour il rencontre la drogue, et celle-ci va servir en quelque sorte de *mastic* pour réparer le *miroir brisé*. L'effet masque alors le manque, ce qui explique cette voracité manifestée à l'égard du produit.

— Conclusion —

A u moment de conclure cet ouvrage, il nous faut constater la complexité des faits qui caractérisent l'adolescence. Débutant avec la puberté, l'adolescence marque l'entrée des jeunes dans de nouveaux systèmes normatifs qui leur permettent de devenir les agents de leur propre socialisation. Remettant en cause la conformité des conduites proposées par la société, puisqu'ils n'ont pas participé à leur élaboration et à leur définition, les adolescents cherchent ainsi qui ils sont, leur problématique fondamentale, leur interpellation cruciale s'avérant être en quelque sorte : qui suis-je ? Quelle place m'accordez-vous au vivre ensemble ?

Période de transition entre l'état d'enfant et celui d'adulte, l'adolescence se caractérise par des bouleversements somatiques qui, parallèlement à une poussée instinctuelle, rapprochent l'enfant de l'homme ou de la femme au plan physique, alors que les conventions sociales le maintiennent dans son statut antérieur. La maturation sexuelle conduit l'adolescent à rechercher les moyens de satisfaire ses pulsions et met en œuvre des mécanismes de défense contre les états de tension résultant de la non-satisfaction des désirs (Askevis-Leherpeux *et al.*, 1998). Les équilibrations culturelles atteintes pendant l'enfance sont alors remises en question par les maturations organiques et l'adolescent doit acquérir le sens de son identité personnelle à travers des changements qui bouleversent son équilibre interne et peuvent entraîner des transgressions. Mais ces transgressions vont aussi lui permettre d'accéder à de nouvelles relations avec l'environnement, qu'il s'agisse de la famille, des pairs ou de l'école.

Ainsi, bien que les relations au sein de la famille se transforment inexorablement, bien que les objets parentaux de l'enfance soient inévitablement désinvestis, les parents n'en restent pas moins des agents de socialisation, s'ils savent se positionner devant les changements pubertaires de leur enfant et contribuer à la nécessaire redéfinition des rôles et des identités des partenaires

en présence (Rodriguez-Tomé, 1997). La désidéalisation des figures parentales peut cependant conduire certains jeunes à développer à l'égard des parents
des attitudes agressives, alternant avec des demandes de protection et d'autonomie, surtout lorsque ces parents ont des difficultés à répondre de façon
adaptée aux demandes de leurs enfants (Askevis-Leherpeux *et al.*, 1998).

Le groupe des pairs a également un rôle important dans la socialisation
adolescente, le mouvement d'émancipation des influences familiales étant
parallèle aux investissements dans des activités sociales qui impliquent des
partenaires semblables à eux. L'adolescent connaît de nouvelles activités hors
du champ familial, fait de nouvelles rencontres et participe à d'interminables
discussions, le tout concourant à la création de relations amicales qui prélu-
dent aux futures relations sexuelles et, plus généralement, à des relations
démocratiques (et non plus hiérarchiques) qui manifestent la conquête de son
indépendance. Les amis sont alors idéalisés comme l'étaient les parents.

Enfin, la scolarité adolescente se voit influencée par deux types de facteurs,
les uns liés au système scolaire, les autres au développement personnel et il
faut évoquer, dès l'entrée au collège, les modifications des possibilités intellectuelles, psychomotrices et affectives qui, perturbées ou trop intenses, sont
susceptibles d'influencer son cursus (Marcelli et Braconnier, 1999). De plus,
la démocratisation de l'éducation a eu pour effet pervers d'entraîner la massification de l'enseignement sans tenir compte des différences individuelles.
Arrivent ainsi au collège des enfants qui n'ont pas pu ou pas su profiter de
l'enseignement élémentaire, des jeunes qui s'ennuient devant la perspective
de longues années de classe et qui, ayant rencontré l'échec scolaire, s'y enferrent et l'intègrent au plus profond d'eux-mêmes, ne trouvant dans l'école
aucun moyen de se valoriser. Devant trouver d'autres sources pour alimenter
leur estime de soi à l'heure où la relation aux parents est mise en question, ils
croient en trouver dans la violence scolaire car elle inspire la crainte et,
croient-ils, le respect. Il ne faut pas pour autant tomber dans un déterminisme
social qui nierait le poids des capacités cognitives d'un sujet à résister à de telles influences. Ainsi face aux violences, comme face à la drogue ou l'alcool,
d'autres garçons et d'autres filles s'avèrent capables de moduler tout autant
leurs jugements que leurs actions.

Peut-on cependant parler de crise à l'adolescence ? Le problème est complexe, car la question se pose de savoir qui en réalité est en crise. S'agit-il des
adolescents ou de la société ? La crise adolescente n'est-elle pas attachée aux
changements historiques, aux modifications des liens parentaux, à l'émergence de nouvelles cultures et de nouvelles pratiques sociales ? Les difficultés
rencontrées par certains jeunes ne peuvent-elles être considérées comme une
maladie sociale ? La controverse est grande. Pour certains, il y a crise ; pour
d'autres, non. Estimant que les deux grandes perspectives relatives à l'approche de l'adolescence, les abords psychanalytiques et sociologiques, sont mal
appuyées empiriquement, Coleman (1980) s'interroge ainsi sur l'existence même
d'une crise identitaire à l'adolescence. Delaroche (1992) définit le processus

de l'adolescence comme un mélange entre le défi lancé au monde des adultes et le deuil de l'enfance. Dans cette optique, la crise adolescente correspond à une accélération de ce processus : c'est un moment temporaire de substitutions rapides remettant en question l'équilibre physique et l'équilibre psychologique du sujet, substitutions se manifestant à travers des changements de caractère, d'humeur, de comportements et de goûts. Pour Erikson, enfin, l'adolescence est une période active de construction identitaire par interaction dialectique entre l'identité personnelle et l'identité sociale : pour se sentir intégré et unifié, le jeune doit ressentir une continuité progressive entre ce qu'il est devenu au cours de l'enfance et ce qu'il pense devenir dans le futur, entre ce qu'il pense être et ce qu'il sait que les autres perçoivent et attendent de lui. L'identité à l'adolescence fait ainsi face à une crise qui ne peut être résolue que par de nouvelles identifications avec les pairs et des modèles extérieurs à la famille. Mais cette crise ne peut être isolée de celles que le jeune a rencontrées antérieurement. La théorie d'Erikson propose donc une perspective complète de la vie dans laquelle l'adolescence tient une place cruciale en ce qu'elle a pour rôle de préparer l'adulte en définissant son identité.

Mais tous les jeunes accèdent-ils à une « identité achevée » ? Elle l'est en effet pour l'adolescent qui a expérimenté et résolu une crise d'identité et se trouve engagé du point de vue professionnel et idéologique. Mais l'identité peut être diffuse pour celui qui n'a pas d'engagement psychosocial, soit que la crise identitaire n'ait pas été expérimentée, ou qu'expérimentée, elle n'ait pas été résolue. Elle peut être forclose pour le jeune qui s'est engagé sur les plans professionnel ou idéologique mais sans avoir expérimenté de crise identitaire et dont les choix ne sont pas réellement les siens, mais plutôt ceux reflétant les opinions de son entourage. Il peut enfin y avoir une phase de crise identitaire correspondant au moratoire psychosocial et concernant la recherche active d'engagement sans qu'une décision définitive ne soit prise. Il s'agit alors pour l'adolescent d'expérimenter des rôles sociaux (Marcia, 1966).

L'activité mentale se restructure complètement, et les transformations relatives aux capacités intellectuelles s'avèrent tout aussi importantes que les bouleversements physiques pubertaires. L'adolescence correspond en effet à la dernière étape de la construction des opérations intellectuelles, le stade formel, qui débutant avec la puberté n'atteint un palier d'équilibre que vers la quinzième année. Devant un problème formel, le jeune devient capable de raisonner à partir d'hypothèses énoncées verbalement et non plus en manipulant des objets concrets. Il y a alors maîtrise de la logique des propositions, formation de schèmes opératoires nouveaux et découverte rapide et complète de la solution. Le jeune accède, de même, aux opérations combinatoires qui vont libérer les classifications et les relations d'ordre de leurs attaches intuitives et concrètes. La capacité à manipuler des idées abstraites aide au développement du jugement moral. Celui-ci se développe à travers des transformations d'attitudes primitives, selon des mécanismes proches de ceux à l'œuvre dans le développement cognitif (Bideaud, 1980). Le modèle interne résultant de la moralisation est alors le produit d'une construction active du sujet au sein de l'interaction sociale, à travers des processus de décentration. Il y a ainsi une relative correspondance entre le développement moral et le développement cognitif, ce qui permet de déterminer des étapes dans l'évolution du jugement moral, le sujet passant d'une morale du devoir et de l'obéissance, conduisant à la confusion de ce qui est juste avec le contenu de la loi établie, à une morale de l'autonomie et du respect mutuel, menant au développement de la notion constitutive de la réciprocité et de la justice distributive.

Tous les jeunes ne sont cependant pas pareillement concernés par l'accès au raisonnement formel. Il faut en effet constater que la maîtrise du raisonnement hypothético-déductif, qui correspond à l'achèvement du développement de la pensée formelle n'est pas atteinte par tous adolescents, de nombreux jeunes s'avérant en retrait d'un tel achèvement. De même, les perspectives piagétienne et kholbergienne sont en partie contredites, tant par des faits expérimentaux que par des faits de vie réelle, comme la généralisation des conduites déviantes et délinquantes à l'adolescence.

Tels sont donc les points brièvement résumés que nous avons abordés dans cet ouvrage. Cet abord ne permet pas de répondre à la question fondamentale, inspirée des travaux des historiens et des anthropologues, que nous avions posée dans l'introduction : « On peut utilement s'interroger sur l'existence de l'adolescence et, si elle est, sur ce qu'elle est : est-ce un stade du développement, une crise ou une période où il ne se passe rien ? ». Il n'en est pas moins vrai, comme le remarquent Bideaud et al. (1993), que dans notre culture les adolescents semblent constituer un groupe social différencié, qu'ils possèdent en commun de nombreux traits par-delà les différences culturelles et sociales. Ces traits permettent incontestablement de différencier la jeunesse et l'on peut vraisemblablement évoquer l'existence d'une subculture de la jeunesse à partir d'invariants descriptifs tels que les attitudes, les valeurs et les intérêts, mais aussi le langage, les loisirs, l'habillement ou les goûts musicaux.

La « société des adultes » n'est cependant pas étrangère à la production de certains éléments caractérisant les adolescents, l'économie et l'idéologie politique ayant, depuis quarante ans, d'abord « récupéré », puis cherché à « provoquer » non seulement leurs goûts vestimentaires ou musicaux, mais aussi leurs intérêts et leurs attitudes.

La question est peut-être moins de savoir si « l'adolescence existe » et s'il s'agit d'un fait réel ou d'une construction sociale, que de constater que les « adolescents existent ». S'ils ne sont pas encore adultes, ce ne sont déjà plus des enfants et ils interpellent le corps social, négociant leur passage de l'enfance à l'état d'adulte à travers des comportements dérogatoires, où ils cherchent à déterminer quelles sont leurs propres limites et quelles sont celles d'autrui, c'est-à-dire les nôtres.

— Bibliographie —

ABOU S. (1981), *L'identité. Relations interethniques et problèmes d'acculturation*, Paris, Anthropos.

ADELSON J. (1975), The development of ideology in adolescence, *in* S.E. DRAGASTIN and G. ELDER, *Adolescence in the Life Cycle*, New York, Wiley.

ARCHER S.L. (1982), The lower age boundaries of Identity development, *Child Development*, *53*, 1551-6.

ASKEVIS-LEHERPEUX F., BARUCH C. et CARTRON A. (1998), *Précis de psychologie*, Paris, Nathan.

AVANZINI G. (1978), *Le temps de l'adolescence*, Paris, Éditions universitaires.

BALLION R. (1996), *La gestion de la transgression à l'école*, Paris : IHESI.

BANDURA A. (1980), *L'apprentissage social*, Bruxelles, Mardaga.

BANDURA A. (1991), Social cognitive theory of moral thought and action, *in* W.M. KURTINESAND J.L. GEWIRTZ, *Handbook of moral behaviour and development. I. Theory*, Hillsdale, Lawrence Erlbaum.

BARIAUD F. (1997), Le développement des conceptions de soi, *in* H. RODRIGUEZ-TOMÉ, S. JACKSON et F. BARIAUD, *Regards actuels sur l'adolescence*, Paris, PUF.

BARIAUD F. et BOURCET C. (1994), Le sentiment de la valeur de soi à l'adolescence, *L'Orientation scolaire et professionnelle*, *23*, 3, 271-90.

BAUDELOT C. et ESTABLET R. (1971), *L'école capitaliste en France*, Paris, Maspéro.

BAUMRIND D. (1975), Early socialization and adolescent competence, *in* S.E. DRAGASTIN and G. ELDER, *Adolescence in the life cycle*, New York, Wiley.

BAYEN J.F. (1981), *Adolescents aujourd'hui*, Paris, Robert Laffont.

BEGAD A. et ROSSINI R. (1999), *Du bon usage de la distance chez les sauvageons*, Paris, Seuil.

BÈGUE L. (1998), De la « cognition morale » à l'étude des stratégies du positionnement moral ! Aperçu théorique et controverses actuelles en psychologie morale, *L'année psychologique*, *98*, 295-352.

BEM D.J. (1972), Self perception theory, *in* L. BERKOWITZ, *Advances in experimental social psychology*, vol. 6, New York, Academic Press.

BENEDICT R. (1950), *Échantillons de civilisation*, Paris, Gallimard.

BERGERET J. (1984), *La violence fondamentale*, Paris, PUF.

BERNDT T.J. (1982), The features and affects of friendship in early adolescence, *Child Development*, *53*, 1447-60.

BERNSTEIN B. (1975), *Langage et classes sociales*, Paris, Minuit.

BERRY W. (1992), *Cross cultural psychology. Research and applications*, Cambridge, CUP.

BIDEAU J. (1980), Développement moral et développement cognitif, *Bull. Psychol.*, XXXIII, *345*, 589-601.

BIDEAU J., HOUDÉ O. et PEDINIELLI J.L. (1993), *L'homme en développement*, Paris, PUF.

BIRON L., CUSSON M., LeBLANC M. (1978), *Structure et dynamique du comportement délinquant et la définition sociale de la délinquance*, Montréal : G.R.I.J.

BLASI A. (1980), Bridging moral cognition and moral action : A critical review of the literature, *Psychological Bulletin*, 88, *1*, 1-43.

BLOS P. (1962), *Les adolescents. Essai de Psychanalyse*, Paris, Stock.

BLOS P. (1979), *The adolescent passage*, New York, International Universities Press.

BORDET J. (1998), *Les jeunes de la cité*, Paris, PUF.

BOUDARSE K. (2006), Approche psychopathologique, *in* P.G. COSLIN et *al.*, *Ces jeunes qui désertent nos écoles. Déscolarisation et cultures*, Paris, SIDES.

BOUDARSE K. et COSLIN P.G. (2003), À propos de la déscolarisation, *L'école des parents*, numéro spécial 2003.

BOURDIEU P. (1972), *Esquisse d'une théorie de la pratique*, Genève, Droz.

BOURDIEU P. et PASSERON J.C. (1970), *La reproduction*, Paris, Minuit.

BOURGUIGNON O. (1985), Effets psychologiques sur l'enfant, Compte rendu de récentes recherches, in O. BOURGUIGNON, J.-L. RALLU, I. THÉRY, *Du divorce et des enfants*, Paris, PUF.

BOWLBY J. (1973), *Attachement et perte. La séparation, angoisse et colère*, vol. 2, Paris, PUF (1978).

BOYER R., BOUNOURE A. et DESCLAUX M. (1991), *Paroles des lycéens*, Paris, Éditions de France

BRAZELTON T. B. (1989), *Familles en crises*, Paris, Stock/Laurence Pernoud.

BRUSSET B. (1975), Qui est en crise, les adolescents ou la société ? *Autrement*, *1*, 68-91.

BRYAN J.H., WALBEK N.H. (1970), The impact of words and deeds concerning altruism upon children, *Child Development*, *41*, 741-57.

CAMILLERI *et al.* (1990), *Stratégies identitaires*, Paris. PUF.

CAMILLERI C. et VINSONNEAU G. (1996), *Psychologie et cultures, Concepts et méthodes*, Paris, Armand Colin.

CASE R. (1985), *Intellectual development, birth to adulthood*, Orlando, Academic Press.

CASTARÈDE M.F. (1978), La sexualité chez l'adolescent, *Psychiatrie de l'enfant*, *21*, 2, 561-638.

CESARI J. (1997), *Être musulman en France aujourd'hui*, Paris, Hachette.

CHAFEE S.H., WARD L.S. and TIPTON L.P. (1970), Mass communication and political socialization, *Journalism Quaterly*, 47, 647-59.

CHAPELIER J.B. (2001), La vie affective de l'adolescent et ses troubles, *in* C. GOLDER et D. GAONAC'H, *Enseigner à des adolescents. Manuel de Psychologie*, Paris, Hachette.

CHARLOT B. (1982), « Je serai ouvrier comme papa, alors à quoi ça me sert d'apprendre ? ». Échec scolaire, démarche pédagogique et rapport social au savoir, *in* GFEN Collectif, *Quelles pratiques pour une autre école ?* Paris, Casterman.

CHARLOT B., BAUTIER E. et ROCHEX J.Y. (1992), *École et savoir dans les banlieues... et ailleurs*, Paris, Armand Colin.

CHESNAIS J.C. (1981), *Histoire de la violence en Occident de 1800 à nos jours*, Paris, Laffont.

CHILAND C. (1978), L'enfant de six ans devenu adolescent, *Revue de Neuropsychiatrie Infantile et d'Hygiène Mentale de l'Enfance*, 26, 12, 697-707.

CHOQUET M. et LEDOUX S. (1994), *Adolescents. Enquête nationale*, Paris, INSERM.

CHOQUET M., LEDOUX S., MENKE H., THOMAS J.-P. (1986), *L'adolescent dans le monde d'aujourd'hui*, Paris, INSERM.

CLAES M. (1991), *L'expérience adolescente*, Liège, Mardaga.

CLOUTIER R. (1994), *Mieux vivre avec nos adolescents*, Montréal, Le Jour.

CLOUTIER R. (1996), *Psychologie de l'adolescence*, Montréal, Gaëtan Morin.

CLOUTIER R., CHAMPAUX L, LEGAULT G. et GIROUX I. (1991), *Les habitudes de vie des élèves du secondaire*, Québec, ministère de l'Éducation.

CLOUTIER, CHAMPAUX, JACQUES et LANCOP (1994), *Ados, familles et milieux de vie*, Québec, Université Laval.

CLOUTIER R. et RENAUD A. (1990), *Psychologie de l'enfant*, Boucherville, Gaëtan Morin.

COLEMAN J.C. (1980), *The nature of adolescence*, London, New York, Methuen.

COLEMAN J.C. and HENDRY L. (1990), *The nature of adolescence*, London, Routledge.

COSLIN P.G. (1993), L'adolescent et l'alcool, *in* P. TAP et H. MALEWSKA-PEYRE, *Marginalités et troubles de la socialisation*, Paris, PUF, 179-98.

COSLIN P.G. (1997), Les adolescents face aux violences scolaires, *in* B. CHARLOT et J.C. EMIN, *Violences à l'école. État des savoirs*, Paris, Armand Colin.

COSLIN P.G. (1998), Qu'en est-il de l'enfant dans les nouvelles familles ?, *in* G. LANGOUËT, *Les nouvelles familles*, Paris, Hachette.

COSLIN P.G. (1999), *Les adolescents devant les déviances*, Paris, PUF.

COSLIN P.G. (2000), Violence et délinquance à l'adolescence, *Perspectives psychiatriques*, 39, 274-85.

COSLIN P.G. (2003), *Les conduites à risque à l'adolescence*, Paris, Armand Colin.

COSLIN P.G. et BOUDARSE K. (2006), Les principaux résultats de l'enquête », *in* P.G. COSLIN *et al.*, *Ces jeunes qui désertent nos écoles. Déscolarisation et cultures*, Paris, SIDES.

COSLIN P.G., DENIS-PRADET M., SÉLOSSE J. (1972), Étude différentielle du juge-ment moral et de la conduite sur un échantillon de jeunes travailleurs et un échantillon de délinquants juvéniles, *An. de Vaucresson*, *1*, 225-45.

COSLIN P.G. et VINSONNEAU G. (1992), Migrations et identités, Introduction au Forum *Les jeunes issus de l'immigration en France : semblables ou différents ?* 4ᵉ Congrès International de l'A.R.I.C., XIth I.A.C.P.P. International Congress, *Théorie, Méthodologie, Epistémologie de la Recherche Interculturelle*, Liège, (Belgique).

COURTECUISSE V. (1996), Interactions entre violences agies et violences subies à l'adolescence, *in* C. REY, *Les adolescents face à la violence*, Paris, Syros.

DASEN P.R. (1972), Crosscultural piagetian research, a summary, *Journal of Crosscultural Psychology*, *3*, 23-9.

DAVIDSON F., CHOQUET M., DEPARGNE M. (1973), *Les lycéens devant la drogue et les autres produits psychotropes*, Paris, I.N.S.E.R.M.

DEBARBIEUX E. (1994), Violence, sens et formation des maîtres, *in* A.M. DROUIN et H. HANNOUN, *Pour une philosophie de l'éducation*, Paris/Dijon, CNDP.

DEBESSE M. (1936), *Comment étudier les adolescents ?* Paris, PUF.

DEBESSE M. (1941), *La crise d'Originalité Juvénile*, Paris, PUF.

DELAROCHE P. (1992), *Adolescence à problèmes*, Paris, Albin Michel.

DEMETRIOU A., EFKLIDES A., PAPADAKI A., PAPATONIOU G. and ECONOMIOU A. (1993), Structure and development of causal experimental thought, From early adolescence to youth, *Developmental Psychology*, *29*, 3, 480-97.

DESPLANQUES G. (1993), Les familles recomposées en 1990, *in* M.-T. MEULDERS-KLEIN et I. THÉRY, *Les recompositions familiales aujourd'hui*, Paris, Nathan.

DEUTSCH H. (1949), *La psychologie des femmes*, Tome I, *Enfance et adolescence*, Paris, PUF.

DOUVAN E. and ADELSON J. (1966), *The adolescent experience*, New York, Wiley.

DUBET F. et MARTUCELLI D. (1996), *À l'école. Sociologie de l'expérience scolaire*, Paris.

DUBREUIL E. (1998), *Des parents de même sexe*, Paris, Odile Jacob.

DUNPHY O.C. (1963), The social structure of urban adolescent peer groups, *Socio-metry*, *26*, 230-46.

ERIKSON E.H. (1968), *Adolescence et crise. La quête de l'identité*, Paris, Flamma-rion.

EYSENCK H.J. (1970), *Crime and personality*, London, Granada Press.

FIZE M. (1994), *Le peuple adolescent*, Paris, Julliard.

FLAVELL J. (1985), Développement métacognitif, *in* J. BIDEAUD et M. RICHELLE, *Psychologie développementale. Problèmes et réalités*, Bruxelles, Mardaga.

FORSYTH D.H. (1980), A taxonomy of ethical ideologies, *Journal of Personality and Social Psychology*, *39*, 1, 175-81.

FREUD S. (1939), *Moïse et le monothéisme*, Paris, Gallimard.

FURTER P. (1972), *La vie morale de l'adolescent*, Neuchâtel, Delachaux et Niestlé.

FURTER P. (1983), *Les espaces de la formation. Essai de microcomparaison et de microplanification*, Lausanne. Presses polytechniques romandes.

GALLAND O. (1991), *Sociologie de la jeunesse*, Paris, Armand Colin.

GILLIGAN C. (1982), *In a different voice, Psychological theory and women's development*, Cambrige, Harvard University Press.

GLASMAN D. (1998), « Les lycéens décrocheurs », ouvrir le dossier, *in* M.C. BLOCH et B. GERDE, *Les lycéens décrocheurs, De l'impasse aux chemins de traverse*, Paris, Chronique Sociale.

GLASMAN D. (2000), Le décrochage scolaire. Une question sociale et institutionnelle, in *VEI-Enjeux*, 122.

GOMBERT J.E. (1999), Structure cognitive, in R. DORON et F. PAROT, *Dictionnaire de Psychologie*, Paris, PUF.

GOTTFREDSON L.S. (1981), Circumscription and compromise, a developmental theory of occupational aspiration, *Journal of Counseling Psychology Monograph*, *28*,545-619.

GOUDAILLIER J.P. (1998), *Comment tu tchatches ! Dictionnaire du français contemporain des cités*, Paris, Maisonneuve et Larose.

GRÉCO P. (1963), Apprentissage et structures intellectuelles, *in* P. FRAISSE et J. PIAGET, *Traité de Psychologie expérimentale VII, L'intelligence*, Paris, PUF.

GUICHARD J. (1993), *L'école et les représentations d'avenir des adolescents*, Paris, PUF.

GUTTON (1991), *Le pubertaire*, Paris, PUF.

HARRIS M.R. (1970), Reciprocity and generosity ; some determinants of sharing in children, *Child Development*, *41*, 313-28.

HARTER S. and MONSOUR A. (1992), Developmental analysis of conflicts caused by opposing attributes in the adolescent self-portrait, *Developmental Psychology*, *28*, 2, 251-60.

HAUSMAN P. (1984), *Régulation sociale du comportement délinquant*, Thèse de doctorat de criminologie, Université de Liège (Belgique).

HENRIQUES-CHRISTOFIDES A. et MOREAU A. (1974), Quelques données nouvelles sur les opérations combinatoires de la pensée formelle, *Cahiers de Psychologie*, *17*, 35-64.

HETHERINGTON E. M., COX M. et COX, R. (1985), Long-term effects of divorce and remarriage on the adjustments of children, *Journal of the American Academy of Child Psychiatry*, 24, 5, 518-530.

HIRSCHI T. (1969), *Causes of delinquency*, Berkeley : Univ. of Cal. Press.

HOFFMAN M. (1983), Affective and cognitive processes in moral internalization, in E.T. HIGGINS, D.N. RUBLE and W.H. HARTUP, *Social cognition and social development. A sociocultural perspective*, Lonres, Cambridge University Press.

HOGAN R. (1973), Moral conduct and moral character, psychological perspective, *Psychological Bulletin, 79*, 4, 217-32.

HOGAN R. (1974), Dialectical aspects of moral development, *Human Development, 17*, 107-17.

HUTEAU M. (1993), La psychologie du projet, *in* Collectif *Projets d'avenir et adolescence*, Paris, ADAPT

HUTEAU M. (1995), Identité et intentions d'avenir, *in* A. BRACONNIER, C. CHILAND, M. CHOQUET et R. POMARÈDE, *Adolescentes, adolescents. Psychologie différentielle*, Paris, Bayard,/Fondation de France.

INHELDER B. et PIAGET J. (1955), *De la logique de l'enfant à la logique de l'adolescent*, Paris, PUF.

INHELDER P. et PIAGET J. (1979), Procédures et structures, *Archives de Psychologie, 47*, 165-75.

ISAMBERT-JAMATI V. (1990), *Les savoirs scolaires. Enjeux sociaux des contenus d'enseignement et de leurs réformes*, Paris, Éd. Universitaires.

JOHNSON-LAIRD P. N. (1988), Modèles mentaux en sciences cognitives, *Bulletin de Psychologie, 383*, 60-88.

KERNBERG O.F. (1980), Adolescent sexuality in the light of group processes, *Psychoanal. Quarterly, 49*, 27-47.

KESTEMBERG E. (1980), Notule sur la crise de l'adolescence, de la déception à la conquête, *Rev. Franç. Psychanal., 44*, 523-30.

KINSEY A.C., POMEROY W.H. and MARTIN C.E. (1948), *Sexual behaviour of human male*, Philadelphie, Saunders.

KINSEY A.C., POMEROY W.H. and MARTIN C.E. (1953), *Sexual behaviour of human female*, Philadelphie, Saunders.

KOHLBERG L. (1958), *The Development of modes of moral thinking and choice in the years ten to sixteen*, Document non publié, Chicago, University of Chicago.

KOHLBERG L. (1963), The development of children's orientations toward a moral order, *Vita Humana, 6, 11-33.*

KOHLBERG L. (1968), Stage and sequence : The cognitive developmental approach to socialization, *in* D.A. Goslin, *Handbook of socialization theory*, Chicago, Rand McNally.

KUMBOLTZ J.D. (1979), A social Learning Theory of Carrer Decision making, A.M. MITCHELL, G.B. JONES, and J.D. KRUMBOLTZ, *Social Learning and Carrer Decision making*, Cranston, The Carroll Press.

LAGACHE D. (1955), *La psychanalyse*, Paris, PUF.

LAGRANGE H. et LHOMOND B. (1997), *L'entrée dans la sexualité*, Paris, La Découverte.

LAUFER M. (1975), *Troubles psychiques chez les adolescents*, Paris, Le Centurion.

LAUTREY J. (1980), *Classes sociales, milieu familial, intelligence*, Paris, PUF.

LEBOVICI S. (1990), Point de vue d'un psychanalyste sur les phobies scolaires, *in* C. CHILAND et J.G. YOUNG, *L'enfant dans sa famille. Le refus de l'école. Un aperçu transculturel*, Paris, PUF, 47-59.

LEHALLE H. (1990), Les nécessités d'un structuralisme ouvert, *Archives de Psychologie, 225*, 151-64.

LEHALLE H. (1995), *Psychologie des adolescents,* Paris, PUF.

LEHALLE H. et MELLIER D. (1984), L'évaluation des opérations intellectuelles, la question du langage... et quelques autres, *Rééducation orthophonique, 22*, 137, 213-32.

LEVINE J., VERMEIL G. (1980), *Les difficultés scolaires,* Paris, Doin.

LEWIN L. (1927), *Phantastica,* Paris, Payot.

LIEBERT R. (1984), What develops in moral development ?, *in* W. KURTINES, J.L. GEWIRTZ, *Morality, moral behavior and moral development,* New York, John Wiley and Sons.

LONGEOT F. (1966), Expérimentation d'une échelle individuelle du développement de la pensée logique, *BINOP, 22*, 206-319.

LONGEOT F. (1978), *Les stades opératoires de Piaget et les facteurs de l'intelligence,* Grenoble, PUG.

LOVELL K. (1961), A follow-up study of Inhelder and Piaget's « the growth of logical thinking », *British Journal of Psychology, 52*, 143-53.

MAIF (2003), Jeune qui rit, jeune qui pleure, *MAIF Infos*, 129, 6-8.

MÂLE P. (1982), *La crise juvénile,* Paris, Payot.

MALEWSKA-PEYRE H. (1985), Stratégies de construction de l'identité et insertion sociale de la seconde génération, *Actes des 5ᵉ Journées internationales,* Vaucresson, CNFE.

MALEWSKA H. et PEYRE V. (1973), *Délinquance juvénile, famille, école et société,* Vaucresson, CFRES.

MALLET P. (1997), Se découvrir entre amis, s'affirmer parmi ses pairs. Les relations entre pairs au cours de l'adolescence, in H. RODRIGUEZ-TOMÉ, S. JACKSON et F. BARIAUD, *Regards actuels sur l'adolescence,* Paris, PUF.

MANÇO A. (1997), *Stratégies identitaires et intégration psychosociale. Une approche constructiviste des valeurs et projets des jeunes issus de l'immigration. Cas des Turcs de Belgique,* Université de Liège, Thèse de doctorat en psychologie.

MANÇO A. (1998), *Valeurs et projets des jeunes issus de l'immigration,* Paris, L'Harmattan.

MARCELLI D. et BRACONNIER A.(1999), *Adolescence et psychopathologie,* Paris, Masson.

MARCIA J.E. (1966), Development and validation of ego identity status, *Journal of Personality and Social Psychology, 3*, 551-8.

MARCIA J.E. (1980), Identity in adolescence, *in* J. ADELSON, *Handbook of Adolescence Psychology,* New York, Wiley.

MARCIA J.E. (1989), Identity and self-development, *in* R.M. LERNER, A.C. PETERSON and J. BROOKS-GUNN, *Encyclopedia of Adolescence,* New York, Garland.

MARTORANO S.C. (1977), A developmental analysis of performance on Piaget's formal operation tasks, *Developmental Psychology, 13*, 5, 666-72.

MARYNIAK L. (1988), *Représentation des règles morales et de leur transgression chez l'enfant et chez le pré-adolescent*, Thèse pour le doctorat d'état ès lettres et sciences humaines, Université Paris XIII.

MEAD M. (1958), *Growing up in New-Guinea*, New York, Mentor Book.

MICHAUD Y. (1999), Violence, *Encyclopedia Universalis,* (CD ROM).

MORIN E. (1984), *Sociologie*, Paris, Fayard.

MOURAS M.J. (1999), Puberté et adolescence, *100 fiches pour connaître la psychologie*, Paris, Bréal.

MUXEL A. (1996), *Les jeunes et la politique*, Paris, Hachette.

MUXEL A. (2001), *L'expérience politique des jeunes*, Paris, Presses de Sciences Po.

OGBU J. (1974), *The next generation. An ethnography of education in an urban neighbourhood*, New York et Londres, Academic Press.

OGBU J. (1978), *Minority education and caste*, New York et Londres, Academic Press.

OLÉRON P. (1981), Les savoirs et savoir-faire psychologiques, nature, formes, genèse, *in* P. OLÉRON *et al*, *Savoirs et savoir-faire psychologiques chez l'enfant*, Bruxelles, Pierre Mardaga.

OLIEVENSTEIN C. (1983), *Destin du toxicomane*, Paris, Fayard.

OUBRAYRIE N., de LEONARDIS M. et SAFONT C. (1994), Un outil pour l'évaluation de l'estime de soi chez l'adolescent, l'ETES, *Revue Européenne de Psychologie Appliquée, 44*, 4, 309-17.

PATTERSON C. J. (1995), *Lesbian and gay parenting, A ressource for psychologists, summary of research findings*, Washington, American Psychology Association.

PERCHERON A. (1978), *Les 10-16 ans et la politique*, Paris, Fondation Nationale des Sciences Politiques.

PERCHERON A. (1993), *La socialisation politique*, Paris, Armand Colin.

PERRON R. (1991), La valeur de soi, *in* R. PERRON, *Les représentations de soi*, Toulouse, Privat.

PIAGET J. (1924), *Le jugement et le raisonnement chez l'enfant*, Neufchâtel, Delachaux et Niestlé.

PIAGET J. (1932), *Le jugement moral chez l'enfant*, Paris, PUF.

PIAGET J. (1946), *Les notions de mouvement et de vitesse chez l'enfant*, Paris, PUF.

PIAGET J. (1964), Genèse et structure en psychologie de l'intelligence, in *Congrès et colloques*, Paris, EPHE.

PIAGET J. (1972), Intellectual evolution from adolescence to adulhood, *Hum. Dev., 15*, 1-12.

PIAGET J. et INHELDER B. (1951), *La genèse de l'idée de hasard chez l'enfant*, Paris, PUF.

PIAGET J. et INHELDER B. (1963), Les opérations intellectuelles, *in* P. FRAISSE et J. PIAGET, *Traité de Psychologie expérimentale, VII, L'intelligence*, Paris, PUF.

PIERRHUMBERT B. (1992), *Échec à l'école ; échec de l'école*, Neuchâtel – Paris, Delachaux & Niestlé.

POSTIC M. (1982), *La relation éducative*, Paris, PUF.

PRAIRAT E. (1994), *Éduquer et punir*, Nancy, PUN.

PRISUTA R.H. (1978), The role of televised sports in the socialization of political values of adolescent, *Unpublished doctoral dissertation*.

REST J.R. (1975), Longitudinal study of Defining Issues Test of moral judgement, A strategy for analyzing developmental change, *Developmental Psychology, 11*, 738-48.

REST J.R. (1979), *Revised manual for the Defining Issues Test ; an objective test of moral judgement development*, Minnesota, Moral.

RIBEAUPIERRE A. de et PASCUAL-LEONE J. (1979), Formal operations and M power, a neo-piagetian investigation, *New Directions for Child Development*, 5, 1-43.

ROBERT M. (1995), Fonctionnement cognitif et comparaisons inter-sexes, *in* J. LAUTREY, *L'universel et le différentiel en psychologie*, Paris, PUF.

ROBERT Ph., LASCOUMES P. (1974), *Les bandes d'adolescents, une théorie de la ségrégation*, Paris : Éditions ouvrières.

ROCHE T. et COSLIN P.G. (2000), Valeurs et projets des jeunes filles marocaines vivant en France, Paris, GERPA (Université René Descartes).

ROCHEBLAVE-SPENLÉ A.M. (1969), *L'adolescent et son monde*, Paris, Éditions Universitaires.

RODRIGUEZ-TOMÉ H. (1972), *Le moi et l'autre dans la conscience de l'adolescent*, Neuchâtel, Delachaux et Niestlé.

RODRIGUEZ-TOMÉ H. (1983), La connaissance de soi à l'adolescence, *L'Orientation scolaire et professionnelle*, *12*, 3, 203-13.

RODRIGUEZ-TOMÉ H. (1989), Maturation biologique et psychologie de l'adolescence, *L'Orientation scolaire et professionnelle*, *18*, 4, 281-98.

RODRIGUEZ-TOMÉ H. (1997), Maturation biologique et changements psychologiques à l'adolescence, *in* H. RODRIGUEZ-TOMÉ, S. JACKSON et F. BARIAUD, *Regards actuels sur l'adolescence*, Paris, PUF.

RODRIGUEZ-TOMÉ H. et BARIAUD F. (1987), *Les perspectives temporelles à l'adolescence*, Paris, PUF.

RYCROFT C. (1968), *Dictionnaire de Psychanalyse*, Paris, Hachette.

SELMAN R.L. (1981), The child as a friendship philosopher, *in* S.R. ASHER and J.M. GOTTMAN, *The development of children's friendships*, Cambridge, Cambridge University Press.

SELOSSE J. (1990), Pourquoi étudier la délinquance juvénile dans une perspective développementale ?, in *Actes du Colloque Prévention et traitement de la délin-*

quance juvénile – *Prévention* – *Réinsertion*, Athènes-Komotin, Éditions Ant. N. Sakkoulas.

SETTELEN D. (1996), Approche psychodynamique des violences à l'adolescence, in C. REY, *Les adolescents face à la violence*, Paris, Syros.

SIEGLER R.S. (1981), Development sequences within and between concepts, *Monograph of the Society for Research in Child Development*, 46, 1-74.

SMIRNOFF V. (1978), *La psychanalyse de l'enfant*, Paris, PUF.

SNYDERS G. (1976), *École, classes et lutte de classes*, Paris, PUF.

SOLAL J.-F. (1985), *Propos sur la transgression*, Document ronéotypé, Paris.

SUFIN E. (1991), Similitudes et différences dans les attitudes des filles et des garçons envers les valeurs, in H. MALEWSKA-PEYRE et J. KURCZEWSKI, *Valeurs et normes éthiques des jeunes*, Vaucresson, CRIV.

SULLIVAN H.S. (1953), *The Interpersonal theory of psychiatry*, New York, Norton.

TABET P. (1987), Du don au tarif, les relations sexuelles impliquant une compensation, *Les Temps modernes*, 490, 1-55.

TAP P. (1980), *Identité individuelle et personnalisation* (T. 1), *Identité collective et changement social* (T. 2), Toulouse, Privat.

TAP P. et OUBRAYRIE (1993), Projets et réalisation de soi à l'adolescence, in Collectif *Projets d'avenir et adolescence*, Paris, ADAPT.

TESTANNIÈRE J. (1972), Crise scolaire et révolte lycéenne, *Revue Française de Sociologie*, XIII, 3-34.

TOULEMONDE B. (1998), *L'absentéisme des lycéens*, Paris, CNDP, Hachette.

TOURNOIS J. (1990), *L'évaluation morale* – *Le bien, le mal et la gravité* – *Définition* – *Mesure*, Thèse de doctorat de psychologie, Université de Nancy II.

TURIEL E. (1974), Conflict and transition in adolescent moral development, *Child Development*, 45, 14-29.

TURIEL E. (1977), Conflict and transition in adolescent moral development II, The resolution of desequilibrium through structural reorganisation, *Child Development*, 48, 634-37.

TYSZKOWA M. (1990), Coping with difficult school situations and stress resistance, in H. Bosma, S. Jackson (eds), *Coping and Self-concept in Adolescence*, Berlin, Springer Verlag, 187-201.

VALLEUR M., MATYSIACK J.-C. (2002), *Les addictions*, Paris, Armand Colin.

VILLARS G. (1972), *Inadaptations sociales et délinquance juvénile*, Paris, Armand Colin.

VOUILLOT F. (1993), *Représentations et préférences scolaires et professionnelles, une étude de la stratégie d'appariement soi-prototype*, Paris, Université René Descartes.

WACH et al. (1992), Projets et représentations des études et des professions des élèves de troisième et de terminale en 1992, *L'Orientation scolaire et professionnelle*, 21, 297-339.

WALLERSTEIN J. S. et KELLY J. B. (1980), *Surviving the break-up, how children actually cope with divorce*, New York, Basic Books.

WINNICOTT D.W. (1971), *La consultation thérapeutique chez l'enfant*, Paris, Gallimard.

WINNYKAMEN F. (1999), Adolescence et adolescents, *in* A. CARTRON et F. WINNYKAMEN, *Les relations sociales chez l'enfant*, Paris, Armand Colin.

ZANI B. (1991), Les adolescents face à la sexualité et à la contraception, croyances, expériences, valeurs, *in* H. MALEWSKA-PEYRE et P. TAP, *La socialisation de l'enfance à l'adolescence*, Paris, PUF.

ZAZZO B. (1966), *Psychologie différentielle des adolescents*, Paris, PUF.

ZUCKERMAN M. (1994), *Behavioral expressions and biosocial bases of sensation seeking,* New York, Cambridge University Press.

— Index —

11003731 - (I) - (2) - C2000 - OSB 100 - ACT - Dépôt légal : août 2006

Imprimé en France par EMD S.A.S. – 53110 Lassay-les-Châteaux – N° d'imprimeur : 15886